rowohlt
POLARIS

Britta Rotsch

Wenn Lehrer Grenzen überschreiten

ÜBER MACHTMISSBRAUCH IN DER SCHULE

ROWOHLT POLARIS

Originalausgabe
Veröffentlicht im Rowohlt Taschenbuch Verlag,
Hamburg, Oktober 2024

Covergestaltung Hauptmann & Kompanie Werbeagentur, Zürich
Satz aus der Untitled Serif
bei Pinkuin Satz und Datentechnik, Berlin
Druck und Bindung CPI books GmbH, Leck
ISBN 978-3-499-01257-0

Für alle Frauen*, die mir ihre Geschichten erzählt haben. Danke für euren Mut, etwas da draußen verändern zu wollen! Für alle Frauen*, die immer noch mit den Folgen von emotionalem und / oder sexualisiertem Machtmissbrauch durch Lehrkräfte zu kämpfen haben.

INHALTSVERZEICHNIS

«Die Wahrheit ist dem Menschen zumutbar.»

Ingeborg Bachmann

PROLOG

Erzähle ich Menschen meine Geschichte, fange ich meistens so an: Mein Lehrer schrieb mir über ein Jahrzehnt Liebesbriefe per Mail. Er machte mir Komplimente, teilte sein Wissen mit mir und machte mich von Mail zu Mail emotional abhängiger von ihm. Er schenkte mir Bücher zu Weihnachten und zum Geburtstag. Das größte Geschenk, das er mir machte, wollte ich nicht, doch ich konnte es damals weder annehmen noch ablehnen: seine Liebe.

Ich bin aufgeregt, als ich zwischen alten Notizbüchern einen blauen Briefumschlag aus dem Regal ziehe. Er ist 14 Jahre alt, so lange ist es her, dass ich Abitur gemacht habe und mir mein Deutschlehrer diesen Brief zum Schulabschluss schrieb. Und so lange habe ich ihn aufgehoben. Jetzt frage ich mich: Warum eigentlich?

> Ich werde deine blauen Augen vermissen (...) sei es auch erst in zehn Jahren: Ich möchte mit dir auf deinem Hausberg spazieren gehen (...) und ich hoffe, dass du mir irgendwann glauben kannst, dass ich dich liebe ...

Ich falte den Brief zusammen, stecke ihn zurück in den Umschlag und starre minutenlang ins Leere. Meine zwei letzten Schuljahre ziehen an mir vorbei.

Noch heute spüre ich seinen sich an meinen anschmiegenden Fuß, als wir mit dem Deutschkurs einen Kaffee trinken gehen. Natürlich setzt er sich neben mich. Und auf einmal hebt er meinen Fuß etwas an. Ich versteinere und bin völlig überfordert. Mein Blick sucht den meiner Schulfreundin Hanna, und ich signalisiere, sie solle unter den Tisch schauen.

«Mädchen gehen immer zusammen zum Klo», sagt sie und zieht mich mit. Er grinst.

Ich bin zu diesem Zeitpunkt 18 Jahre alt. Wolfgang Schubert ist mein Deutschlehrer und kennt mich erst seit vier Monaten. Er wirkt auf mich manchmal wie ein kleines Kind, das frech grinst und im Körper eines alten Mannes gefangen ist. Gleichzeitig ist da etwas Unheimliches, ja, etwas Ekelhaftes, das ihn umgibt. Habe ich eine psychologische oder philosophische Frage, schiebt er gerne Zusatzstoff durch den Klassensaal. Er mag mich und will mich fördern, das merke ich.

In meinem E-Mail-Postfach gibt es einen Ordner. Darin befinden sich über zwölf Jahre angesammelte Mails von meinem Lehrer. Warum ich diesen Ordner angelegt habe? Aus Vorsicht, als Beweis. Mir war die ganze Sache von Anfang an nicht geheuer, und ich wollte mich schützen. Das war damals die einzige Möglichkeit, die ich sah. Doch das geschah mehr unterbewusst, als dass mir klar war, was ich mit den archivierten Mails anfangen sollte.

Ich klicke auf das kleine File-Symbol. Betreffzeilen fliegen mir entgegen: «Kaffee-Date», «Traum», «Sternstunde».

> Nun, Sternstunde, das ist vielleicht etwas zu hoch gegriffen, aber irgendwie fand ich unser zweites (!) Telefongespräch gut, ja, wirklich. Habe ich dich denn sehr zugetextet??

14 Jahre später starre ich auf meinen Laptop und in all die E-Mails, die ich von ihm archiviert habe. Es fühlt sich nicht an wie meine Vergangenheit, sondern mehr wie eine Geschichte, die einmal erzählt wurde. Aber es ist passiert, und deshalb fühlt es sich eigenartig an. Ich starre in ein Leben,

das mir fremd erscheint, und frage mich: Wie konnte das alles überhaupt geschehen?

Ich erzähle in diesem Buch eine Geschichte aus meiner Schulzeit. Aber es könnte auch die Geschichte deiner Tochter oder deiner Nachbarin sein. Von anderen Schüler:innen auf der ganzen Welt. Es sind Geschichten über Nähe und Distanz, über Grenzen, die Lehrer:innen überschreiten, über Manipulation und Machtmissbrauch. Denn dass Lehrer:innen solche Fehler machen und die Grenzen ihrer Schüler:innen nicht achten, scheint häufiger der Fall zu sein, als manche sich zu glauben trauen. Immer wieder höre und lese ich von Überschreitungen in der Schule. In diesem Buch kommen Betroffene zu Wort aus Deutschland, Österreich und der Schweiz, die einen Machtmissbrauch durch einen Lehrer und/oder sexualisierte Gewalt erfahren haben.

Ich bin kein sogenannter Einzelfall. Wenn ich das Erlebte teile, höre ich oft, dass diese Person entweder jemanden kennt, die Ähnliches erlebt hat, oder sie gestehen mir, selbst eine ähnliche Erfahrung gemacht zu haben. Als meine Shiatsumasseurin mir im Frühjahr 2023 vor der Massage Tee einschenkt und ich ihr dabei wie im Beichtstuhl von diesem Buchprojekt erzähle, stoppt sie, stellt die Kanne beiseite und lehnt sich an den Tisch. Sie setzt an und schüttelt dabei immer wieder den Kopf, als könne sie selbst kaum glauben, was sie mir da erzählt. Ihre Tochter, 7. Klasse, kam immer wieder mit komischen Anekdoten aus der Schule zu ihr. Die Kunstlehrerin verlangte von den Kindern, sie sollten ein Bild von sich malen, wie sie nackt unter der Dusche aussehen. Ein anderes Mal gestand sie den Kindern, Sex ohne Kondom sei so viel besser. Meine Friseurin verzieht dabei ihr Gesicht und fragt mich: «Das ist doch schon eigenartig, oder?»

Lehrpersonen haben einen Bildungsauftrag. Manche halten sich aber nicht daran. Studien und verlässliche Zahlen gibt es dazu aber bislang kaum. Einer der Gründe dafür ist die Frage: Wo genau beginnt Missbrauch durch Lehrkräfte, und wo endet er? Ist es missbräuchlich, wenn körperlich kein Übergriff stattfand? Wo verläuft die Grenze zwischen hilfsbereitem Mentor und manipulativen Annäherungsversuchen? Fragen, die sich Betroffene im Nachhinein stellen.

Aber auch die Tatsache, dass mehr Frauen von dem Machtmissbrauch betroffen sind, führt wohl dazu, dass eine männlich dominierte Wissenschaft kein Interesse hat, genauer hinzuschauen.

Deshalb ist es wichtig, über diese Dinge zu sprechen. In meinem Fall werde ich von einem emotional-manipulativen Machtmissbrauch sprechen. Zwar habe ich selbst diese Erfahrung gemacht, sehe mich jedoch in erster Linie als Journalistin, die sich mit diesem Thema auf professioneller Ebene auseinandersetzt. Das Geschehene ordne ich durch Expert:innen und andere Betroffene ein und möchte durch dieses Buch aufzeigen, dass es sich beim Thema Machtmissbrauch in der Schule um keine Einzelfälle handelt, sondern um ein gesamtgesellschaftliches Systemversagen.

Mein Deutschlehrer hat mich während der Oberstufenzeit emotional manipuliert, und das so lange, bis ich ihm auf eine gewisse Weise «verfallen» war und auf seine Avancen teilweise einging. Er sah etwas in mir, das ich selbst noch nicht erkennen konnte und das mir niemand außer ihm bisher gezeigt hatte. Er sah mich und fand mich gut, so wie ich war. Das Problem mit der Anerkennung dabei ist, dass wir sie uns als Jugendliche oft (noch) nicht alleine geben können. Wir brauchen in dieser Phase jemanden, der oder die sie uns schenkt, und das führt manchmal dazu, dass wir uns von einem Menschen emotional abhängig machen. Und wie es mit jeder anderen Droge auch ist: Wir werden süchtig nach diesem Gefühl und diesem Menschen. Endlich gesehen und gebraucht zu werden. So war es zumindest bei mir. Ich war 18 Jahre alt, und meine Identität stand noch auf sehr unsicheren Beinen.

In den letzten Jahren dachte ich immer öfter darüber nach, was das eigentlich war mit meinem Lehrer. 2022 machte ich ein Feature dazu im *Deutschlandfunk,* und das bestärkte mich darin, dem Thema mehr Raum zu geben. Denn seit der Veröffentlichung bekomme ich in regelmäßigen Abständen E-Mails zugeschickt, es erreichen mich Nachrichten auf Social Media. Mir schreiben Frauen, die vor Jahrzehnten Ähnliches erlebt haben oder auch erst letztes Jahr. Sie erzählen, wie sie dieser Machtmissbrauch bis heute prägt. Bei manchen ist die Sachlage ganz klar, sie waren minderjährig und haben sexuelle Gewalt erlebt. Bei manchen ist es schwammiger und juristisch schwieriger zu ahnden, wie auch in meinem Fall. Es ist ein Graubereich, in dem die Grenzen oft fließend sind: Es gibt Geschichten von Mädchen, die für einen Lehrer schwärmen, und dieser flirtet mit ihnen. Es sind Geschichten, in denen aus der Sympathie zwischen Lehrkraft und Schüler:in plötzlich ein Kuss werden soll, und es gibt Fälle wie mich, in denen die Annäherung komplett vom Lehrer ausgeht und in denen auf der körperlichen Ebene nie eine wirkliche Berührung stattfindet. Wo, frage ich mich, beginnt also der Missbrauch?

Jede Betroffene, mit der ich sprach, willigte ein, ihre Geschichte zu erzählen, unter der Voraussetzung, das komplett anonym zu tun. Die Fallbeispiele verteilen sich über das ganze Buch, um aufzuzeigen, wie vielfältig diese Geschichten sind. Alle Namen sind geändert und weitere Details so angepasst worden, dass man keine Rückschlüsse ziehen kann, um wen es sich handelt – zum Schutz aller Beteiligten. Die Gründe dafür sind bezeichnend. Einerseits geht es natürlich darum, sich zu schützen. Aber es geht eben auch darum, dass viele Betroffene Angst haben, weil sie immer noch abhängig sind von der Lehrperson. Und weil sie nicht wissen, ob ihnen geglaubt wird und sie «irgendwie mitgemacht» haben.

Diese Angst lässt die Opfer von Missbrauch verstummen und Täter:innen weiter im Kontext Schule arbeiten und missbräuchlich handeln. Die Mädchen und jungen Frauen sind zum Teil stark traumatisiert und fürs Leben gezeichnet, während die Lehrer unbestraft davonkommen. Was sagt das über unsere Gesellschaft aus und über Betroffene, die scheinbar immer noch weniger gesehen werden und ihnen weniger Glauben geschenkt wird, als denjenigen, die in der Hierarchie weiter oben stehen?

Dahinter steckt auch die Solidarität von Lehrer:innen untereinander und Angst hinter dem Systemversagen: Was nicht sein darf, gibt es eben nicht. Es liegt nicht in der Verantwortung von Betroffenen, Belästigung aller Formen zu beenden, indem sie ihr Schweigen brechen. Ich hoffe aber, dass sie sich darin bestärken können, den eigenen Gefühlen zu vertrauen und sich jemandem anzuvertrauen.

Für mich persönlich ist es ein Anliegen geworden, darüber zu sprechen, worüber heutzutage immer noch so gerne geschwiegen wird: über #MeToo in der Schule. Und in mir kommt eine Irritation auf, warum so viele Menschen meinen, es sei mutig, über Grenzüberschreitungen und Machtmissbrauch in der Schule zu sprechen. Schließlich verbringen wir alle gefühlt unzählige, nervenaufreibende Stunden, Tage und Jahre damit, die Schulbank zu drücken. Ist es also wirklich mutig, über etwas zu sprechen, das ganz vielen bereits passiert ist, noch passieren wird und auch gerade in diesem Moment geschieht?

KAPITEL 1: WIE ALLES BEGANN

E-Mail für mich

«Tu das, was du für richtig hältst, es wird immer jemanden geben, der anders denkt.»
Michelle Obama

Es ist spätabends, der 17. März 2007, als ich in meinem Posteingang die erste Nachricht von ihm entdecke. Eine E-Mail von meinem Deutschlehrer, wundere ich mich. Ich bin nervös und zögere einige Sekunden. Mein Herz pocht, als ich sie öffne. *«Du bist wunderschön. LG»* steht darin, gefolgt von seinen Initialen, im Anhang ein Bild von mir, dass er in einer spontanen Porträtsession mit unserem Deutschkurs am Tag zuvor aufgenommen hatte. Niemand hatte wirklich Lust darauf gehabt, aber Wolfgang Schubert drängte uns dazu, zückte seine Digitalkamera und lichtete einen nach dem anderen ab. Mit diesem Bild fängt die Geschichte an.

An jenem Märzabend, als ich seine erste Nachricht bekomme, bin ich überrascht und überfordert. Ich erinnere mich, wie ich vor dem Computer sitze, die frisch gewaschenen Haare in einen Turban gesteckt, und eigentlich gleich schlafen hatte gehen wollen. Noch habe ich die Hoffnung: Vielleicht hat er allen etwas Ähnliches geschickt und geschrieben?

Ich greife zum Telefon und rufe Hanna an, meine engste Vertraute zu dieser Zeit, eine Klassenkameradin. «Hast du gerade auch eine Nachricht von Schubert bekommen?», frage ich sie. Als sie ihren Posteingang checkt und durch den Telefonhörer «nein» sagt, fange ich an zu zittern. Warum ich?

Wir verstehen beide nicht, was diese E-Mail bedeuten soll, aber reden nicht mehr weiter darüber und legen auf. Es ist schließlich schon spät.

Diese E-Mail ist der Anfang einer jahrelangen Korrespondenz, die ich damals weder richtig verstand, noch richtig einordnen konnte. Erst über ein Jahrzehnt später werde ich begreifen, was das war und was es mit mir gemacht hat. Es war ein Übergriff. Dass mein Lehrer immer wieder bewusst über meine Grenzen ging, hat sowohl meine Psyche als auch meinen Körper schwer erschüttert. Doch verstehen konnte ich das alles im Moment des Geschehens noch nicht. Nur meine Intuition schlägt an und gibt mir den Rat: «Pass auf dich auf! Sei vorsichtig, hier stimmt was nicht!»

Das Ganze als die Grenzüberschreitung zu sehen, die es war, gelang mir damals noch nicht. Außerdem geht man als Schülerin, als eine Schutzbefohlene, in erster Linie davon aus, dass ein Lehrer es gut mit einem meint. Er ist verpflichtet, seine Schüler:innen zu schützen. Dass jemand dieses Verhältnis bewusst ausnutzen oder gar missbrauchen könnte, kam mir mit meinen 18 Jahren nicht in den Sinn.

Am nächsten Tag muss ich mich zwingen, in die Schule zu gehen. Auf dem Stundenplan steht eine Doppelstunde Deutsch mit Wolfgang Schubert. Seine Mail ist mir unangenehm. Dabei sollte doch ihm die Nachricht peinlich sein, denke ich mir. Oder? Die meiste Zeit verstecke ich mich in diesen zwei Stunden hinter Hanna. Sein Blick sucht meinen. Ich weiche ihm aus.

Ich bin zu diesem Zeitpunkt in der 12. Klasse. In den nächsten zwei Schuljahren spitzt sich die Situation immer weiter zu. Bis zum Ende meiner Schulzeit und dem Abitur folgen noch gut eineinhalb Jahre und über 100 E-Mails, SMS und Anrufe. Wie soll ich das durchstehen?

Ich bin gerade 18 Jahre alt geworden, färbe mir die langen Haare fast schwarz, höre Radiohead, schreibe Gedichte und lese den Faust und Kafka in Reclam-Ausgaben. Ich stehe auf alles, was mit Psychologie und Philosophie zu tun hat – seine Fachgebiete. Dass ich an seinem Wissen interessiert bin, gefällt ihm, schreibt er mir. Weil ich später unbedingt Psychologie studieren möchte, sind Noten während dieser Zeit sehr wichtig für mich. Mit seinem Interesse hebt er mich aus meiner Langeweile heraus, die ich aus meiner Kleinstadt und von meinem Elternhaus kenne. Es ist aufregend, eine neue Welt kennenzulernen.

Mein Komplex in dieser Zeit ist, dass ich mich dumm fühle. Dieses Unzulänglichkeitsgefühl ist ein großer Grund dafür, warum mich sein Intellekt anzieht und ich auf seine gehobenen Mails überhaupt reagiere. Ich will Teil davon werden, Teil von einem Leben, das ich mir für mich wünsche. Neben jeder Mail, die ich an ihn sende, liegt der Duden für Rechtschreibung neben mir. Jede Mail bedeutet auch ein Abliefern in Deutsch. Ich ärgere mich gleichzeitig über ihn, weil er sich diesbezüglich gar keine Mühe gibt – er schreibt mal groß, mal klein. Sein Urteil über meine Leistung geht auch einher mit mir als Person und andersherum. Er hat mich im Unterricht nie benachteiligt, wenn ich «stumm» blieb und Mails nicht beantwortete. Aber die Angst war trotzdem da, schließlich stehe ich in einem Abhängigkeitsverhältnis zu ihm, in einer Hierarchie, in der er oben ist und ich unten, in der ich ihn sieze und er mich duzt. Ihm ist das ebenfalls bewusst, und er weiß, mit welchen Mitteln er mich «locken» kann, zum Beispiel mit Sätzen wie «*Du schreibst wunderschön – diese Bil-*

der!!!» oder *«Warum kannst du das eigentlich so gut, Träume deuten?».*

Wolfgang Schubert ist damals schon Ende 50. Er hätte theoretisch sogar mein Großvater sein können, ein kleiner, kahlköpfiger Mann mit Brille und einem Bauchansatz, der durch sein braunes Cordsakko nur halb verdeckt wird. Manche in der Schule nannten ihn «Gollum». Er ist nicht attraktiv, und trotzdem fühle ich mich von Mail zu Mail mehr hingezogen zu ihm. Seine Nachrichten trudeln regelmäßig bei mir ein – mal längere tagebuchartige Texte, mal ein kurzer Abendgruß. Es gibt Phasen, da freue ich mich richtig, eine E-Mail in meinem Postfach zu finden, und nehme mir ausführlich Zeit für eine Antwort. Es gibt aber auch Momente, in denen mir alles zu viel wird und ich mit Schweigen reagiere. Ich bin zu dieser Zeit unsicher und selbstkritisch. Lob anzunehmen, fällt mir schwer. Mir ist noch vollkommen unklar: Wer bin ich? Bin ich liebenswert? Bin ich hässlich oder hübsch? Bin ich klug oder dumm?

Alle paar Wochen fragt Schubert mich, ob wir uns privat treffen wollen. Einladungen folgen zu ihm nach Hause, zum Grillen, auf einen Kaffee oder Spaziergang.

> hallo britta – hast du interesse am kommenden freitag (11.01.) mit auf eine autorenlesung zu kommen? LG

> Du hängst dir blutrote Schmucksteine ans ohr. Blutrot – das passt zu dir. Das ist alles zugleich: höchste Erregung, schrillster Alarm, Glut, Angriff deinerseits, aber auch stopp für die andere. Eben genau schwarz und blutrot – deine farben.

Irgendwas in mir will abhauen. Und irgendein Teil in mir will mehr davon. Will mehr von der ungeteilten Aufmerksamkeit eines erwachsenen Mannes. Ich sehne mich danach, von einer Person gesehen und verstanden zu werden, die mich so akzeptiert und wertschätzt, wie ich bin. Dieses Gefühl vermittelt er mir manchmal. Doch da ist immer diese Ambivalenz in mir, dieses Hingezogensein und dann wieder das starke Wegwollen von ihm. Gerade noch bei Ebbe über die Sandbank flaniert, werde ich im nächsten Moment von einer Flut in die Tiefen des Meeres gezogen. Ich spüre das flaue Magengefühl beim missglückten Versuch, ihm im Schulflur auszuweichen, wenn ich ihn nicht sehen will. Oft lauert er mir auf und passt mich nach dem Unterricht ab, dabei will ich kein Date mit ihm, und schon gar nicht will ich stundenlang mit ihm nach der Schule reden. Mein Körper zuckt, wenn ich ihn wieder auf dem Stuhl an der Wand sitzen sehe und er mich erwartungsvoll anblickt. Es ist seine Art, meine Grenzen zu missachten.

Ich wähle bewusst den Hintereingang der Schule, den kaum jemand nutzt, um Schubert nicht sehen zu müssen. Trotzdem lauert er mir auf. Meine Augen richten sich reflexartig zum Boden. «Nur nicht ansehen, nur nicht ansehen», denke ich, «gleich hast du es geschafft!» Als ich an ihm vorbeigehe, sehe ich im Augenwinkel, wie sein Blick ebenfalls nach unten wandert, sein Körper zusammensackt, die Schultern nach vorne kippen. Er ist enttäuscht, dass ich seinen Kommunikationsversuchen ausweiche, das sehe und spüre ich. Ich fühle mich schuldig und schlecht, wenn ich eine Grenze ziehe. Manchmal ziehe ich deshalb lieber keine. Denn dieses Gefühl auszuhalten, ist unangenehm.

Außerdem hat ein Teil in mir parallel die Sorge, dass sich Schubert tatsächlich gänzlich von mir abwendet. Will ich das? Ich brauche ihn und seine Aufmerksamkeit. Ich, so fühlt es sich manchmal an, bin durch seine Aufmerksamkeit erst existent. Ich bin buchstäblich abhängig von ihm. Denn was geschieht mit mir, wenn dieses Band zwischen uns zerschnitten wird? Gleichzeitig frage ich mich auch: Was passiert, wenn es bestehen bleibt? Ein mulmiges Gefühl kommt bei diesem Gedanken auf, das stärker ist. Ich entscheide mich im letzten Moment für ein «Nein» und somit auch für mich.

britta, warum bloß bist du ständig so hin- und hergerissen? – antworten oder nicht antworten? – kaffee oder kein kaffee? – überhaupt mailen, ja / nein? ... ich finde unsere mailerei gut, unterhaltsam und irgendwie auch wichtig – also schreibe ich weiterhin.

In meinem Jugendzimmer steht auf einem kleinen schwarzen Tisch mein Bildschirm. Manchmal sitze ich im Schneidersitz auf einem Sitzkissen teilweise stundenlang davor und überlege, was ich antworten soll. Wie viel gebe ich von meinem Inneren preis? Wie formuliere ich einen Gedanken? Wo setze ich das Komma, wo ein Semikolon? Er schrieb mir einst, dass meine Mails psychoanalytisch seien, wie ein Spiegel, den ich ihm schonungslos vorhielte. Ich hake dort ein, wo seine Gedanken enden. Es machte mir schon immer Freude, Menschen aktiv zuzuhören und herauszufinden, was das jeweilige Problem einer Person ist.

Manchmal antworte ich gar nicht. Eine andere Option ist: Ich erfinde eine Ausrede, warum ich zu einem Treffen nicht kommen kann. Aber nie kommt mir in den Sinn, dass ich ihm einfach die Wahrheit sagen könnte. Dass ich mich unwohl fühle, dass ich nicht möchte, dass er mir weiterschreibt, dass ich das unprofessionell finde, oder: Dass ich ihm einfach nicht vertraue. Mein Misstrauen ist gleichzeitig mein Glück. Es gibt viele Schülerinnen, die auf Avancen und Einladungen eingehen. Die es im Nachhinein bereut haben, oder die dadurch noch mehr abhängig wurden.

Wolfgang Schubert wusste ebenfalls, welche Strippen er bei mir ziehen musste. Plötzlich habe er immer an mich denken müssen und hatte ein Gefühl, schreibt er mir eines Tages.

> (...) ob ich da etwas falsch verstanden habe? – das interessiert mich nicht. da gibt es etwas, einiges, an dir, das mich affiziert, reizt wäre der falsche ausdruck, anzieht, ja, das ist es – etwas rätselhaftes – eine scheu, die ich gerne überwinden würde.

Manchmal ekeln mich seine Nachrichten an, manchmal genieße ich sie. Meiner besten Freundin Corinna, die auf eine andere Schule geht, erzählte ich damals vieles. Ich erinnere mich, als sie mich einmal in der Schule besuchte und wir beim Bäcker standen. Plötzlich kam Schubert um die Ecke und stand auf einmal neben uns. Nervös stellte ich sie gegenseitig vor, so als würde man den Boyfriend der besten Freundin vorstellen und hoffen, dass sich die beiden mögen. Einmal sagte ich zu Corinna: «Weißt du, Jungs in unserem Alter interessieren mich gar nicht mehr so.» Da gab es etwas Neues, eine Tür, die einen Spalt weit geöffnet war und durch die ich mich zwar nicht traute durchzugehen, aber mehr von dem Raum dahinter sehen wollte. Männer, die älter waren, standen in unserer Clique nie auf der Agenda. Andersherum war es hingegen anders. Ältere Männer hatten junge Frauen und Mädchen durchaus auf dem Radar, das bemerkte ich schon früh in der Schule.

Ich war in der 5. Klasse, als ich zum ersten Mal mit diesem Thema konfrontiert wurde, weil ein Gerücht die Runde machte, das sich später als Wahrheit herausstellte: Eine Abiturientin hatte etwas mit einem Referendar angefangen. Oder, als ich in der 9. Klasse im Erdkundeunterricht saß und mein Lehrer ein Mädchen zur Tafel aufrief, die einen kurzen

Rock trug. Er ließ ein Stück Kreide voller Absicht fallen und sagte zu ihr: «Oh, bück dich doch bitte noch mal und heb es auf.» Ganz offensiv, grinsend, schamlos und provokant. Damals dachte ich: «Ist das dein Ernst?» Aber niemand sagt was, schließlich waren wir alle erst 15 Jahre jung. Wir waren noch leichter zu manipulieren, und Lehrer nutzten diese Schwäche zum Teil aus. In der Umkleidekabine des Sportunterrichts, bei einer AG oder in Räumen abseits des Schulunterrichts ist es einfach, Nähe zu Schüler:innen herzustellen.

Meine Eltern schenken mir in dieser Zeit nur wenig Bestätigung. Ich komme aus einer Arbeiterfamilie. Mein Vater ging nach der 7. Klasse von der Schule ab, um bei seinem Onkel in die Lehre zu gehen. Meine Mutter und meine Schwester machten beide ihren Realschulabschluss und absolvierten danach eine dreijährige Ausbildung. Ich war die Einzige, die je den Wunsch verspürte, Abitur zu machen und zu studieren. Es klingt gemein, das zu schreiben. Denn Ausbildungen sind nicht schlechter als ein Studium. Nur für mich und für mein Leben wollte ich unbedingt etwas anderes, ich wollte «mehr». Ich sah mich als Studentin in einer fremden Großstadt Neues erleben. Etwas, das es in meiner Heimatstadt nicht gab. Ich wollte einen neuen Anteil von mir entdecken. Wer ist Britta noch? Was kann ich lernen, fühlen, erleben?

All das trennte mich von meiner Kernfamilie. Ich beschäftigte mich mit Musik abseits des Mainstreams, die täglich durch das Autoradio meiner Mutter polterte, wenn sie mich von der Schule abholte. Ich las viele Bücher, nicht nur Romane, sondern auch Sachbücher über das Gehirn. Ich wollte alles lernen, weil ich oft das Gefühl hatte, nichts zu wissen. Es ist der Komplex, mit dem sich immer noch viele Arbeiter:innenkinder herumschlagen.

Meine Eltern sind zwar stolz, dass ich als Einzige in der Familie Abitur machen werde – fremd ist ihnen diese Welt trotzdem. Überhaupt sind meine Interessen für meine Eltern befremdlich. Äußere ich Kritik an einer Aussage meines Vaters, verschränkt er die Arme und sagt: «Lass diesen Psychokram!» Reden wir über Politik am Esstisch, schreien wir uns gegenseitig an und reden danach tagelang nicht mehr miteinander, weil ich für Junkies mehr Verständnis hätte als für sie, wie sie sagen. An meinem 18. Geburtstag komme ich angetrunken nach Hause, meine Mutter ist daraufhin so wütend, dass sie mir nicht gratuliert und fast den ganzen Tag nicht mit mir spricht. In meiner Familie fühle ich mich damals wie ein Alien – nicht verstanden, nicht ernst genommen. Durch meine Interessen vergrößert sich unser emotionaler Abstand noch mehr. Ich ärgere mich, wenn ich eine Frage habe und keine:r Antworten weiß. Natürlich ist meine Wut darüber unfair. Als Kind und Jugendliche wünschte ich mir trotzdem eine Bezugsperson, die mir hilft bei schulischen Fragen, mich intellektuell herausfordert oder mir bei Studiumsfragen zur Seite steht.

Es hat lange gedauert zu verstehen, dass sich diese Hoffnungen nie erfüllen werden. Ich bin da nicht alleine, das weiß ich. Die meisten Kinder aus Arbeiter:innenfamilien schlagen keine akademische Karriere ein, und jene, die es wollen und schaffen, kämpfen dennoch ein Leben lang mit Wissenslücken und Unsicherheiten. Immer auf der Hut, enttarnt zu werden.

Schubert hingegen, so nehme ich es damals wahr, ist an *mir* interessiert, an meinem Wesen, an meinen Gedanken. Ich fühle mich gesehen. Geliebt. Geachtet. Jeden Morgen vor der Schule lade ich meinen MP3-Player am Computer auf. Dann checke ich mein Postfach. Bekomme ich keine E-Mail, bin ich erleichtert. Zugleich bin ich enttäuscht. So ist es immer.

Auf eine verdrehte Art und Weise, die sich kaum beschreiben lässt, gab es zwischen meinem Deutschlehrer und mir eine Art «Beziehung», die mich bis heute prägt und immer noch anwidert. Wie sehr, das merke ich erst 13 Jahre später, als mir andere ihr Mitgefühl aussprechen, wenn ich ihnen aus dieser Zeit erzähle.

Während meiner Journalismus-Ausbildung berichte ich Anfang 2020 zum ersten Mal nüchtern von diesem Erlebnis, ohne verlegen zu lachen. Ich schaue in nickende Gesichter, die Mundwinkel der anderen sind nach unten gezogen, und ich verstehe auf einmal, dass mir damals etwas passiert ist, was ganz und gar nicht in Ordnung war. Mit einem komischen Gefühl im Bauch laufe ich danach nach Hause und spüre auf einmal, wie Tränen in meine Augen schießen. Meine Hände werden zittrig, mein Körper taub. Ich kenne diese Symptome. Sie tauchen kurz vor einer Panikattacke auf. Damals zu Schulzeiten hatte ich sie noch nicht. Nur das Atmen, das mir immer wieder schwerfällt, ist ein Symptom, das mich auch durch meine Schulzeit begleitet hat.

Aber bin ich wirklich ein Opfer? Habe ich nicht selbst meinen Beitrag geleistet, dass es dazu kommen konnte? Schließlich habe auch ich Mails geschrieben und stundenlang seinen Monologen am Telefon gelauscht. Fragen, die sich viele Opfer stellen. Richtige Opfer. Schubert hat mich berührt, aber nie richtig angefasst. Doch sein Fuß, der meinen anhob, oder sein Arm, der sich um meinen Körper legte, lassen mich damals in eine Schockstarre fallen. Mein Herz pocht, mein Magen hüpft, aber es ist kein gutes Gefühl. Es fühlt sich falsch an, das spüre ich schon damals.

Im Duden heißt es, ein Opfer sei jemand, der durch jemanden Schaden erleidet. Ein emotionales Missbrauchsopfer – ich? Bei Missbrauch nennt der deutsche Duden als Beispiel «Missbrauch von Macht». Klingt stimmig, wenn man bedenkt, dass er als Lehrer und ich als Schülerin in einem Hierarchieverhältnis stehen und dass er damals fast dreimal so alt war wie ich.

Schubert weiß, wie er mir ein gutes Gefühl geben kann. Wenn ich etwas im Kurs sage, geht er sofort darauf ein. Das fällt allen auf. Lehrer:innen wie Schüler:innen. Andere Lehrer:innen wissen, dass wir ein besonderes Verhältnis haben, sie machen darüber Witzchen im Lehrerzimmer, erzählt er mir. Sie glauben, ich schwärme für ihn, nicht andersherum. Er verwische dann Spuren im Kollegium, schreibt er mir, damit nicht auffällt, wie viel Nähe und Kontakt wir haben. Ich müsse das verstehen. Dabei geht alles von ihm aus – das macht mich wütend, schon damals.

Schubert schmeichelt mir, sagt, was ich für Metaphern verwende, sei wunderschön. Und dass ich kompliziert sei, er korrigiert sich, «nein, nicht kompliziert, komplex und ich fühle, dass es eine ähnliche Komplexität wie meine ist». Ich muss zugeben – mir gefällt das.

Einige Monate sind seit der ersten Mail vergangen. Meine Abwehr ihm gegenüber hat sich in Sympathie entwickelt, vielleicht in ein bisschen mehr. Läuft er durch den Schulflur, und wir begegnen uns, ziehen sich meine Mundwinkel wie von allein nach oben. Irgendwann bin ich wie in seinen Bann gezogen. Als meine Freundin Hanna und ich allein im Klassensaal vor der Tafel stehen, reden wir über Jungs, und ich sage: «Ich finde ihn eigentlich ganz gut aussehend.» Hanna zieht die Augenbrauen hoch und verzieht das Gesicht, als hätte sie in eine besonders saure Zitrone gebissen. Mehr sagt sie nicht, aber mehr muss sie auch nicht sagen. Es ist die klassische Dynamik, je interessanter ein Mensch ist, desto attraktiver wird er. Wolfgang Schubert ist kein Johnny Depp, den ich zu dieser Zeit gut finde. Und er ist alt. Aber in meiner Welt ist er das Fremde, etwas, das ich so nicht kenne, das mich aber neugierig werden lässt. In dieser Zeit kreisen die Gedanken oft um ihn, aber ich frage mich auch: Warum schreibt er mir eigentlich? Diese Frage stelle ich ihm irgendwann auch. Er antwortet:

> 15.06.2007
> Warum ich dir mails schicke, fragst du dich – nun, ich suche den kontakt zu dir, logo, ich will dich ins vertrauen nehmen, und ich meine, dass du irgendwie die einzige bist, die meine komplexität kapiert und so auch die einzige bist, bei der mein denken sozusagen auf fruchtbaren boden fällt – allerdings bin ich immer etwas zögerlich, nachdem du diese gewaltige frage gestellt hast: du wüsstest nicht so recht, warum ich dir eigentlich maile – und du wüsstest erst recht nicht, was du darauf antworten solltest – dann aber doch antwortest, weil es die höflichkeit gebietet – verstehst du, dass mich das etwas bremst mit meinen mails? – also: soll ich dir weiterhin mailen??? – bitte, sag ja!!!

Es gibt Phasen in der 12. Klasse, da ist alles wunderbar – Honeymoon sozusagen. Wir plaudern im Klassensaal, scherzen im Unterricht, er legt in der Pause im Klassensaal den Arm um mich, Hanna macht ein Bild davon. Ich ertappe mich dabei, das Bild mit meinem Handy zu bearbeiten. Zwischen uns setze ich: ein rotes Herz. Aus meiner anfänglichen Skepsis, was er ausgerechnet von mir möchte, wächst langsam ernsthaftes Interesse. Ein erwachsener, gebildeter Mann interessiert sich für mich – eine junge Schülerin, die nicht besonders viel von sich hält. Kann das wirklich sein?

Ich frage ihn, ob er mich komisch findet – denn ich finde mich zu dieser Zeit komisch, wie das junge Erwachsene eben tun.

> 24.06.2007
> du bist nicht komisch, du bist anders und du bist schwierig – und das ist es, warum ich mich so angezogen fühle, warum ich mich in dich verliebt habe.

Verliebt – dass er das so nennt, reißt mir den Boden unter den Füßen weg. Nach dieser E-Mail spreche ich mit Hanna, berate mich mit Corinna. Sie wissen auch nicht so recht, was sie sagen sollen, das merke ich. Aber ich merke, je mehr ich ihnen erzähle, desto kritischer sehen sie ihn, desto weniger Verständnis zeigen sie gegenüber meiner Zuneigung und meinen Zweifeln, die sich daraus ergeben. Aber viel weiter denken sie nicht. Nie kam der Gedanke auf, dass das etwas Verbotenes ist, das angezeigt gehört, dass es Konsequenzen für sein Fehlverhalten geben müsste. Weder bei ihnen im Kopf noch bei mir. Manchmal habe ich das Gefühl, je unsicherer ich bin, desto sicherer wird er:

> ach – ich habe dich neulich schockiert, mit meiner mail? – das wollte ich natürlich nicht – aus diesem schock musst du alleine raus.

oder:

> du machst dir gedanken über lehrer-schülerin – auch das interessiert mich wenig – du bist eine erwachsene frau! – hörst du!! – oder besser, sieh dich mal an – zieh dich aus, stell dich vor den spiegel – klapp deinen kopf auf – da ist frau drin und nicht mädi – hey

Solche Aussagen sind manipulativ, sie sollen suggerieren, dass ich alt genug bin und mich wie eine Erwachsene verhalten soll. Dabei bin ich jung und unerfahren. Als ich mir seine Assoziation vorstelle, wie ich nackt vor dem Spiegel stehe, kommt mir ein Gedanke in den Kopf, der mich erschaudern lässt: Wenn mein Kopf beim Lesen dieses Bild von mir kreiert, hat er es dann auch? Ich fühle mich buchstäblich nackt, ausgeliefert und mir wird übel. Wegen solcher übergriffigen Aussagen, der sexuellen Anspielungen, versuche ich wochenlang, mich unsichtbar zu machen: weiche seinen Blicken aus, antworte nicht auf E-Mails oder SMS, versuche, den Hintereingang zur Schule zu nehmen. Manchmal sitzt er genau dort auf einem Stuhl und passt mich ab.

Ich sehe, dass er traurig ist, wenn sich unsere Blicke treffen und ich wegschaue. Dann habe ich ein schlechtes Gewissen. Auch hier überhäuft er mich mit Schuldgefühlen, die ich leider annehme. Dass er unter mir leidet und es nicht andersherum ist. «Ich leide mittlerweile sehr unter uns, mehr als du denkst, ist dir das klar?», schreibt er mir in einer seiner Mails spät am Abend.

Als ich wieder einmal nicht reagiere, weil ich es nicht schaffe, Nein zu sagen, wird er böse. Es ist sein Geburtstag, Kolleg:innen wollten ihn wohl zum Essen am Nachmittag einladen, schrieb er mir in einer Mail. Er sagt ab, in der Hoffnung, ich verbringe den Tag mit ihm. Als ich nicht erschien, stapfte er mit «bösen Gedanken» an mich durch seinen Lieblingspark.

Er weiß, dass er bereits Hunderte von roten Linien übertreten hat. Er findet das prickelnd, weil es irgendwie verboten sei, was wir da machen, und ein wenig lustig, aber am meisten ehrlich, schreibt er. Er habe aber auch Gewissensprobleme, erzählt er in einer Mail im Oktober 2007:

> (...) ich möchte nichts tun, was dich irgendwie belastet, was es dir schwer macht, in die schule zu kommen, was es dir schwer macht, zu lernen und leistung zu bringen – dabei

überlege ich mir schon auch, ob dich mein verhalten eventuell nur unbewusst drücken könnte – andererseits: ein bisschen nachdenken über mich sollst du ja schon.

17.06.2008
Wenn Du zurückblickst die letzten anderthalb Jahre – war ich wirklich zu Dir der Kotzbrocken, als den mich hinzustellen Du offensichtlich immer wieder Lust hast? Die Tatsache, dass ich Dich liebe – löst sie in Dir nicht mehr aus, als bei mir irgendwelche Makel und Mängel zu suchen, um mich dann der moralischen Unzulänglichkeit zu bezichtigen?

Zu diesem Zeitpunkt hat mir noch nie ein Mann gesagt, dass er mich liebt. Und somit lese ich diese Worte zum ersten Mal von ihm – meinem Lehrer. Ein Mann, der manchmal wie ein Vater für mich ist. Glauben kann ich das allerdings nicht wirklich. Abgesehen davon, dass ich mir kaum vorstellen kann, ein anderer Mann könne sich in mich verlieben, so ist die Vorstellung, dass eine Art Vaterfigur mich liebt, einfach nur absurd. Trotzdem machen diese drei Worte etwas mit mir. Sie ziehen mich noch mehr in sein Netz, das spüre ich.

Meinen Eltern erzähle ich von alledem nichts. Ich habe Angst, dass sie ihn anzeigen. Und Schubert ist auch froh, dass ich es nicht an die große Glocke hänge – das wäre ihm, «gelinde gesagt, unangenehm», schreibt er mir.

Ich schütze ihn, weil ich Gefühle für ihn habe, teils auch positive, à la Stockholm-Syndrom. Ich habe eine emotionale Verbindung zu ihm aufgebaut, wie Geiseln es haben, die entführt wurden und mit den Tätern sympathisieren. Und ich frage mich: Was wäre die Konsequenz für mich, wenn ich nicht mehr mitspiele? Habe ich nicht auch etwas Verbotenes und Unerlaubtes getan?

Mein Traum war es immer, Psychologie zu studieren. Und ich war abhängig davon, welche Noten er mir gab für meinen Schnitt. Diese Abhängigkeit war ein Teil davon, warum ich manchmal weitermachte, obwohl es sich nicht gut anfühlte. Aber da war auch eine Leere, die er in mir füllte und meinen Selbstwert durch Schmeicheleien auflud. Auf das konnte und wollte ich nicht verzichten, es war zu wichtig für mich in dieser Zeit. Es hätte einen Bruch in mir bedeutet, den ich nicht hätte abschätzen können. Dieses Gefühl, dass ein Mosaikstein an Wertschätzung in mich eingesetzt wurde, fühlte sich zu gut an. Das alles geschah unterbewusst.

07.01.2008

Du fragst Dich, ob mein Einsatz zu hoch ist, ob ich zu viel aufs Spiel setze – auch das sind im Grunde apokalyptische Fragen: Der Untergang schwingt hier mit. Ich bin in einen Zustand geraten und habe Dir davon berichtet. Und: Sowenig ich das Licht durch Knopfdruck angeknipst habe, so wenig kann ich es einfach ausknipsen. Du aber startest ein Abwehrmanöver nach dem anderen und ziehst mich immer wieder in Zweifel. Nein, ich bin es leid ... wie oft soll ich es noch sagen, dass ich nicht spiele.

Ein schlechtes Gewissen plagt mich, weil er eine Familie hat. Kann es sein, dass ich eine Art Geliebte bin, obwohl körperlich nichts zwischen uns läuft? Schubert ist Ehemann und Familienvater von zwei Töchtern. Die eine ist kaum älter als ich. Er bringt sie eines Tages mit in den Unterricht. Sie setzt sich gegenüber von mir hin, mein Herz rast, das alles war nicht angekündigt. Ich fühle mich, als sei ich ihre Stiefmutter, dabei trennen uns von unserem Alter her nur vier Tage, wie ich später von ihm erfahren werde.

Als wir eines Tages gemeinsam mit dem Deutschkurs erneut Kaffee trinken gehen, kommt seine andere Tochter mit. Sie hat einen kakifarbenen Pullover mit weißen Längsstreifen an, den es damals oft bei H&M zu kaufen gab – ich habe ihn auch. Sie ist nur drei Jahre jünger und möchte Psychologie studieren – wie ich. Freundinnenpotenzial irgendwie. Und gleichzeitig bin ich diejenige, die die Familie zerstören könnte. Zumindest fühlt es sich so an. Mir ist klar, dass niemals etwas aus uns werden wird und soll. Aber ich fühle mich trotzdem schlecht, weil bereits zu viel geschehen ist, was nicht sein darf. Irgendwie bin ich in diese ganze Geschichte verwickelt worden, ohne dass ich mich besonders viel bewegt habe. Und jetzt ist es zu spät.

Sowohl der ersten Tochter als auch der zweiten möchte ich gefallen. Das kennen vermutlich Frauen, die mit Männern zusammen sind, die bereits Kinder haben und diese nun zum ersten Mal kennenlernen. Aber das hier ist eigentlich etwas anderes. Und irgendwie auch nicht.

Über mir kreist die Frage: Warum muss eigentlich ich ständig eine Linie ziehen, während er immer wieder versucht, sie einzureißen? Und ganz gelingt es mir schließlich nicht. Ich fühle Scheu, ich fühle Abneigung, und ich fühle irgendwie auch so etwas wie Liebe.

Heute weiß ich: *Er* hätte das alles stoppen müssen. Auch er weiß das, das lese ich aus seinen Mails heraus: *«Soll ich dir weiterschreiben? Bitte sag Ja!!!»*

Bei solchen Fragen reagiere ich oft, indem ich einfach nichts tue. Manchmal bin ich so überfordert, dass ich nicht immer einen Korb verteilen will. Also halte ich mich schwammig, um später unbemerkt zu flüchten. Ich traue mich nicht, einfach zu sagen, dass es mir zu viel ist. Es ist schwer, mit 18 Jahren für sich einzustehen und zu wissen, was einem guttut und was nicht.

14.01.2008
Du fragst mich, ob ich nicht verstehe, wie Du hin- und hergerissen bist. Du hast meine Kaffee-Grill-Einladungen allein mit dem Argument abgelehnt: Es geziemt sich für eine Schülerin nicht, mit ihrem Lehrer privat etwas zu unternehmen. Und Du fügst als Erklärung hinzu: Was denken da denn die anderen Schüler und Lehrer, wenn ich das tue. Das ist ein rein moralisches Argument, Du spiegelst Dich im Urteil der anderen. Das kann ich nicht glauben, dass das Dein Ernst ist. Du, die sich vehement gegen alles spießige Verhalten wehrt, begründest Dein Verhalten plötzlich mit dem spießigsten aller Argumente.

Er weiß, wie er mich manipulieren kann. Spießig sein missfällt mir. Mit diesem Kommentar denke ich länger darüber nach, ob ich wirklich falsch über diese Verbindung denke. Aber dann ist dieses Gefühl in meinem Bauch wieder da, das mich in dieser Zeit oft heimsucht und mich am Ende auch beschützt.

Im Oktober 2007, es sind noch acht Monate bis zu meinem Schulabschluss, erhalte ich eines Abends ein Geschenk in meinem E-Mail-Postfach. Eine Art Parabel – von ihm für mich, über mich und ihn. Eine Liebesgeschichte. Ich scrolle durch die Mail und das Erste, was mir durch den Kopf schießt: «Oje, eine so lange Mail.» Gleichzeitig bin ich neugierig. Mir hat bis dahin noch nie jemand eine Geschichte geschrieben. Wieder eine Premiere für mich. Also setze ich mich bequem in den Schneidersitz vor den Bildschirm und fange an zu lesen.

Die Geschichte geht ungefähr so: «Ein freundlicher Herr», wie er sich selbst beschreibt, schon etwas in die Jahre gekommen, wohnt im obersten Stockwerk eines Hauses und geht jeden Morgen zum Briefkasten, der voller Post ist, denn «er muss viele Freunde haben». In dem Haus wohnt auch ein Mädchen, also ich, die mit den Eltern ganz unten im Parterre lebt und wegen der Strenge ihrer Mutter noch nie weiter oben war als im 3. Stock des Hauses bei ihrer Cousine. Sie findet den Mann interessant und trifft ihn regelmäßig im Hauseingang. Er beginnt, sie zu grüßen, in einem besonderen Ton «Hallo» zu ihr zu sagen. Sie bildet sich ein, dabei erst ein «Komm mit mir» zu hören und bei den weiteren Malen ein «Hilf mir». Sie schleicht ihm nach und will herausfinden, in welchem Stockwerk und hinter welcher Tür der «freundliche Herr» lebt. Da ihre Neugier größer ist als das Verbot, das ihr auferlegt ist, gelingt es ihr eines Tages, und sie findet heraus, wo der Mann wohnt, indem sie sich in einer dunklen Nische im Hausflur versteckt und sieht, wie der freundliche Herr seine Tür aufschließt. «Ein wohliger Duft» strömt durch die Wohnung zu ihr hervor, «ein Duft, wie sie ihn vorher noch nie wahrgenommen hat». Überall stapeln sich Bücher bis zum Wohnungseingang, einen Titel kann sie lesen, er heißt «Das Leben».

Als er am nächsten Tag wieder die viele Post aus seinem Briefkasten holt, rutscht einer der Briefe dabei zu Boden, ohne dass es ihm auffällt. Also fährt sie mit dem Aufzug bis ganz nach oben, wo er lebt, mit der Absicht, sich das Buch über «Das Leben» auszuleihen und ihm den Brief zu geben. Sie klopft an seiner Tür. Er ist ganz unsicher, als er sie vor sich sieht, und bittet sie auf einen Kaffee herein. Dem Mädchen schießen wie wild Gedanken durch den Kopf: «Was wird geschehen, wenn der mich reinholt und hinter sich und mir die Türe abschließt? Kein Mensch vermutet mich hier oben. Niemand wird mich hören, wenn ich schreie, hier so weit oben.» Und sie muss an ihre Mutter denken und an dieses gottverdammte Verbot. So endet die «Parabel», wie er seinen Text nennt.

In einer Mail kurz danach gesteht er mir:

habe ja auch schon mal daran gedacht, der klasse diese parabel
zur interpretation vorzulegen (autor: irgendein bedeutender xyz) – ich glaube,
die mitschülerInnen hätten keine ahnung, worum es geht – bist du denn arg
verwirrt? – freu dich doch, dass mal ein stück literatur über dich geschrieben
wurde

Ich ärgere mich, als ich mit dem Lesen fertig bin. Schubert dreht die Geschichte einfach um, so als sei ich diejenige, die die Nähe zu ihm sucht, und er sei ganz überrascht davon. Er stellt sich selbst als den belesenen und beliebten Mann dar, während ich die schwache Person spiele, die keine eigene Meinung hat, geschweige denn eine Idee vom Leben. So sieht er uns also? Wütend schließe ich die Mail und starre auf meine karminrote Tapete. Wie kann das sein? Und ein Teil in mir fragt sich: Hat er vielleicht recht mit dem, wie er uns darstellt? Er manipuliert mich sehr erfolgreich, denn ich frage mich auch: Bin ich die treibende Kraft?

Aber dann kommen wieder Mails wie diese:

16.06.2007
wenn du nicht mitmachst, dann guckst du ja nur zu ... der blick aber ist immer nur der anfang, nicht nur sexuell, immer – auch für den forscher z. b. ist das beobachten immer nur der anfang – erst wenn er aus seinem stillleben heraustritt und eingreift, kommt er zur erkenntnis – erst wenn er eingreift, wird es interessant, kann er etwas erleben usw. – was ist für dich so gefährlich, da mitzuspielen?

Als ich den Text beim Schreiben für dieses Buch erneut lese, packt mich Entsetzen vor allem bei dem letzten Absatz, als es um die Hilferufe meinerseits geht. Ist das eine Vergewaltigungsfantasie? Oder Foreshadowing? Eine Vorausdeutung von Passagen einer fiktionalen Darstellung – in diesem Fall der «Parabel» –, in denen Hinweise auf den weiteren Fortgang des Geschehens gegeben werden? Denn sexuelle Andeutungen und anzügliche Sätze lese ich nun immer häufiger in seinen Mails, auch wenn sie nicht speziell auf uns gerichtet sind:

> 06.06.2008
> Ach britta, wenn du jetzt da wärest, dann würde ich dich drücken und busseln, denn du hast es geschafft – ich kann deine deutsch-klausur guten gewissens mit 1,5 bewerten (dieser satz ist jetzt im augenblick sehr komisch, denn dieses «jetzt» bezieht sich ja auf gestern abend, als ich diese mail schrieb – bezöge ich dieses «jetzt» wirklich auf jetzt, wo ich sie abschicke, dann wärest, äh, bist du ja da ... nun ja).

Er erzählt mir von einem Traum, den sein Kollege hatte, da ging es um eine verschlossene Tür und einen abgebrochenen Schlüssel. Schubert, der Freudanhänger, schreibt mir dazu:

> 11.12.2017
> Nun ist Schlüssel ja Penissymbol und aufschließen also Geschlechtsverkehr ... im Italienischen heißt «der Schlüssel» «la chiave» und dazu gibt es ein Verb: «chiavare» und das bedeutet nun nicht etwa «aufschließen», sondern (und ausschließlich) «ficken» ... Gehst du mit mir am Freitagnachmittag Kaffee trinken?

Ich interessiere mich für Träume. Am 20. Oktober 2007 am späten Abend erhalte ich wieder eine Mail. Er erzählt mir diesmal, was er selbst geträumt hat:

> wir beide stehen an einem fenster, du stehst ganz nahe bei mir, sodass ich dich spüren kann – wir schauen in einen hof, in dem alte radios gestapelt stehen – in weiter ferne sieht man eine stadt – du fragst mich, was das für häuser sind – ich sage: das ist mainz – und noch vor den häusern sieht man eine große treppe – du fragst mich: wo führt diese treppe hin? – ich antworte: ich weiß es nicht.

Es ist ähnlich wie in seiner «Parabel». Ein Mann, der mansplaining betreibt, neben ihm ein junges, unwissendes Mädchen. Es sind Momente wie diese, als ich damals die Zeilen lese, «sodass ich dich spüren kann», in denen ich zu zittern beginne. Ich habe leichte Panik. Eine gute Strategie, damit umzugehen, hatte ich zu dieser Zeit nicht. Das Einzige, was mir in diesen Momenten half, war, mit meinen Freundinnen darüber zu sprechen. Das Geschriebene auszusprechen und somit rauszulassen. Allerdings erzählte ich es meist nie ernst, sondern immer mit einem Lachen. Das war meine Strategie, mit solchen Emotionen klarzukommen und die Gefühle nicht allzu nah an mich heranzulassen. Aber wie wir alle wissen, holen uns verdrängte Gefühle irgendwann ein, und dann kann es heftig werden.

Heute, viele Jahre später, sitze ich auf meinem Schreibtischstuhl und überlege: Was wäre wohl passiert, wenn ich auf eine seiner unzähligen Einladungen zu einem Treffen eingegangen wäre?

10.10.2007
warum kannst du dich so schwer entscheiden, eine linie finden? – okay, dann sage ich eben meine meinung dazu: ich finde unsere mailerei gut, unterhaltsam und irgendwie auch wichtig – also schreibe ich weiterhin – du hast natürlich völlig recht: mailen allein ist immer auch eine sehr sterile, distanzierte kommunikation, das miteinander-reden sollte auch funktionieren – allerdings: ich habe da ja einige angebote und versuche schon gemacht, du bist immer ausgewichen – oder: gestern, unterricht im edv-saal, du kehrst mir nichts als den rücken zu.

Er versteht mein Unwohlsein nicht, oder genauer, er will es vermeintlich nicht verstehen. Und ich schaffe es einfach nicht, klar und deutlich Nein zu sagen.

Ich bekomme zum Geburtstag oder zu Weihnachten immer wieder ein Päckchen nach Hause geschickt. Ein Buch, wieder einmal. Wo hat er es wohl verpackt? Er muss es heimlich gemacht haben, als seine Familie nicht da war. Solche Fragen schwirren mir durch den Kopf. Ich schenke ihm übrigens nichts. Das will ich nicht.

An Silvester bin ich mit Hanna und zwei anderen Jungs aus meiner Klasse in Rotterdam. Wir stehen gemeinsam auf einem großen Platz, um uns herum lautes Feuerwerk. Als der Countdown ins neue Jahr runtergezählt wird und ich eine Wunderkerze in der Hand halte, denke ich an ihn.

Am nächsten Tag simst er mir. Er habe eigentlich mit einem Neujahrsgruß um 00:01 Uhr von mir gerechnet – *«aber leider kam nichts»*. Manchmal kommt es mir vor, als hätte ich wirklich eine Beziehung mit meinem Deutschlehrer. Ich will nicht, dass er weiß, dass ich etwas mit gleichaltrigen Jungs habe, und er soll nicht wissen, ob und für wen ich schwärme. Die meiste Zeit weiß ich aber, dass ich Single bin.

Zu diesem Zeitpunkt gesteht er mir, dass er meinetwegen noch länger an der Schule geblieben ist. Seine Frau und seine Töchter seien vor zwei Jahren bereits in eine andere Gegend umgezogen. In den Ferien wohnt er bei ihnen. Ich sage ihm in einem Nebensatz, dass wir uns nach meinem Abschluss ja eh nicht mehr sehen werden. Er wird weg sein, ich werde weg sein. Ein Wir, das es so nie gab und geben durfte, wird sich endlich auflösen.

> 09.02.2008
> neulich hast du so 'ne bemerkung gemacht von wegen ... ich bin dann weg und sie sind dann weg und dann werden wir uns nie wieder sehen ... ist das dein ernst?? ... ich will dich natürlich wiedersehen.

Kurz vor unseren Abiturprüfungen bekomme ich wieder eine Mail. Diese lässt mich kurz schaudern. Ich sitze vor dem Bildschirm und ekele mich.

> 28.07.2008
> Dein Mathe-Buch – natürlich wollte ich so viel wie möglich von Dir mitnehmen – und da kam mir schon vor Monaten Dein Mathe-Buch in den Sinn, an dem wohl so viel Geistesschweiß von Dir hängt – auch eine Symbolik.
> Als Abschiedsgeschenk wünsche ich mir DEIN Mathe-Buch (des zweiten Jahres!) – ein wenig pervers, aber es ist halt so.

Und dann ist meine Schulzeit vorbei. Ist jetzt alles vorbei? Die Disconacht, so nannte er unseren Abschlussabend mit dem ganzen Jahrgang, in der Hanna, meine Freundin Corinna, Wolfgang Schubert und ich zum Bahnhof schlendern. Das Letzte an diesem Abend ist eine rasche Umarmung von ihm, die er an alle verteilt, dann springen Corinna und ich schnell in die Bahn.

Es ist vorbei, für mich ist es das jedenfalls, als der nächste Tag nach der Disconacht anbricht. Ich ziehe in eine andere Stadt, breche mein Germanistik-Studium nach drei Monaten ab, jobbe im Theater, beginne im darauffolgenden Herbst meinen Bachelor in Soziologie und ziehe danach ins Ausland.

Es ist komisch, dass wir uns nicht mehr regelmäßig sehen. Ich merke aber, wie mir der Abstand guttut und ich mein Leben selbst in die Hand nehme, ohne darüber nachzudenken, was er davon hält. Ich lerne neue Menschen und Orte kennen und erkenne dadurch, wer ich eigentlich noch bin. In dieser Zeit lerne ich meinen ersten Freund kennen, der in meinem Alter ist. Alles fühlt sich gut und leicht an. Es gibt aber Momente, in denen wieder diese Langeweile aufkommt, in der ich mich nicht spüre und mich nach Anerkennung sehne. Da ertappe ich mich, wie ich Schubert eine Mail schreibe und ihn nach Literatur frage. Ich schäme mich, als ich diese Nachricht aufsetze und nach Kontakt suche. Es ist selten, aber es passiert.

Zwei Monate nach meinem Abschluss erreicht mich eine Mail. Anscheinend hatte ich Schubert mal von dem Ponyhof meiner Kindheitsferien erzählt, denn er berichtet mir nun, dass er dort war.

28.08.2008
(...) ich fuhr nach Neunkirchen in den «Schönblick» zum Ponyhof Dinkel – mein Gott, das ist aber wirklich am Ende der Welt – da muss man schon aufpassen, dass man nicht in das Nichts kippt – und als ich durch den Wald an den Freigehegen vorbeiging, begrüßte mich eine Frau sehr freundlich – ich vermute, es war die Chefin – und mein Gott,

was sollte ich da jetzt sagen, falls sie mich fragt, was ich da, hier und so – ich glaube, ich hätte ihr die Wahrheit gesagt («Können sie sich an das Mädchen …?») – zum Glück hat sie aber nicht gefragt.

Durch diese Mail wird mir klar: Hier stimmt etwas ganz und gar nicht. Ich ziehe innerlich endlich eine Grenze. Dass er heimlich an den Ort meiner Kindheit gefahren ist, einen Unschuldsort, der mir so wichtig ist, empfinde ich als extrem übergriffig. Er grätscht in meine Vergangenheit, ohne dass ich es erlaube.

Ein halbes Jahr ist es zu dem Zeitpunkt her, dass wir uns gesehen haben. Das Jahr 2009 hat gerade begonnen, und ich schaue in mein E-Mail-Postfach.

01.01.2009
hallo meine liebe, insgeheim hatte ich ja um 01:15:54 uhr mit einem neujahrsgruß gerechnet, doch der blieb aus – also: ich wünsche dir alles gute für 2009, vor allem dass es dir (weiterhin) gelingt, deine berufspläne zu realisieren.

19.02.2009
hallo – ich fahre heute für ca. eine woche nach deutschland – wenn Du lust und laune hast, schreibe mir eine sms – wir könnten uns treffen (…)

12.07.2009
Herzliche Grüße und alles Gute zum Geburtstag. Ein kleines Geschenk habe ich zu dir geschickt.

Solche Mails tauchen weiterhin in meinem Postfach auf. Die Anzahl nimmt mit der Zeit ab, aber regelmäßig werden Nachrichten an Weihnachten und zum Geburtstag verschickt.

Noch bis zum Jahr 2019. Manchmal antworte ich noch kurz, immer häufiger bleibe ich einfach stumm. Ab und an denke ich an ihn. Der Gedanke, jemanden aus meinem Leben zu verbannen, der mich «liebt» und mir Bestätigung schenkt, ist für mich schwer zu ertragen.

Aber ich bin jetzt stärker, habe meinen ersten Freund und bin von zu Hause ausgezogen. Ich brauche Schubert immer weniger. Eigentlich brauche ich ihn gar nicht mehr. Aber ihn zu blockieren, ihm zu schreiben, dass ich keinen Kontakt mehr möchte, kommt mir immer noch nicht in den Sinn. Es fühlt sich übertrieben an, diesen Gedanken zuzulassen, und ich drücke ihn weg. Dass ich aktiv etwas beenden kann, woher soll ich wissen, wie das geht? Ich habe es nie gelernt.

Wenn ich mich mit der Vergangenheit auseinandersetze, sperrt sich mein Kiefer, meine Hände werden zittrig, mein Körper taub. Und dann kommen all die ungebetenen Gäste zu Besuch: Tränen, Scham, ein stechender Kopfschmerz und die Frage, was ein (emotionaler) Missbrauch bedeutet. Und was es bedeutet, wenn ich Opfer davon bin, was bedeutet das für mich im Jetzt?

Es ist das Jahr 2020, als ich mit meiner Aufarbeitung und der Recherche zum Thema Machtmissbrauch in Schulen beginne. Ich suche im Netz nach Antworten. Klaus Seifried arbeitet seit 26 Jahren im Verband der Schulpsycholog:innen. Am Telefon erzähle ich ihm meine Geschichte, stelle Fragen. Was Lehrer:innen dürfen, ob es eine Art Statistik über Missbrauch in all seinen Schattierungen gibt. Was er am Ende des Telefonats sagt, beschäftigt mich im Nachhinein: Warum komme ich jetzt erst mit dieser Frage? Vermutlich, weil ich es aus meiner jugendlichen, verletzlichen, bedürftigen Perspektive nicht so sehen konnte, wie es mein erwachsenes Ich tut, das mich schützen möchte.

Herr Seifried gibt mir die eindeutige Antwort, die ich mir

erhoffe. Es sei ein klares Dienstvergehen, wenn Lehrkräfte zu ihren Schülerinnen und Schülern keine professionelle Distanz halten und sie sexuell belästigen. Egal ob durch Briefe, Fotos oder direkten Kontakt. Aber er sagt auch: Die Grenze zwischen einer guten Lehrer-Schülerinnen-Beziehung und zu viel Nähe sei fließend.

In den vielen Gesprächen, die ich in den letzten Jahren geführt habe, hörte ich auch immer wieder von Lehrer-Schülerinnen-Beziehungen, die eng waren, die aber von der betreffenden Person trotzdem als uneingeschränkt positiv wahrgenommen wurden. Das reichte von Essenseinladungen und echter Unterstützung, auch bei privaten Problemen, über Ermutigungen, zu studieren, bis hin zu Freundschaften oder, in Extremfällen, späteren Hochzeiten von Schülerin und Lehrer.

Nähe zwischen Lehrpersonen und Schüler:innen kann positiv prägend sein und Leute antreiben. Aber viele junge Menschen sind in ihrer Schulzeit auch stark verunsichert und manchmal auch unglücklich, und dann ist es vielleicht umso wahrscheinlicher, in ein Netz aus negativer Nähe und Manipulation gezogen werden zu können, was in keiner Weise den Opfern die Schuld zuschieben soll. In meiner Recherche für dieses Buch spreche ich mit vielen Frauen*, die genau diese ambivalenten Gefühle kennen, die auch ich erlebt habe.

Dass es eine Zeit braucht, bis Menschen genügend Distanz zur Vergangenheit haben, zumal einer traumatischen, dass sie sich mit dieser auseinandersetzen können, ist nachgewiesen. «Haben Sie ihm mal geschrieben, dass Sie keinen Kontakt mehr wünschen?», fragt mich Seifried. Eine Frage, die so simpel klingt.

Das Wissen um diese Option hatte ich damals schlicht noch nicht. Nie habe ich darüber nachgedacht, dass ich die Möglichkeit habe, das Ganze zu beenden. Das hat sicherlich etwas mit mir als Individuum zu tun. Es hat aber auch etwas damit zu tun, wie Mädchen in dieser Gesellschaft gesehen und sozialisiert werden. Einfach, weil wir jungen Frauen es nicht gelernt haben und vermutlich immer noch zu oft als schwierig gesehen werden, wenn wir Nein sagen. Es gab noch kein «Nein heißt Nein».

Am 1. April 2020 kontaktiere ich Laura, eine alte Schulfreundin, die schon damals kein Fan von Schubert war. Die Kontaktaufnahme ist Teil meiner Recherche. Ich suche nach etlichen Perspektiven und Blickwinkeln, um zu verstehen, wie es dazu kommen konnte und wie andere die Situation damals betrachteten.

«Warum mochtest du ihn eigentlich nicht?», frage ich. «Ganz ehrlich», sagt Laura, «weil er eine Beziehung zu einer Schülerin begann und so tat, als wäre das nicht schlimm.»

In meinem Inneren breitet sich Scham aus, wenn sie von meinem Ich spricht, eine Person, die ich früher anscheinend war. Sie habe bis heute nicht gewusst, ob wir Sex hatten oder wie weit das Ganze ging.

Sex mit ihm? Die Vorstellung klingt in meinen Ohren absurd, alles zieht sich dabei in mir zusammen. Wir haben noch nicht mal Händchen gehalten, uns kein einziges Mal getroffen, obwohl er mich oft darum bat. Es fühlt sich merkwürdig an, «wir» zu sagen. «Er und ich» klingt richtiger.

Laura ist noch genauso wie damals, sarkastisch und Raucherin, ich höre durchs Telefon, wie sie den Rauch ausatmet. Sie erzählt, dass Schubert sie habe therapieren wollen, obwohl sie ihn nie darum gebeten habe. Immer wieder sei er zu ihr gekommen, sei zu nah bei ihr gestanden, habe ihr ein Problem mit ihrem Vater unterstellt. «Irgendwann sagte er zu mir: ‹Du bist noch immer in der Analphase›, und das war's dann für mich.»

Laura glaubt, Schubert sei ein Serientäter. Es gehöre schon einiges dazu, wenn man Familie habe, so ein Parallelleben zu führen. Es wirkte professionell, wie er mich an sich gebunden habe. Sie sei sich sicher: Ich sei weder die erste noch die letzte Schülerin. Und verliebt? Das glaube Laura nicht. Er sei eher besessen von mir gewesen.

Und da kommt mir auch eine Mail wieder in den Kopf, in der er mir schrieb, ich solle mutiger sein, wenn ich mit ihm sprechen möchte und er im Lehrerzimmer ist. Dann solle ich verlangen, mit ihm zu sprechen, er würde seine Tasche holen und mit mir verschwinden. Kolleg:innen könnten darüber lachen, aber eher über ihn. Und dann beendet er die Mail mit:

> Es gibt Frauen, auch in Deinem Alter, auch Schülerinnen, die so etwas fertigbringen.

Bei diesem Satz überlegte ich schon damals, wie viel Wahrheit in seinen Worten steckt, ob ich wirklich «die Einzige» bin, wie er es mir immer schrieb, oder Laura recht hat und er ein Serientäter ist.

Um mehr über die Schulzeit zu erfahren und auch, wie andere ihn und mich wahrnahmen, schreibe ich Hanna und Laura auf Facebook und frage sie, ob wir uns treffen wollen. Sie sind sofort dabei, und ein paar Wochen später sitze ich bereits im Zug – ein kleines Klassentreffen nach vielen Jahren. Wir treffen uns bei Laura. Als ich im Flur ihrer Wohnung stehe und sie umarme, ist alles wie früher. Meine Aufregung ist verflogen, es riecht schon nach der versprochenen Lasagne, die noch im Ofen vor sich hin kocht. Hanna sitzt bereits in der Küche auf einem Hocker und hält einen Minivortrag, warum es keinen Salat zum Essen braucht. Ich setze mich dazu, und wir tauschen uns aus, was wer wann die letzten Jahre gemacht hat. Hanna und Laura sind noch sporadisch in Kontakt und sehen sich einmal im Jahr. Ich hingegen bin zu weit weg.

Irgendwann fange ich an. «Der Grund unseres Treffens ist unter anderem, dass ich wissen will, wie ihr Schubert damals wahrgenommen habt. Erinnert ihr euch an irgendwas, war er zu euch auch mal übergriffig?», frage ich die beiden und stochere mit der Gabel durch die drei Teigschichten auf meinem Teller.

Hanna erinnert sich an eine Szene, als wir mit dem Deutschkurs in einem Museum waren. Wir hatten den Zug verpasst und überlegten, wie wir heimkommen, und er sagte nur zu ihr: «Du mit deinen wunderschönen blauen Augen musst dir darüber keinen Kopf machen. Du kommst auch so nach Hause.» Hanna verzieht bei der Erzählung ihren Mund und sagt, sie sei danach zum Häagen-Dazs-Stand und dachte sich nur: «Danke fürs Gespräch, igitt.» Und in mir hallt es nach: «Deine wunderschönen blauen Augen.» Das schrieb er mir doch auch in der ersten Mail.

Je mehr ich über Schubert höre, desto mehr frage ich mich: War mein Schweigen all die Jahre richtig?

Ich bitte meine beste Freundin Corinna um ihren Eindruck. Sie, die gar nicht auf unserer Schule war, bekam damals alles mit. Es sei schräg, dass ich dieses Kapitel wieder öffne, muss ich mir anhören, weil viele Jahre bereits verstrichen sind und wir mittlerweile andere Menschen sind als zu Schulzeiten. Das Kapitel ist dennoch nicht abgehakt.

«Woran erinnerst du dich?», frage ich sie.

«An unsere erste Begegnung mit Schubert», antwortet sie.

Als Corinna ihn zum ersten Mal sah, erschrak sie, erzählt sie mir. Es fallen Wörter wie «eklig», «unheimlich», «aufdringlich». Seine Art zu reden, sich zu bewegen, alles, was er tat, sei das Gegenteil von dem gewesen, was sie bis dahin von mir über ihn gehört hatte. «Es war, als gäbe es zwei Versionen von ihm. Nur dass deine Version von Schubert einen Mann beschrieb, den es nicht gab», beendet sie den Satz.

Es stimmt mich nachdenklich. Corinna erinnert sich, wie ich ihr einmal sagte, dass mich Jungs in unserem Alter gar nicht mehr interessierten. Ich sei fasziniert von dieser Welt gewesen, zu der wir keinen Zugang hatten. Ältere Männer, die nie auf meinem Radar waren, schieben sich mehr in meinen Fokus. Und trotzdem: Küsse oder Gefühle entwickle ich trotzdem für Gleichaltrige zu dieser Zeit. Aber darf ich das eigentlich, wo ich doch eine Art emotionale Affäre mit Schubert habe? Erfahren soll er es jedenfalls nicht. Eine junge Lehrerin, die uns ebenfalls unterrichtet, fragt Hanna und mich, ob wir zufällig wen in der Schule interessant fänden. Wir tauschen kurz Blicke aus, glauben aber, dass wir der Lehrerin vertrauen können und erzählen von zwei Jungs aus der Parallelklasse, die wir gut finden.

Zu einem späteren Zeitpunkt kommt Wolfgang Schubert auf mich zugelaufen und grinst mich überlegen an. Ihm sei zu Ohren gekommen, dass wir auf Jungs aus der Parallelklasse stehen. Am liebsten würde ich im Boden versinken. Einerseits bin ich enttäuscht und böse, dass die junge Lehrerin unser Vertrauen missbraucht hat und im Lehrerzimmer davon erzählt hat. Andererseits komme ich mir blöd vor, mich vor ihm zu rechtfertigen. Letztlich erwische ich mich dabei, wie ich mich versuche rauszureden und es leugne. Sein Grinsen wird immer breiter, und er wirkt mit jedem Wort, das ich ausspreche, größer, während ich immer kleiner und unsicherer werde.

Immer ging ich davon aus, dass sie ihn alle nicht kannten, aber heute frage ich mich: Erkannte ich vielleicht als Einzige nicht, wer er wirklich war?

14 Jahre ist das her, und erst jetzt dämmert es mir nach den unterschiedlichen Gesprächen über Schubert nach all

den Jahren langsam: Schubert war kein Mentor. Kein Freund. Kein Vertrauter. Kein Liebender. Das war er nie, zu keinem Zeitpunkt.

Die letzte E-Mail kommt 2019, ein Weihnachtsgruß. Als ich beschließe, meine Geschichte öffentlich zu machen, hat Corona bereits die Welt eingenommen. Es ist das Jahr 2020. Ich bin zu dieser Zeit an der Journalismus-Schule, und wir nehmen per Zoom im Seminar «Ich-Geschichten» durch. Wir sollen überlegen, welche eigene Geschichte uns nachhaltig geprägt hat, und mir fällt meine Schulzeit ein. Ich schaue auf die Kacheln vor mir und beginne meine Geschichte zu erzählen. Die Gesichter vor mir sind ernst und aufmerksam, und es fühlt sich eigenartig an, nicht auf humoristische Art davon zu berichten, sondern nüchtern. Nach dem Seminar laufe ich nach Hause und merke, dass mir schwer ums Herz ist. Mein Körper schleppt sich die Treppen zur Wohnungstür hoch, ich werfe meine Tasche in die Ecke und schlüpfe unter die Decke in mein Bett. Meine Augen sind feucht, und so richtig verstehe ich nicht, was hier gerade passiert. Ich atme schwer, meine Hände sind zittrig. Es sind die Vorboten einer Panikattacke.

Heute verstehe ich aber: Es ist nicht immer nur Traurigkeit, die durch das Geschehene hochkommt. Nein, darunter liegt die Hauptemotion – meine Wut. Wut darüber, dass ich das hab alles mit mir machen lassen. Wut darüber, dass dieser Machtmissbrauch heute immer noch geschieht und so viele wegschauen.

Ich bin jetzt 37 Jahre alt und glücklicherweise stärker als zu Schulzeiten. Wenn mir etwas nicht passt, erhebe ich das Wort. Möchte ich etwas nicht, sage ich klar Nein.

Ich sehe mich selbst als Feministin. Schubert hat mir einmal zum Geburtstag ein Buch von Simone de Beauvoir geschenkt – «Das andere Geschlecht» –, und auch mein Nebenfach in Gender Studies bringt erhellende Momente mit sich. Umso schmerzhafter ist der Gedanke, in solch ein Netz aus Macht und Manipulation hineingeraten zu sein. Die MeToo-Bewegung ist für mich wie ein Befreiungsschlag, denn auf einmal reden wir laut über Grenzen, die im Alltag, im Beruf, im Privaten überschritten wurden und werden, und auch darüber, wo genau sie verlaufen. Von manchen, besonders älteren Menschen höre ich häufiger, dass es ihnen mittlerweile zu viel sei mit den medialen MeToo-Aufdeckungen und man gar nichts mehr dürfe oder zu schnell geurteilt werde. Mich erschreckt das. Klar, es ist ungewohnt, aber es ist schließlich an der Zeit, jeden Machtmissbrauch aufzudecken und zu benennen.

Ich schreibe Schubert eine E-Mail. Für meine Geschichte brauche ich aus journalistischer Sicht auch seine Perspektive. Ich sage ihm, dass ich diese Geschichte aufschreiben werde, und bitte ihn, mir zu antworten, weshalb er mir damals schrieb: *«Ich frage mich aus heutiger Sicht: Was war das alles? Wie kann ich das einordnen? Und wie siehst du das alles heute, würdest du das nochmals so machen oder eher Abstand halten? Hast du solche Beziehungsarten weiter gepflegt oder ordnest du es als Ausrutscher ein?»*

Ich sichere ihm Anonymität zu und ende die Mail damit, dass mir seine Sicht der Dinge helfen kann, das Ganze besser zu verarbeiten. Dann atme ich einmal ein, zweimal, und drücke auf Senden. Tage vergehen, es kommt nichts. Das ist nicht normal. Selbst nach einem Jahrzehnt antwortete er höchstens mit zwei Tagen Verzug. Hat er die Nachricht vielleicht nicht bekommen? Ich nehme einen zweiten Anlauf und schreibe nochmals. Wieder Stille. Es ist das erste Mal, dass er schweigt.

Ist er krank? Ist er vielleicht tot? Er müsste mittlerweile

über 70 Jahre alt sein, und im Internet finde ich eine Todesanzeige von einem Mann, der seinen Namen trägt. Ich google weiter und finde ihn, er unterrichtet noch immer, aber in der Erwachsenenbildung. Kurse sind fürs nächste Semester mit ihm geplant. Das bedeutet: Er hat vermutlich Angst. Irgendwie bin ich wütend, gleichzeitig sehe ich es als ein Schuldeingeständnis. Er hat Angst, dass ihn das alles einholen kann. Angst vor dieser Geschichte, Angst vor mir und den Folgen seines damaligen Fehlverhaltens.

Ich suche meine alten Notizbücher, die im Schrank ganz hinten stehen, und ziehe ein schwarzes Buch hervor. Darin der blaue Umschlag. Ich lese noch mal seine Zeilen, schüttle den Kopf und stecke den Brief zurück. Und auf einmal spüre ich Erleichterung. Er hat keine Macht mehr über mich und mein Leben. Ich bin erwachsen und passe auf mich auf. Ich bin erwachsen und wehre mich, wenn mir oder anderen Dinge widerfahren, die Grenzen überschreiten. Im Alter von 18 Jahren hatte ich dieses Selbstvertrauen noch nicht.

Ich beschließe spontan, mit Corinna spazieren zu gehen. Es ist Sommer. Eine der nächsten Gelegenheiten dazu ist unser Hausberg. Eine Wanderung, die Schubert immer mit mir machen wollte, der Berg, den er in einer seiner ersten Mails erwähnte. Ich hadere, ob ich dorthin soll. Auf der anderen Seite: Warum sollte ich diesen Ort meiden? Und was sagt es aus, wenn ich bewusst nicht dort hingehe, nur, weil er mit mir auf ihn steigen wollte?

Es ist kein großer Akt für uns, denn mit dem Auto fahren wir aus der alten Heimat nur knapp zehn Minuten bis in den Wald hinauf. Wir parken das Auto und wandern los. Ich atme den Duft von Rinde und Moos ein. Radfahrer kämpfen sich durch die Kurven, die nach oben führen. Es ist viel weniger magisch, als er es sich ausmalte, denke ich. Der Wanderweg endet auf einem großen grauen Flachdach, in der Mitte rankt ein Turm in die Luft. Wir stehen einfach da. Von hier oben wirkt meine Geschichte wie ein schlechter Film.

Ich blicke auf rote Ziegeldächer, einen von Weitem gerade noch erkennbaren Baggersee und denke im Stillen: Es ist vorbei. Ich frage mich, als ich so über die kleine Welt hinwegschaue: Welchem anderen jungen Menschen passiert so etwas in diesem Moment wohl auch?

KAPITEL 2: «GROOMING»: WIE MACHTMISSBRAUCH AN SCHULEN ENTSTEHEN KANN

«Die Welt wird nicht bedroht von Menschen, die böse sind, sondern von denen, die das Böse zulassen.»
Albert Einstein

Warum schreibe ich dieses Buch, bin ich öfters gefragt worden. Klar, ich habe eine eigene Betroffenheitsgeschichte. Aber vor allem geht es mir darum, all jenen Mut zu machen, die mir nach meinem Radiofeature geschrieben haben. Ich bekomme immer noch viele Nachrichten, von Schülerinnen, aber auch von Lehrer:innen. Sie alle kennen die Problematik, haben aber kaum Handlungsspielraum, wirklich etwas zu verändern.

Ein Wort, das in diesem Zusammenhang immer wieder fällt, das mir auch ständig während meiner Recherche zu dem Feature begegnete, ist das Wort «Einzelfall». Denn auch wenn der Schutz von Kindern und Jugendlichen und die Prävention von sexueller Gewalt in den vergangenen Jahren gesellschaftlich einen höheren Stellenwert erreicht hat – Institutionen wollen das Thema immer noch gerne unter den Teppich kehren. «Bei uns gibt es so etwas nicht» war eine oft gehörte oder gelesene Reaktion. Dabei finden laut der SPEAK-Studie der Universität Marburg von 2017 über sexualisierte Gewalt in der Erfahrung Jugendlicher 17,7 Prozent der körperlichen, sexualisierten Gewalterfahrungen in der Schule statt.

Um der Kultur des Wegsehens und des Leugnens entgegenzutreten, wollte ich für dieses Buch herausfinden, an welchen Stellen es im Schulsystem hakt. Ich möchte offenlegen, was ein solches Verhalten im Umfeld Schule begünstigt, was es mit den Betroffenen macht und was Schulen dagegen tun können. Um wirksam gegen Gewalt und Machtmissbrauch vorzugehen, braucht es nämlich Studien, die durch Betroffenenaussagen verdeutlichen, wie häufig Machtmissbrauch vorkommt, wer unter welchen Bedingungen zum Ziel sexueller Gewalt wird, wo sie verübt wird und welche Folgen sie für Betroffene hat.

Betroffene erzählten mir häufig, manche Lehrkräfte würden die geschilderten Erlebnisse erst einmal infrage stellen und Schüler:innen zunächst keinen Glauben schenken. Eine Betroffene berichtete, sie habe überlegt, den Direktor der Schule einzuweihen. Sie entschied sich allerdings dagegen, weil der Direktor ihr einmal in der Stadt begegnet war und ihr dort ins Gesicht sagte, «wie gut sie aussehe». Solche Aussagen hinterlassen Spuren und Verunsicherung. Im Falle dieses Mädchens hatte sie dadurch zum Beispiel keine vertrauenswürdige Ansprechperson in der Schule. Es gibt in Schulen zwar Vertrauenslehrer:innen, oft sind diese Lehrkräfte aber Fremde für Schüler:innen, weil sie bisher keinen Kontakt miteinander hatten. Das ist ein Problem, auf das ich später noch genauer eingehe.

Eine andere Schülerin teilte mir mit, dass sie gern zu einer bestimmten Lehrerin gegangen wäre, um sich ihr anzuvertrauen. Sie entschied sich am Ende dagegen, weil die Lehrerin mit dem besagten Lehrer befreundet war, und die Schülerin Angst hatte, dass sie ihr keinen Glauben schenken oder gar den Lehrer über die Vorwürfe in Kenntnis setzen würde. Was würde dann mit ihr passieren, mit ihrem weiteren Schulweg? Schüler:innen machen sich viele Gedanken darüber, welche Konsequenzen ein entschiedenes Handeln für alle Betroffenen haben könnte, wie schwer ein Wort wiegt und welche Kraft es haben kann, das Leben einer nahestehenden Lehrkraft zu beeinflussen, ohne dass sie es wollten.

Durch meine Beschäftigung mit dem Thema ist mir mittlerweile klar geworden, dass es nicht ausreicht, immer nur von «Einzelfällen» zu sprechen. Es sind keine Einzelfälle, auch wenn Schulen und Politik das gerne so sehen möchten. Die Fälle in diesem Buch sind Teil eines strukturellen Problems: asymmetrische Beziehungen.

Zu allen Geschichten liegen Beweise vor, E-Mails, Screenshots von WhatsApp-Nachrichten etc. Es sind keine erfundenen Geschehnisse. Was ich bemerkt habe: Fast alle folgen bestimmten Mustern, die ich im Buch noch genauer aufschlüsseln werde.

Ich spreche hier viel über das Wort Machtmissbrauch. Wie in meiner eigenen Geschichte deutlich wurde, war mir selber lange Zeit nicht klar, ob das, was mir geschehen ist, überhaupt in diese Kategorie fällt. Wo beginnt ein Übergriff, ab wann spricht man von Machtmissbrauch?

Dazu habe ich die Psychologin Hanna Christiansen befragt, die viel zu Machtmissbrauch im psychologischen Bereich forscht. Christiansen schlägt folgende Definition vor: «Machtmissbrauch und Übergriffe beginnen immer dann, wenn Menschen manipuliert und unter Druck gesetzt werden. Wenn Erwachsene Kindern sagen, dass sie miteinander ein Geheimnis haben, das sie niemandem verraten dürfen. Es gibt keine Geheimnisse zwischen Kindern und Erwachsenen. Es gibt vielleicht eine Überraschung, wenn ein Elternteil mit dem Kind für den anderen Elternteil etwas vorbereitet oder kauft und das Kind dann dem zu überraschenden Elternteil davon nicht erzählen soll. Dann kann das Kind aber immer noch anderen davon erzählen, wie den Großeltern.»

Das Schweigen ist ein Phänomen, das Hand in Hand mit Machtmissbrauch einhergeht. Mein ehemaliger Deutschlehrer schrieb mir zwischen den Zeilen, dass es ihm unangenehm wäre, würden andere von unserer Verbindung erfahren. Auch in Gesprächen mit Betroffenen höre ich immer wieder, wie Lehrpersonen den Wunsch formulieren, bitte über die Geschehnisse zu schweigen. Die Täter machen das geschickt, indem sie das Schweigen nicht befehlen, sodass Schüler:innen skeptisch werden könnten. Sie appellieren vielmehr an deren Empathie und die Sympathie füreinander. Niemand möchte dem eigenen, als Vertrauensperson empfundenen Lehrer Schaden zufügen und die Verantwortung dafür tragen, dass der Lehrkraft etwas passiert.

Das ist ein Muster, das sich durch alle Geschichten zieht. Das Problem dabei ist: Machtmissbrauch in der Schule bleibt dadurch unentdeckt, und Lehrkräfte walten und schalten noch immer an ihren Schulen, es gibt keine Konsequenzen für ihr Handeln. Wenn jemand gerade selbst in so einer Situation ist, möchte ich einmal deutlich sagen, was ich früher nicht wusste, auch wenn es so offensichtlich ist: Schüler:innen tragen keine Schuld, man kann sich einer erwachsenen Person anvertrauen und den Machtmissbrauch ans Licht bringen. Betroffenen geschieht nichts, wenn sie für sich oder eine andere Person einstehen. Die einzige Person, die verantwortlich ist für die unangenehme Situation, ist der Lehrer. Er ist erwachsen und kann die Konsequenzen für sein Handeln selbst tragen.

Aus meiner Geschichte ergeben sich Fragen, die auch für andere Betroffene Relevanz haben. Viele Betroffene sagten mir, dass meine Geschichte der ihren so sehr ähnele – es sei fast unheimlich. Das ist das System, von dem ich spreche. Die

Fälle haben teilweise so starke Schnittmengen, weil manipulatives Verhalten einer Struktur folgt.

Da wäre zunächst einmal die Ambivalenz der Betroffenen in Bezug auf die Täter, die ich im ersten Kapitel beschrieben habe. Ich spürte sie während der Schulzeit und auch noch Jahre später. Zudem wird deutlich, dass eine emotionale Abhängigkeit auch dann entstehen kann, wenn die Lehrkraft nicht attraktiv ist. Man sieht bei meiner Geschichte, dass ich mich nicht wegen des Aussehens für meinen Lehrer interessierte, sondern durch ihn glaubte, intellektuelle Bestätigung zu erlangen.

Auch meine Peers, meine engen Freundinnen, die ich ins Vertrauen ziehen wollte, waren noch nicht erwachsen und schätzten die Situation ebenso wenig als einen tatsächlichen Übergriff ein wie ich. Das damalige angeknackste Verhältnis zu meinen Eltern war zusätzlich eine Situation, die die Abhängigkeit zu Schubert in meinem Fall begünstigte. Auch viele andere Betroffene erzählten mir von familiären Schwierigkeiten, die mit Erfahrungen des Machtmissbrauchs einhergingen.

Belästigung und (Macht-)Missbrauch sind facettenreich, und es gibt viele Schattierungen von Grautönen. Jede Geschichte ist auf ihre Art und Weise individuell und hat eine andere Graustufe. Dennoch gibt es Parallelen, die das Wort «Einzelfall» in diesem Zusammenhang als unzureichend entlarven.

Jörg Fegert ist ärztlicher Direktor für Kinder- und Jugendpsychiatrie am Universitätsklinikum Ulm und forscht als Leiter des Kompetenzzentrums Kinderschutz auch zu Grenzüberschreitungen und Missbrauch in Institutionen. Als ich ihm meinen Fall schildere, wirft er das Wort «Grooming» in den Raum. «Grooming» ist, wenn sich Erwachsene über das Internet, Telefon oder auch direkt über viele Gespräche das

Vertrauen von Schutzbefohlenen erschleichen. Das geschieht in verschiedenen Phasen der Vorbereitung: Täter versuchen, das Vertrauen der betroffenen Person zu gewinnen, indem sie sie immer wieder bevorzugen, sie langsam aus ihrem sozialen Umfeld isolieren und zwecks Geheimhaltung manipulieren. So geschieht Grenzüberschreitung schrittweise. Täter nutzen dabei Faktoren aus, die Kinder oder junge Menschen im Vergleich zu Erwachsenen verletzlicher machen: emotionale Bedürftigkeit und Unsicherheit.

Schubert, sagt Fegert, habe meine emotionale Bedürftigkeit ausgenutzt in der Hoffnung, seine eigenen Bedürfnisse zu befriedigen. An meiner Geschichte könne man gut erkennen, wie Grenzüberschreitungen beginnen und wie die Täter auch ihre Handlungsmöglichkeiten ausloten. Dabei sei wichtig, dass auch Übergriffe, die gar nicht auf körperlicher Ebene stattfinden wie in meinem Fall, einen jungen Menschen für Jahre belasten und beschäftigen können. «Mir ist es gerade als Psychotherapeut wichtig, immer wieder zu betonen, dass es faktisch egal ist, ob Handlungen mit einer Penetration einhergehen oder ohne – es können einfach immer psychische Folgen auftauchen.»

Jahrelang dachte ich, wenn mein Lehrer und ich etwas Körperliches gehabt hätten, wäre das in meinen Augen klar ein Machtmissbrauch seinerseits gewesen. Ich hätte das anerkannt, ohne Frage. Mir fiel es aber sehr lange schwer anzuerkennen, warum es mir mit meiner Lehrergeschichte so schlecht ging, obwohl «eigentlich nichts passiert» war. Jetzt wurde mir klar: Die Mails, die er mir regelmäßig schrieb und die von Monat zu Monat anstößiger wurden, die Blicke, die er mir zuwarf, das Wissen, dass er Gefühle für mich hatte und mich treffen wollte – Jahre später höre ich die Worte von Jörg Fegert und verstehe endlich: All das waren Grenzüberschreitungen, die mich psychisch schwer belastet haben.

Eine Therapeutin sagte mir einmal, dass ich bereits 18 Jahre alt und somit erwachsen gewesen sei. Als ich diese Worte höre, sitze ich in einem schwarzen Ledersessel in ihrer Praxis und schaue sie verblüfft an. Sie ist eine Psychotherapeutin, also weiß sie vermutlich, wovon sie spricht, denke ich mir. Eine Therapeutin infrage zu stellen, kam mir damals nicht in den Sinn. Sie müssen nicht immer recht haben, das weiß ich heute. Also gebe ich mir in dem Moment erneut die Schuld. Zwei Jahre später spreche ich mit zwei anderen Therapeutinnen, die mir ganz anders begegnen. Sie stellen klar: Zu dem Zeitpunkt von Schuberts Handlungen stand ich in einem eindeutigen Abhängigkeitsverhältnis zu meinem Lehrer, und die Tatsache, dass ich auf dem Papier «erwachsen» gewesen sei, sei vollkommen egal. Sein Verhalten war nicht richtig und hat mir geschadet, auch wenn ich selbst die Situation damals phasenweise anders bewertet habe.

Nun kann man sich die Frage stellen, ob jede Liebesbeziehung zwischen Lehrkraft und Schülerin psychische Folgen hat. Es gibt asymmetrische Liebesbeziehungen, die auf ihre Art und Weise funktionieren. Ein prominentes Beispiel ist der französische Präsident Emmanuel Macron, der mit seiner ehemaligen Lehrerin Brigitte Macron seit vielen Jahren verheiratet ist. Er ist 45, sie ist 70. Als sie sich an seiner Schule in seinem Heimatort Amiens kennenlernen, ist Emmanuel jedoch gerade einmal 15 Jahre alt, Brigitte hingegen 40. Brigitte ist damals verheiratet und hat drei Kinder, Emmanuel ist ein Klassenkamerad ihrer Tochter.

Die Geschichte der beiden beginnt klassisch, wie ich es in vielen Fällen gehört habe. Emmanuel besucht einen Theaterkurs, den Brigitte leitet. Jeden Freitag treffen sich die beiden, um gemeinsam an einem Stück zu schreiben. Dort hätten sie sich ineinander verliebt. Um einen Skandal zu verhindern, schicken seine Eltern ihn an ein Pariser Gymnasium. Anscheinend half das nichts. Medienberichten zufolge trafen sich beide über Jahre immer wieder heimlich an Wochenenden. Im Alter von 17 Jahren soll Emmanuel Brigitte versprochen haben, dass er sie heiraten werde. Und tatsächlich passiert genau das 2007. «Vielleicht sind wir kein normales Paar, wenn es das überhaupt gibt, aber wir sind ein Paar», sagte Emmanuel am Tag seiner Hochzeit.

Ich finde diesen Fall höchst problematisch, auch wenn er medial aufgewertet wird, weil es ein Happy End gibt und es sich um ein Promipaar handelt. Ein ungleiches Paar überwindet äußere Widrigkeiten und ist am Ende überglücklich – klassischer Plot einer Walt-Disney-Geschichte oder einer romantischen Komödie. Man könnte einwenden: Die Beziehung war einvernehmlich, Macron war erwachsen und kein Schüler mehr, als er Brigitte Macron geheiratet hat. Aber zu dem Zeitpunkt, an dem die Beziehung begann, war er minderjährig. Brigitte Macron hätte bei den wöchentlichen Theater-Treffen genau dort eine klare Grenze ziehen müssen – sie war die Erwachsene in diesem Hierarchieverhältnis, sie hatte die Macht und war somit verantwortlich für ihn.

Auch in Deutschland werden Dutzende Fälle im Jahr aktenkundig, wie das Magazin *Stern* berichtete, wenn eine Lehrkraft ihre Macht gegenüber einer Schülerin oder einem Schüler missbraucht. Die Dunkelziffer ist weitaus höher. Dass es wie im Falle der Macrons eine Frau ist, die einen Machtmissbrauch begann, ist nicht die Regel, aber eventuell nicht so selten, wie wir glauben.

Im Zuge der schrecklichen Missbrauchsenthüllungen rund um die Heppenheimer Odenwaldschule wurde ein Fall aus dem Jahr 1996 bekannt, nach dem eine junge Lehrerin im Anschluss an eine Party mit einem damals 13- oder 14-jährigen Schüler geschlafen habe, berichtet die *Süddeutsche Zeitung* in einem Artikel. Die Anwältin Claudia Burgsmüller dokumentiert seit Jahrzehnten die umfassenden Taten, die an der Schule passierten. Sie schildert diesen Fall im Jahr 2010 beim sogenannten Wahrheitsforum in der hessischen Schule, als Betroffene über die Geschehnisse frei erzählen durften. Der besagte Schüler hätte sich wohl vor seinen Klassenkamerad:innen damit gebrüstet, eine Lehrerin «flachgelegt» zu haben, sagt die Anwältin. Die Lehrerin unterrichte zwar nicht mehr an der Odenwaldschule, sei damals auf jeden Fall noch im Schuldienst gewesen. Burgsmüller erklärt, auch wenn der Schüler selbst vielleicht nicht das Gefühl gehabt habe, missbraucht worden zu sein, und sich eher vor seiner Peergroup damit brüstete, handle es sich bei der Tat dennoch um die sexuelle Ausbeutung eines Jugendlichen und Schutzbefohlenen. Die Rechtslage sei hier klar und das Kollegium habe weggeschaut. Beim französischen Präsidenten Macron ist die Sachlage ähnlich, nur wird der Fall bis heute romantisiert.

Mittlerweile wird Machtmissbrauch im schulischen Kontext auch medial kritischer beleuchtet. In der US-amerikanischen Miniserie «A Teacher» geht es darum, dass eine junge Lehrerin an einer Highschool eine Beziehung mit ihrem Schüler anfängt und welche Folgen dies für beide haben wird. Anfangs wirken sowohl Lehrerin als auch Schüler «glücklich». Die Lehrerin, weil sie Aufmerksamkeit bekommt und sich aus ihrer lethargischen Ehe flüchtet. Alles ist aufregend, Lehrerin und Schüler treffen sich heimlich, verbringen Wochenenden auf dem Land miteinander und haben das erste Mal Sex auf dem Hintersitz im Auto.

Doch für den Schüler wird diese heimliche Affäre, aus der Liebe wird, zu einer Katastrophe. Er muss seine Eltern und Freunde anlügen und verliert sich immer mehr in einer Beziehung, die es so offiziell nicht geben darf. Zudem muss er mitansehen, wie die Lehrerin mit Kollegen flirtet und immer wieder zu ihrem Mann nach Hause zurückkehrt. Seinen Kummer ertränkt er in Alkohol und versucht, sich in waghalsigen Autorennen zu spüren. Sowohl Lehrerin als auch Schüler haben «echte» Gefühle füreinander. Als das Kartenhaus zusammenbricht, versuchen die beiden, woanders neu anzufangen. Auf der «Flucht» bekommt der Schüler viele Nachrichten von Freund:innen und seiner alleinerziehenden Mutter, die ihn stutzig machen. Er merkt, dass ihr Plan keine Zukunft hat, und wendet sich ab.

Viele Jahre später studiert er bereits. Seine Geschichte ging medial viral, sodass viele von seiner Beziehung zu seiner Ex-Lehrerin wissen. Immer wieder kommt er in Situationen, die Flashbacks auslösen. Eine Frau, mit der er im Bett landet, kennt seine Geschichte und will ihm gut zureden, dass sie sich Zeit lassen können, weil er einen Machtmissbrauch erlebt habe. Eine andere erzählt ihm von der Trennung ihres Ex-Freundes; unter der leidet sie zwar, aber sie musste gehen, weil die Beziehung sehr ungesund war. Es dauert Jahre, bis er durch Therapie begreift, dass die Lehrerin ihn ausnutzte.

Wir erwarten Machtmissbrauch vermutlich eher von Männern als von Frauen, leider gibt es aber bislang kaum Studien dazu. Bei einer Onlinebefragung der Universität Regensburg wurden knapp 8000 18- bis 30-jährige Männer und Frauen zu Missbrauchserfahrungen befragt. Es handelt sich dabei um die MiKADO-Studie von 2015, in der sich Forscher:innen aus Deutschland und Finnland dreieinhalb Jahre sowohl mit dem Missbrauch von Kindern und deren Auswirkungen beschäftigen, als auch mit Analysen aus dem Dunkelfeld. Das interdisziplinäre Forschungsnetzwerk untersuchte dabei Häufigkeit, Ursachen, Bedingungen und Auswirkungen sexueller Grenzverletzungen von Kindern und Jugendlichen, auch in den neuen Medien. Während 5 Prozent der Frauen mehr Erfahrungen mit Missbrauch ohne Körperberührung machten im Vergleich zu den Männern mit 2 Prozent, erfuhren Männer im Vergleich zu den Frauen eher Missbrauch mit Körperberührung. Davon waren ein Fünftel der Täter Frauen, vor allem bei Männern. Nichtsdestotrotz, Frauen sind häufiger von Missbrauch betroffen als Männer, was ebenfalls Teil des Studienergebnisses war.

Natürlich können Jungs genauso von Machtmissbrauch in der Schule betroffen sein. Für dieses Buch werden allerdings nur Fälle vorgestellt, in denen die Opfer FLINTA-Personen sind. Bei mir melden sich noch heute Frauen verschiedenen Alters, die mir ihre Geschichte erzählen wollen. Es sind erstaunlicherweise nie Männer, die sich melden.

Bei der MiKADO-Studie wurde nicht nur die Kontaktaufnahme im analogen Setting untersucht, sondern auch, inwiefern online die Möglichkeit besteht, ein Kennenlernen zu vereinfachen. Dieser Prozess des Kennenlernens hilft Täter:innen, Nähe zu den Schutzbefohlenen aufzubauen. In der eben beschriebenen Serie «A Teacher» begann alles durch Blicke, eine Instagram-Anfrage und baldige Chats, die zunehmend sexualisierter wurden. Am Ende fühlte sich der Schüler verantwortlich für das Geschehene, obwohl er für den Missbrauch nichts konnte. Es ist das Ergebnis durch die manipulative Vorgehensweise von Lehrkräften. Welche Folgen er für Betroffene hat, wird oft erst Jahre später ersichtlich.

Grooming kann via WhatsApp, also online, aber auch in der Theatergruppe passieren, in AGs, bei Proben für Schulkonzerte oder einem anderen Engagement außerhalb des Unterrichts. Mir sagte eine Schulpsychologin während meiner Recherche einmal: «Genau bei solchen Lehrern würde ich hellhörig werden, die engagiert, lässig, lustig sind und in Beziehung zu Schüler:innen treten, die versuchen, auf Augenhöhe zu sein.» Das sei ein Muster, mit dem viele Geschichten beginnen. Und tatsächlich erzählten mir viele Betroffene, ähnliche Erfahrungen gemacht zu haben. Dass das Engagement eines Lehrers darauf hindeutet, dass er Schüler:innen manipuliert, ist natürlich eine schwierige These. Natürlich ist außerschulisches Engagement nicht zwangsläufig ein Grund zum Misstrauen. Und ohne Frage können engagierte Lehrer hier positiv auf ihre Schüler:innen wirken. Nichtsdestotrotz sollte man aufmerksam sein und bleiben.

Der Fall Kim und Nele

Kurz vor den Sommerferien 2023 ist in Deutschland die Hitze ausgebrochen. Ich liege auf meiner Couch, auf dem Laptop läuft irgendeine Serie, manchmal einfach nur deshalb, weil mich Stimmen im Hintergrund entspannen. In meiner Hand halte ich mein Handy und scrolle mich durch meinen Instagram-Feed, als ich plötzlich eine Nachricht entdecke. Sie wurde einen Tag zuvor verschickt, ist aber in meinen Spamordner gerutscht. Eine Schülerin, Nele (natürlich wie alle Namen verändert), schreibt mir eine längere Nachricht. Sie habe meinen Podcast im *Deutschlandradio* gehört, sich sehr verstanden gefühlt und setzt an: «Der Podcast hat mir so geholfen, den Ernst der Situation endlich zu begreifen und die Notwendigkeit, etwas zu machen, auch weil ich nicht die Einzige an meiner Schule bin.»

Nele, angehende Abiturientin, erzählt mir von einem Lehrer, der seit einem Jahr viel Platz in ihrem Leben einnimmt. Sie schreibt auch von ihrer Mitschülerin Kim aus der 10. Klasse, die gleiche Erfahrungen mit ihm gemacht habe. Nach den Sommerferien soll er nun Kims Lehrer in ihrem Hauptfach werden, und das mache den beiden Sorgen. Die Nachricht weckt mich aus meiner Lethargie. Nele klingt aufgewühlt und aufgeregt. Der Abschlussball sei zudem in zwei Tagen, was tun, wenn er ihr schreibt, sie anschaut, sie anspricht, fragt sie. Wenn sie nicht reagiert, merkt er dann, dass sich etwas zwischen den beiden verändert hat, will sie von mir wissen. Ich setze mich aufrecht hin und schreibe Nele gleich zurück. Ob sie einmal sprechen mag, frage ich sie.

Solche «Erstgespräche» kenne ich bereits. Ich sage dann immer sofort dazu, dass ich keine Therapeutin bin und verweise an passende Stellen, an die sich Betroffene wenden können, wie zum Beispiel dem Hilfe-Telefon bei sexuellem Missbrauch, wo man sich anonym, kostenfrei, mehrsprachig und in Gebärdensprache beraten lassen kann, oder dem Verein Zartbitter.

Trotzdem wollen Schülerinnen wie Nele gerne mit mir sprechen. Ich bin eine Verbündete, eine Leidensgenossin, die versteht und nachvollziehen kann, was in ihnen vorgeht. Sie wollen einfach reden und sich austauschen, sie möchten begreifen, was ihnen gerade geschieht. Diesen Wunsch haben junge Frauen oft, die sich in akuten Situationen befinden, deren Leben sich auf den Kopf stellt, sobald sie einmal verstanden haben, dass eine Grenzüberschreitung stattgefunden hat. Wir vereinbaren, heute noch mit Kim zu dritt zu telefonieren. Zwei Stunden später geht bei mir ein WhatsApp-Anruf ein, und nach ersten Empfangsschwierigkeiten beginnen die beiden Schülerinnen, mir ihre Geschichte zu erzählen.

Nele und Kim folgen sich schon länger gegenseitig auf Instagram, wie das einige Schüler:innen untereinander machen. Sie kennen sich sonst kaum, denn Nele macht bereits Abitur, während Kim zwei Stufen unter ihr in die 10. Klasse geht. Beide hörten von einem Gerücht, dass durch die Gänge schlich. Ihr Biologielehrer Daniel Schneider soll Nele einen Schokoladen-Osterhasen in ihren Spind gelegt haben. Nele fand allerdings keinen Absender auf dem Hasen. Allerdings hörte sie zuvor von anderen, dass sich der Biologielehrer bei einem Schulkomitee erkundigt habe, wie man anonym solche Geschenke verschicken könne. Kim hört davon ebenfalls. Sie fragt sich, ob es stimmt, weil sie ebenfalls mit Schneider über Social Media chattet. Als die 16-jährige Kim Daniel Schneider über dieses Gerücht im Chat aufklärt und nachfragt, ob es stimme, antwortet er nur, dass er auf so eine Frage nicht eingehe. Es bleibt ein offenes Geheimnis, das Nele bis heute irritiert.

Kim wiederum hört von weiteren Gerüchten, dass Schneider sich mit einigen Schülerinnen Nachrichten schreibe oder sogar mit ihnen ausgehe. Als Schneider immer wieder über die Schülerin Nele im Unterricht vor Kim und ihren Klassenkamerad:innen spricht, wird sie stutzig. Kim schreibt Nele eine Nachricht auf Instagram, in der sie, ohne ins Detail zu gehen, von ihrem Gefühl gegenüber Daniel Schneider schreibt. Dass sie Kontakt haben, sie das alles verwirre und ob sie dazu mal sprechen könnten. Die beiden Mädchen treffen sich außerhalb der Schule und finden immer mehr Parallelen heraus, die sie mit Schneider verbinden. Anfangs glaubten sie, jeweils die Einzige gewesen zu sein, bis sie immer mehr Gerüchte hörten.

Auf der einen Seite wussten sie, dass der Austausch mit ihrem Lehrer komisch und nicht richtig ist, erzählen sie mir. Auf der anderen Seite waren aber viele positive Gefühle für ihren Lehrer vorhanden. «Als wir beide private Probleme hatten, war er für uns da. Wir wurden irgendwie abhängig von ihm», erklärt Kim. Wenn sie anderen davon erzählten, reagierten Freund:innen entweder mit Ekel oder schlugen ihnen vor, zur Schulleitung zu gehen, weil «das gar nicht geht, was der macht». Aber da ist dieses unsichtbare Band zu Schneider, das sie davon abhält. Das Band, das er über ein

Jahr lang gekonnt festigte und zum Grooming-Prozess dazugehört.

Wie schaffen es Täter, dass Betroffene ein solches Geheimnis so lange mit sich herumtragen und schweigen?

Die Psychologin Johanna Zimmerl vom möve Kinderschutzzentrum Wien erläutert, wie der umfangreiche Prozess auf Täterseite die Wahrnehmung der Betroffenen verzerre. Denn Menschen spüren zumeist sehr gut, wenn Grenzen überschritten werden, wenn etwa Berührungen von zärtlich in sexualisiert kippen und ihnen etwas unangenehm ist. Missbrauchstäter würden diese Wahrnehmungen auf verschiedene Arten infrage stellen. Sie konnotieren unangenehme Wahrnehmungen als angenehm, drehen die Verantwortung um, indem sie zum Beispiel dem Kind sagen, dass es die Berührungen ja selbst wollte.

Missbrauch wie Gewalt, aber auch emotionaler Missbrauch, verwirren die Gefühle und schüren Zweifel an der eigenen Wahrnehmung. Betroffene Kinder und Jugendliche werden manipuliert, können nicht mehr einschätzen, was normal ist, was sein darf und was nicht. In Abhängigkeitsfeldern wie der Schule kommen Jugendliche in Loyalitätskonflikte. Die Beziehung zum Täter ist nicht ausschließlich durch den Missbrauch charakterisiert, sondern kann viele andere – darunter auch viele positive – Aspekte in der Wahrnehmung der Schüler:innen beinhalten. Die Kinder möchten zumeist nicht die Beziehung zur Lehrperson verlieren, das erzählten mir einige Betroffene auch. Sie haben Angst, dass einerseits der Lehrperson etwas Schlimmes passiert und sie ihren Job verliert. Dann müssten sie alleine die Schuld tragen, weil sie glauben, sie hätten die Person ins gesellschaftliche Aus katapultiert.

Auf der anderen Seite haben die Schülerinnen Angst, ihre schulischen Leistungen könnten darunter leiden. Das ist insbesondere in Deutschland ein Problem, wo der Numerus clausus immer noch darüber bestimmt, welche berufliche Karriere man einschlägt, oder auch an Hochschulen, die klein sind und man von Empfehlungen der Lehrkräfte abhängig ist. Manche Schülerinnen sorgen sich um die Ehefrau des Täters, die traurig wäre, wenn deren Partner Schwierigkeiten bekäme oder die Familie verlässt. Schülerinnen sagen oft, sie wollen, dass der Machtmissbrauch zwar aufhört, aber sich sonst nichts verändert, es also keine Folgen für die Täter hat. Auch Nele und Kim äußern mir gegenüber diesen Wunsch.

In dem Fall von Nele und Kim hatten beide Schülerinnen zur Zeit des Austausches mit dem Lehrer ein ganz gutes Elternverhältnis, und trotzdem gibt es Dinge, die sie mit ihnen nicht teilen wollen. Beide erzählten dem Lehrer davon, wenn es ihnen gerade nicht gut ging. Als Kim ihm von ihrer kranken Oma erzählt, tröstet er sie. Wenn Nele überfordert ist, wie es mit ihr nach dem Abitur weitergehen soll, hört er zu und überlegt mit ihr gemeinsam, wo ihr Platz in der Welt sein könnte. Einerseits ist der Lehrer ein Mentor, der sie bewertet; andererseits ist er ein Mann, der sie als junge Frauen wahrnimmt, ihnen Komplimente macht, sie sieht und versteht. Es ist dennoch schwierig, Nein zu anfänglichen Nettigkeiten und Aufmerksamkeiten zu sagen.

Erst redeten die zwei Schülerinnen mit Schneider in der Schule über Probleme, die sie mit anderen Lehrer:innen hatten. Über WhatsApp passierte es dann recht schnell, dass sie von schulischen Themen zu privaten Gesprächen abrutschten.

Das ist eine Strategie, die viele Täter anwenden. Ihr Tatumfeld sind soziale Netzwerke und Chatrooms. Jugendliche berichteten eher von belastenden sexuellen Online-Erfahrungen mit erwachsenen Männern. Dass sie das Chatten, das auch zu Cybersex führen kann, bitte geheim halten sollen, ist ein verbindendes Element. Es würde eine Pseudointimität aufgebaut werden, berichteten Betroffene in der MiKADO-Studie. Jeder 20. Jugendliche traute sich demnach nicht, Onlinekontakte bei Sexualisierung zu beenden.

Ich habe die Screenshots der Chatverläufe zwischen Daniel Schneider und Nele und Kim gesehen. Es ist immer wieder der Lehrer, der mit einem «Flirt» die unverfänglichen Nachrichten stört und die beiden Schülerinnen überfordert. Ein Auszug aus über einem Jahr intensiven Chatkontakt soll nun aufzeigen, wie Grooming funktioniert.

Schneider schreibt an Kim:

> «Also wenn ich es als 16-jähriges Mädchen schaffen würde, einen älteren Mann für mich zu interessieren, fände ich das denke ich ganz schön positiv.»
>
> «Na, dann nehme ich das mal als was sehr Positives auf», schreibt Kim.
>
> «Die Frage ist jetzt halt, was du daraus machst, und das ist natürlich viel Verantwortung und sicherlich auch frustrierend, weil es eben klare Grenzen gibt – Grenzen, die sich in den nächsten zwei Jahren eigentlich nicht großartig verschieben lassen ... das könnte dann zu einer Art ‹Spiel› zwischen uns werden ... die Vorstellung finde ich ganz reizvoll, solange es absolut diskret bleibt und solange uns beiden klar ist, dass es erst mal quasi nicht ‹zu Ende› gespielt wird.»

Schneider öffnet sich und will, dass ihre Chats geheim bleiben.

«Solange ich dir absolut vertrauen kann, dass das ausschließlich zwischen uns bleibt! Weil das für uns beide in einer (Schul-)Öffentlichkeit höchst problematisch wäre, für mich noch mal vieeel problematischer als für dich. Das ist das Risiko, dem ich mich aussetze.»

«Ja!! Ich habe selber auch nicht unbedingt Interesse daran, dass das irgendwie rumerzählt wird oder so», antwortet Kim.

«Aber wie das Leben so ist … Risiken machen das Leben auch interessant und aufregend. ;)»

«Aufpassen. Heute treiben sich Lehrkräfte in der Nähe dieser Bar herum.»

Das schreibt er ihr an einem Donnerstagnachmittag.

Es gibt eine Bar, in der Schüler:innen und Lehrer:innen immer mal wieder aufeinandertreffen. Ein Ort, an dem die Grenzen zwischen Lehrerdasein und Schülerinnendasein schnell verschwimmen, wie er selbst anmerkt. Eines Abends in der Bar bekommt Kim folgende Nachricht:

«Find's so schwierig mit dir zu schreiben, während ich direkt neben deiner Klassenlehrerin sitze. Wenn die das sieht.»

«Wäre wahrscheinlich nicht so vorteilhaft …»
«Ne, aber ich mache es ja irgendwie trotzdem.»
«Hm … ich will einfach auch andersrum keine zu große Belastung sein, weil wie du ja schon meintest, es ist für dich viel problematischer.»

Schneider sitzt in der Bar mit Kolleg:innen, während Kim mit ein paar Freund:innen ebenfalls dort ist. Eine Kollegin fragt ihn, warum er so grinse und ob er wen kennengelernt habe. Sie freuen sich für ihn, necken ihn. Viel später wird die Lehrerin aus allen Wolken fallen, wenn sie durch Kim und Nele erfährt, mit wem er schreibt. In solchen Situationen, wie in der Bar, schreibt er Kim: «*Jetzt haben wir uns also auch mal außerhalb der Schule gesehen. Wie war das für dich?*» Zu diesem Zeitpunkt sind die Nachrichten noch relativ harmlos, richtig einordnen kann Kim den Austausch trotzdem nicht.

«Haha ja! Ich werde dich jetzt weder fragen, ob du bei mir zuhause vorbeikommen möchtest, noch ob du mir ein Foto von dir schickst.»

«Besser ist das auch.»
«Wie würdest du darauf reagieren?»
«Weiß nicht.»
«Aber dass du kein Anzeigenbild hast, ist schon fast sad … gibt's kein Foto von dir, auf dem du dich magst (kenne das Problem gut …)?»

«Also immer wenn ich dich im außerschulischen Kontext sehe …», setzt Schneider an.
«Ja dann …», will Kim wissen, was er meint.
«Sage ich lieber heute nichts mehr zu.»
«Auch gut», antwortet Kim.

Es geht manchmal einfach um Allgemeines, um Tabakkonsum, weil Kim in den Pausen gerne mal eine Zigarette raucht. Dann schreibt er ihr:

«Ist schwer da für mich eine Rolle zu finden. Ich will ja nicht dein Papa sein. Auch nicht dein ‹Freund›. Dann natürlich am ehesten dein ‹Lehrer› – aber ich will das auch nicht nur auf so einer Lehrerbasis rüberbringen. Bis jetzt war es mir eigentlich immer weitestgehend egal, wenn Schüler und Schülerinnen von mir irgendwann auch mal rauchen, aber bei dir stört mich das halt mehr.»

«Ja, ich weiß. Was soll ich sagen. Aber ist es denn wirklich so schlimm?»
«Mich stört es irgendwie.»

Ein anderes Mal fragt er:

«Und dein Ferienfazit? Was waren die Highlights?»
«Wie gesagt deutlich zu kurz, aber sonst eigentlich ganz gut.»
«Das freut mich. Wie oft hast du in den Ferien so an mich gedacht?»
«Weiß nicht, wir haben ja relativ viel geschrieben ... und du so?»
«Schon häufiger mal!»

Während Schneider zu der 16-jährigen Kim Nähe aufbaut und Grenzen überschreitet, schreibt er parallel mit Nele. Beide wissen zu diesem Zeitpunkt nichts von der anderen, glauben, sie sind die Einzige. So stellt er es gegenüber den beiden Mädchen dar. Und immer wieder betont Schneider, dass er ihr Lehrer sei, so als wolle er klarmachen, dass er sich ja an die Grenzen halte. Aber auch bei Nele versucht er im Chat, ihr subtil näher zu kommen. Nele erzählt ihm, dass sie sich nächste Woche in den Zug nach Rom setzt.

«Rom, da war ich schon ewig nicht mehr», schreibt Schneider und setzt einen traurigen Smiley dahinter.
«Also schon mal da gewesen?»
«Nach meinem Abi, also vor 13 Jahren.»
«Nach'm Abi klingt gut.»
«Wir beide nach deinem Abi?», fragt er, fügt einen Zwinkersmiley ein. «Spaaaaaaß», setzt er noch schnell hinterher. Es ist mittlerweile schon fast halb elf am Abend, als er Nele diese Nachrichten schickt.
«Spaaaß ...?», fragt sie irritiert.

An einem Nachmittag, nachdem Schneider Nele auf dem Schulhof im Vorbeigehen gesehen hatte.

«Schöne Bräune übrigens, du sahst gut aus!»

Ein paar Stunden später schickt Nele ein *«Danke»* als Antwort zurück, mehr überfordert als dankbar, und trotzdem ist es irgendwie schön, wenn ein Erwachsener einer jungen Frau wie ihr Aufmerksamkeit schenkt, denkt sie sich.

«Ich fände es übrigens schön, wenn wir jetzt weiter in Kontakt bleiben würden, und ich würde in diesem Zusammenhang auch gerne noch mal betonen, dass du mir voll und ganz vertrauen kannst, dass das weder positiven noch negativen Einfluss auf die Korrektur deiner Prüfung hat», erklärt ihr Schneider in Bezug auf ihren Austausch und die Flirts.

Auch an Wochenenden und in den Ferien fragt er Nele, was sie so treibe. War sie in Zürich, fragt er sie per Chat, ob sie ihm nicht bei einer Tasse Kaffee von der Reise erzählen möchte oder ob ihr das zu diesem Zeitpunkt eher unangenehm wäre.

«Vielleicht nach dem Abi», schreibt sie, aktuell sei es ihr eher unangenehm. Ein Treffen ganz deutlich abzulehnen, traut sich Nele nicht. Er ist schließlich ihr Lehrer, verantwortlich für ihre Noten und hat Einfluss auf ihren Abschluss.

Dieses allmähliche Heranbahnen an Schutzbedürftige läuft oft sehr ähnlich ab. Bei Wolfgang Schubert war es auch so, dass er mich immer wieder privat treffen wollte. Nele lehnte zum Glück ab, wie ich damals. Denn laut MiKADO-Studie heißt es, dass physischer sexueller (Macht-)Missbrauch dann stattfindet, wenn Täter und Betroffene den digitalen Raum verlassen und sich privat treffen.

Als Nele und Kim sich gegenseitig von ihren Erfahrungen mit dem Lehrer erzählen und Chatverläufe austauschen, bricht ihr Kartenhaus zusammen. Viele Gedanken strömen durch ihre Köpfe: Wer ist dieser Lehrer wirklich? Was will er von uns? Ich war nicht die Einzige, mit der er solch intimen Schreibkontakt hatte. Warum ich? Zu einem späteren Zeitpunkt erfahren sie, dass er auch noch mit weiteren Schülerinnen schreibt.

Als Nele nach dem Treffen mit Kim heimkommt, gibt sie Schlagwörter in eine Suchmaschine auf ihrem Computer ein wie «Beziehung» und «Lehrer». Dabei stößt sie auf meinen Podcast und lernt erst dort die Bezeichnung «(emotionaler) Machtmissbrauch» kennen. Erst hört sie ihn alleine an, macht sich Notizen und kann kaum glauben, was sie da hört. Dann trifft sie sich erneut mit Kim, und sie hören ihn gemeinsam an. «Spricht sie von uns?», denken die zwei. Nein, hier handelt es sich um den klassischen Prozess von Grooming, weshalb sich viele Geschichten von Machtmissbrauch in der Schule ähneln.

Nele und Kim sind nicht die Ersten und vermutlich nicht die Letzten, mit denen der Lehrer spielt. Deshalb sammeln sie alle WhatsApp-Verläufe, packen sie in ein PDF und gehen damit zu ihrer Vertrauenslehrerin. Als diese die Nachrichten sieht, kann sie kaum glauben, was sie da liest. Als Lehrerin wird man auf solch einen Fall nur schlecht vorbereitet. Denn weder das Bildungssystem noch Lehrkräfte selbst wollen wahrhaben, dass ein befreundeter Kollege solche Grenzen überschreitet. Die Vertrauenslehrerin von Kim und Nele schlägt als erste Lösung ein Gespräch mit Daniel Schneider zu viert vor. Die beiden finden das keine gute Idee, sind verunsichert und bitten um Bedenkzeit. Sie empfehlen der Vertrauenslehrerin noch meinen Podcast und beenden das Gespräch.

In dieser Zeit kontaktieren mich die zwei über Instagram. Wie so oft, wenn ich mit Jugendlichen und jungen Erwachsenen zu diesem Thema spreche, höre ich mein altes Ich mit mir reden. Ein altes Ich, das verunsichert ist, das nicht weiß, wo oben und unten ist, und immer wieder Sätze wie *«Wir haben doch mitgemacht»* oder *«Was sind die Konsequenzen für mich oder auch für den Lehrer, wenn es rauskommt?»*. Dass sich Betroffene diese Frage stellen, ist Teil des Machtmissbrauchs. Schülerinnen empfinden eine Loyalität gegenüber dem Lehrer, die dann entsteht, wenn das Grooming funktioniert hat.

Es gibt Variationen im Grooming-Verhalten der Täter, die ich bereits weiter oben angerissen habe. Manche Aspekte sind mal mehr oder weniger ausgeprägt. Es ist wie mit einer psychischen oder physischen Diagnose: Nur weil du nicht alle Kriterien wie im Lehrbuch erfüllst, heißt es nicht, dass du sie nicht hast. Machtmissbrauch ist ein Spektrum.

Die Vertrauenslehrerin von Kim und Nele nimmt Kontakt zu mir auf. Sie schickt mir eine SMS, sie wolle mit mir sprechen, und fragt: «Sind Ihnen Präzedenzfälle bekannt, bei denen es in ähnlicher Konstellation Disziplinarverfahren gegeben hat?» Überfordert, weil Lehrer:innen auf solch einen Fall in der Lehramtsausbildung und späteren schulischen Laufbahn unzureichend vorbereitet werden, wendet sie sich mit dieser Frage an mich. Dabei bin ich keine Expertin auf dem Gebiet, sondern Journalistin. Auch die Schulleitung weiß nicht so recht, was zu tun sei, zeigt aber Bemühungen und will den Fall klären – natürlich ohne Presse im Hintergrund.

Unser Telefonat fällt daher sehr kurz aus. An einem Interview sei sie erst einmal nicht interessiert, alles sei noch frisch und ungeklärt und jetzt stünden erst einmal die Sommerferien vor der Tür. Auf meine Frage, ob es in der Schule ein Schutzkonzept gebe, reagiert sie mit einem zögerlichen «Ja». Den Begriff des Schutzkonzepts erläutere ich etwas später noch genauer. Fakt ist, dass viele Schulen erst reagieren und ein Konzept entwickeln, wenn es bereits einen Vorfall in der Schule gab.

Es wird kein Gespräch zu viert geben, teilen mir Nele und Kim später mit. Die Vertrauenslehrerin tauscht sich mit dem Direktor aus, die gesammelten Beweise von den beiden Schülerinnen sind dabei sehr hilfreich. Die Angst, dass Kim Daniel Schneider im nächsten Schuljahr wieder in den Fluren begegnet oder er wieder unterrichtet, hatten die beiden Schülerinnen schon vor den Sommerferien verloren. Ihnen wurde zugesichert, dass er sie nicht mehr unterrichten werde. Wie es aber mit ihm weitergeht, das erfahren sie kurz vor Schulbeginn in einer Mail von der Schulleitung. Der Lehrer habe bei der Behörde für Schule und Berufsbildung um die Entlassung aus dem Beamtenverhältnis gebeten. «Daher wird er nicht mehr an das Gymnasium zu uns zurückkehren», schreibt die Direktorin den beiden.

Nele und Kim sind zwar erleichtert nach dieser Nachricht, aber trotzdem glauben sie, dass sie ihn letztlich von der Schule geworfen haben und nicht er es war, der durch sein Verhalten dafür gesorgt hat. Schaden wollen sie ihm nicht, das betonen sie immer wieder. «Er sollte einfach nur aufhören.» Sie fänden es gut, wenn er eine Therapie mache und danach wieder arbeitet, «weil die Schule und die Kolleg:innen sein Leben sind.» Doch was die zwei wohl noch eine Zeit lang mit sich tragen, sind Schwere, Scham und Schuldgefühle und diese fehlenden Informationen zu der Frage: Warum ist mir das passiert?

Die vielen Schritte, die auf eine Aufdeckung folgen, die auch in den Drohungen der Täter enthalten sind, sind schwierig für Nele, Kim und alle anderen, die sich in solch einer Situation befinden. Sie haben Angst vor den Konsequenzen, vor allem, weil sie nicht wissen, welche das sind. Kommt der Lehrer in Haft? Dafür möchte man nicht verantwortlich sein. Wird er von der Schule verwiesen? Schülerinnen könnten dann am geliebten Unterrichtsfach oder der Theatergruppe nicht mehr teilnehmen. Die Jugendlichen stehen unter einem massiven Geheimhaltungsdruck und fühlen sich gleichzeitig schuldig, weil sie mitmachten.

Ich kenne das selbst sehr gut. Was ich lernen musste und was lange gedauert hat, bis es in meinem Kopf und Bauch ankam: Die Verantwortung liegt beim Täter und nur bei ihm. Der holländische Tätertherapeut Ruud Bullens hat sich mit Strategien von Tätern auseinandergesetzt und ist der Überzeugung, wenn Menschen ein Kind missbrauchen wollen, würde es ihnen auch gelingen. Täter verfolgen in der Regel ein Muster, um ihre «Opfer» auszuwählen, wie sie sich ihnen annähern und der Missbrauch durchgeführt werden kann. Das wird in den Betroffenen-Geschichten noch mal deutlich werden. Das Wichtigste dabei sei die Bedürftigkeit und Wehrlosigkeit der Menschen, sagt Bullens, sowohl emotional als auch materiell.

Auch in meiner Geschichte hatte Schubert meine Unsicherheit bemerkt und sie für sich ausgenutzt. Es ist kein Zufall, dass er mich «ausgewählt» hat. Täter:innen fahren dabei eine bestimmte Strategie, wie eine Beraterin von Wildwasser e. V. mir erklärt, einem Verein, der sich dem Schutz von Minderjährigen verpflichtet, die sexuelle Gewalt erleben oder erlebt haben.

Täter:innen erkennen die Bedürftigkeit der Schülerinnen und nutzen diesen Mangel für sich. Das kann ein schlechtes Elternverhältnis sein, Liebeskummer oder sonstige Art von Kummer, die Betroffene unsicher und ängstlich wirken lassen, was ich bereits weiter vorne erläutert habe. Er mache zum Beispiel Geschenke, das müsse nichts Materielles sein, merkt die Mitarbeiterin an, sondern funktioniere auch im übertragenen Sinn wie «Ich höre Dir zu.», «Du kannst mir immer schreiben, auch mitten in der Nacht.». Solch ein Verhalten suggeriere beim betroffenen Kind oder einer Jugendlichen, etwas Besonderes zu sein. Für sie ist es deshalb so schwierig, diese vertraute Person als Täter zu identifizieren. Auch Nele und Kim erzählten mir, dass ihr Lehrer immer «ein offenes Ohr» für sie hatte.

Ich schildere den Fall einer Psychotherapeutin aus Wien. Ich nenne sie hier Lilly Heidelberg, sie heißt in Wirklichkeit aber anders. Es war relativ schwierig, eine Psychotherapeutin zu finden, die ihr Wissen zu diesem Thema mit mir teilen wollte. Normalerweise findet sich recht schnell eine Expert:innenstimme zu einem beliebigen Thema, das ist zumindest meine Erfahrung aus anderen journalistischen Projekten. Umso verblüffter war ich, dass sich bei diesem wichtigen Thema niemand gerne äußern wollte. Als ich weder in Deutschland noch in der Schweiz Erfolg hatte, probierte ich es parallel in Österreich und stieß auch hier auf Granit.

Alle Angefragten fanden das Thema wichtig, hatten aber

Sorge, es könne Konsequenzen für sie haben, wenn sie sich öffentlich äußern – Österreich sei ein kleines Land und schnell könnten Stellen gestrichen werden. Lilly Heidelberg hat sich daher entschieden, ihr Wissen mit mir zu teilen unter der Prämisse, ihren echten Namen nicht zu nennen. Sie hat viel Erfahrung im Feld Schule und hört in ihrer beruflichen Laufbahn in Sitzungen immer wieder von Machtmissbrauch durch Lehrkräfte an österreichischen Schulen. Sie hat selbst jahrelang als Schulpsychologin und Sozialarbeiterin an unterschiedlichen Schulen gearbeitet. Im Folgenden schätzt sie den Anfang des Machtmissbrauchs zu Kim und Nele ein, wie ich ihn ihr geschildert habe:

Lilly Heidelberg: *Damit ein solcher Machtmissbrauch überhaupt stattfinden konnte, hat der Lehrer bei den Schülerinnen an Punkten angedockt, wo er wusste, sie sind verwundbar oder interessiert. Genau auf dieser Ebene ist er mit ihnen in Beziehung getreten. Er hat sich als der Helfende, Zuhörende und Wissende dargestellt. Es ist Teil der Manipulation, dass die Schülerinnen am Ende glauben, ihm geschadet zu haben und nicht umgekehrt.*

Ich möchte von ihr wissen, warum die beiden Schülerinnen Schuldgefühle haben. Was hat der Täter initiiert, dass Schuldgefühle aufkommen? Das seien Fragen, die man in einer Psychotherapie gut besprechen könne, antwortet Lilly Heidelberg. Der Grundstein von Missbrauch sei eben die Manipulation.

Lilly Heidelberg: *Die beiden haben Schuldgefühle und sehen eine Mitschuld bei sich. Das muss man klar von ihnen wegnehmen. Es geht nicht um das reine Aufarbeiten der Emotionen und die Frage, was habe ich richtig und was falsch* *gemacht, sondern zu schauen, wo und bei wem liegt die Verantwortung? Hier muss man die Schuld von ihnen nehmen, das ist die Verantwortung, die bei uns Erwachsenen liegt. In einer Therapie würde ich ihnen klarmachen, dass sie ein Symptom sind und er die Ursache. Das Symptom sind die Schuldgefühle und die Ursache ist die Manipulation. Deshalb fühlen sie so. Wenn das klar wird, können sich die Schuldgefühle allmählich auflösen.*

Unsere Scham kann uns erdrücken, sie kann uns innerlich auffressen. Aber nur, wenn wir sie lassen. Das gilt auch für den Kosmos Lehrerzimmer und Kolleg:innenschaft. Viele Betroffene äußern das Erlebte gegenüber dem Direktor, der nicht glauben will, was er hört, und den Schülerinnen erst einmal keinen Glauben schenkt. Dies haben mir einige Betroffene geschildert. Es ist verheerend, wenn du als junger Mensch den Mut aufbringst und jemandem mitteilst, dass dir etwas passiert ist, und dir dann erst mal niemand glaubt.

Das Deutsche Jugendinstitut München (DJI) hat 2015 eine groß angelegte Studie über sexuelle Gewalterfahrungen von Schülerinnen und Schülern herausgebracht. Untersucht wurde an 128 Schulen in vier Bundesländern, inwiefern Schüler und Schülerinnen von sexualisierter Gewalt durch Lehrkräfte betroffen sind. Im Schuljahr 2015/2016 füllten 4334 Schülerinnen und Schüler der 9. Jahrgangsstufe, sowie deren Schulleitungen aus Hamburg, Nordrhein-Westfalen, Rheinland-Pfalz und Thüringen einen Fragebogen aus. Darin fragte das DJI nach Gewalterfahrungen von Jugendlichen, der Bereitschaft Betroffener, ihre Gewalterfahrung gegenüber Personen offenzulegen, den Reaktionen auf die Offenlegung sowie den schulischen Maßnahmen zur Verhinderung und Aufarbeitung von sexuellen Übergriffen.

Über die Hälfte der Schülerinnen und Schüler berichteten

von sexuellen Gewalterfahrungen in den letzten drei Jahren. Meistens handelte es sich dabei um verbale Belästigungen, eher selten um Übergriffe mit Körperkontakt. Was bei der Studie am Ende spannend war: Aufklärungsarbeit in Schulen und das Reden über Grenzen vergrößert die Bereitschaft, dass sich Betroffene mitteilen und Hilfe suchen.

Häufig ist es aber so: Wenn Schüler:innen der Kontakt zu den Täter:innen zu viel wird, fühlen sie sich hilflos. Sie haben dem Täter versprochen, nichts zu erzählen, und genau das ist das Ergebnis von Grooming und weshalb viele Fälle nicht gemeldet werden. In den Fällen, die ich für das Buch gesammelt habe, fordern Lehrer wiederholt, dass alles, was die asymmetrische Beziehung zwischen Lehrkraft und Schutzbefohlener entlarven könnte, nicht an die Öffentlichkeit kommen darf.

Mein Lehrer Schubert formulierte ganz nebenbei in einer E-Mail, es sei ihm etwas unangenehm, würde das Ganze herauskommen. Er suggerierte mir damit, es sei ja eigentlich auch keine große Sache, die es aber natürlich war. Auch bei anderen Betroffenen war das der Fall. Manches Verbot, darüber zu sprechen, versteckte sich beispielsweise in einem Witz wie «Es ist schon ein bisschen verboten, aber es macht auch Spaß – Zwinkersmiley». Lehrkräfte lassen das Verbot ganz nebenbei fallen und deuten an, dass sie sonst Probleme bekommen. Wer will schon jemandem schaden, der einen von dem eigenen Schattendasein ins Licht gezogen hat?

Diese Strategien erschweren eine gute Prävention und machen Missbrauch einfacher. Daher brauchen wir eine hohe Sensibilität für das Thema, wir müssen informiert sein und vor allem bereit sein, das Thema anzusprechen. Was viele Expert:innen bislang bemängeln, ist die fehlende Entschlossenheit, über Täterstrategien und Missbrauch aufzuklären; das fängt im nahen Umfeld in der Familie an, betrifft aber auch die Institutionen.

Die Therapeutin Lilly Heidelberg drang beruflich in ein System ein, das viele Risse hat, wie sie sagt. Ein Machtmissbrauch fängt bereits dann an, wenn Lehrkräfte glauben, alles zu können und zu dürfen. Man spräche hier von einem emotionalen Missbrauch. Oft schrieben Lehrer:innen mit ihren Schüler:innen spätnachts auf Social Media. Sie schenken ihnen damit Aufmerksamkeit, sind für sie da, wie Freund:innen. Das seien häufig bedürftige Kinder, die sich über diese Aufmerksamkeit freuen. «Reichen Lehrkräfte ihnen den kleinen Finger, nehmen sie gerne die ganze Hand. Das überfordert irgendwann, sodass Lehrer:innen plötzlich nicht mehr reagieren, stoßen die Jugendlichen von sich, indem sie sagen, dafür seien sie nicht zuständig.» Das verwirre Schüler:innen. «Wie soll das eine Jugendliche verstehen?», fragt Lilly Heidelberg.

Es ist eine Umkehrung von Schuld, sodass Schüler:innen glauben, etwas falsch gemacht zu haben und den Fehler bei sich suchen. Betroffene ziehen sich im Folgenden zurück und bleiben in dem System von Machtmissbrauch weiterhin gefangen.

Es vergehen einige Wochen, bis Nele und Kim mich nochmals kontaktieren. Sie berichten, dass es kein Verfahren geben wird. Der Lehrer hat in diesem Fall «klug» gehandelt und rechtzeitig um eine Entlassung aus dem Beamtenverhältnis gebeten. Was man bei solchen Fällen weiß: Lehrer, die mit ihrer Macht spielen und nicht mehr an der alten Schule unterrichten dürfen, müssen ihre Lehrtätigkeit nicht unbedingt einstellen.

Kims und Neles Direktorin erzählte ihnen, dass Schneider im gleichen Bundesland bleiben und nur mehr an Privatschulen unterrichten dürfe. Die beiden Schülerinnen ärgert das. Möchte er wieder an staatlichen Schulen arbeiten, ginge das ohne Probleme in einem Nachbarbundesland. Diese Entscheidung wird auf Landesebene zu treffen sein, es gibt dafür kein allgemeingültiges Recht in Deutschland.

Als ich der Juristin Dr. Isabel Kratzer-Ceylan von diesem Fall erzähle, ist sie erstaunt, dass der Lehrer die Auflösung seines Beamtenstatus forderte. Das sei sehr ungewöhnlich, erklärt sie mir am Telefon, aber eine plausible Vermutung für diese Entscheidung sei in ihren Augen, dass es vermutlich noch weitere grenzüberschreitende Situationen in der Vergangenheit gegeben habe und die Entlassung aus dem Beamtenverhältnis ein Ausweg gewesen sein könne, um Nachforschungen zu unterbinden.

Kim und Nele betreiben derzeit Aufklärungsarbeit zu ihrem Fall an ihrer Schule, sie sprechen mit Lehrer:innen und berichten von den Vorfällen. Sie machen das, weil es niemand von den Erwachsenen machen darf. Ihre Direktorin sagte, sie selbst dürfe offiziell die Erlebnisse nicht mit Kolleg:innen teilen. Es bestünde hier der Schutz der einzelnen Person, also der Schutz des Lehrers. Die Schule kehrt den Machtmissbrauch unter den Teppich, der Fall wird nicht konkret angesprochen und besprochen.

Im November 2023 gab es dann, auf Anordnung der Direktorin, eine schulinterne Konferenz mit einem externen Experten, um über beamten- und disziplinarrechtliche Fragen zu sprechen. Die Direktorin betont erneut, dass der aktuelle Anlass dafür weiterhin «diskret» behandelt werde. Es wird auf einer theoretischen Ebene aufgeklärt und nicht anhand des aktuellen Falls an der Schule, von dem die Kolleg:innen offiziell nichts wissen dürfen, inoffiziell durch die Gespräche mit den zwei Schülerinnen aber in Kenntnis gesetzt sind. Warum? Wie mir erläutert wurde, darf dieses Wissen nicht an Dritte weitergegeben werden. Man müsse den Lehrer und somit den Täter schützen.

Es ist gut, dass Expert:innen in Schulen kommen und Aufklärungsarbeit leisten. Trotzdem frage ich mich: Wie soll Aufarbeitung funktionieren, wenn das Thema an sich tabuisiert wird? Wie soll präventiv gearbeitet werden, wenn niemand von Vorfällen weiß und keine Ahnung hat, wie man sich in solchen Fällen verhält? In meinen Augen ist es eine verpasste Chance. Denn die Lehrkräfte könnten aus einem Fall lernen. Ab wann eine Grenze gezogen werden sollte, wo sie überschritten wurde. Es könnte für die Zukunft förderlich sein. Was am wenigsten sein kann, ist die Tatsache, dass betroffene Schülerinnen an ihrer eigenen Schule aufklären müssen. Ich verstehe, dass es auch einen Schutz für Daniel Schneider geben muss. Aber sollte dieser über dem Schutz von Schutzbefohlenen stehen?

Nele hat mittlerweile ihr Abitur hinter sich und bleibt noch eine Weile in ihrer Heimatstadt, wo sie sich für ein Studium eingeschrieben hat. Es sei komisch zu wissen, dass der ehemalige Lehrer ebenfalls in der Stadt lebt. Angst vor Rache, das haben viele Betroffene, die mit Missbrauch Erfahrungen gemacht haben. Allerdings, so sagt die Opferanwältin Patricia Hofmann aus Wien in einem Interview für die österreichische Zeitung *Der Standard*, gebe es immer das Risiko einer Gegenanzeige, zum Beispiel wegen Verleumdung. Dieses Risiko sollte aber nicht davon abhalten, eine Anzeige zu machen. Ihr Rat an Betroffene lautet, sich an eine Opferschutzeinrichtung zu wenden, «dort kann man auch besprechen, was eine Anzeige bedeutet.» Und welcher Stein ins Rollen gebracht wird, welche Aussagen getätigt werden müssen etc.

Nele hat permanent im Hinterkopf, ihrem ehemaligen Lehrer jederzeit begegnen zu können. Einige Zeit später kontaktiert sie mich aus ihrem Urlaub aus Frankreich: Dort sitze sie in einem Park nahe der Sorbonne, als ein «alter Typ», den sie Anfang 40 schätzt, sich zu ihr auf die Bank setzt. Er habe sie in ein Gespräch verwickelt und gefragt, ob sie sich nicht aus einem seiner Kurse an der Universität kennen würden. Nele verneint und bleibt weiterhin höflich, fühlt sich im Gespräch allerdings immer unwohler. Als sie sich einer Bekannten vor Ort anvertraut, schüttelt diese nur den Kopf. Sie erzählt, dass sie am gleichen Ort das Gleiche erlebt habe, dass der Mann vermutlich kein Professor war, sondern es nur eine Masche war, um sich an junge Frauen heranzumachen.

Nele erzählt mir die Geschichte am Telefon und fragt mich hilflos: «Warum passiert das immer mir?!» Eine Frage, die sich viele Betroffene stellen, die immer wieder Grenzüberschreitungen in ihrem Leben erfahren haben. Eine Freundin erzählte mir einmal, dass sie immer wieder an Männer gerät, die übergriffig werden, die klar über ihre Grenzen gingen – egal ob Date, Partner, Vorgesetzter, Professor. Warum wiederholt sich das bei mir, fragen sich viele.

Darauf hat die systemische Traumatherapeutin Cristina Budroni eine mögliche Antwort: Manche Betroffene haben in der ersten Sozialisierung innerhalb der Familie nicht gelernt, auf sich selbst zu achten und zu erkennen, was sich gut anfühlt und was nicht passt. Schüler:innen wiederholen sich sozusagen, wenn sie es nicht gewohnt sind, gesunde Grenzen zu ziehen, weil sie es schlichtweg nicht gelernt haben.

«Wir sind Wiederholungsmenschen, auch in der Bindung», so Budroni. Der erste Schritt zur Änderung sei, dass ich überhaupt merke, dass ich mein Verhalten wiederhole. Das sei der gesunde Teil in einem selbst, auf dem man aufbauen kann. Budroni erzählt, wenn sie mit einer Klientin darüber spricht, sage sie zu dieser provokativ, dass die Person kein Problem habe. Vielmehr hätte sie einen gesunden Teil in sich, der merkt, etwas stimme nicht. Dieser könne entweder weniger werden, oder die beiden bauen diesen gesunden Anteil weiter auf in der Therapie, sodass er immer größer und stärker werde. *«Dann passiert Ihnen immer seltener so etwas»,* beendet Budroni den Satz.

Anhand der Geschichte von Kim und Nele wollte ich vor allem den Grooming-Prozess erläutern und zeigen, dass das Vorgehen der Täter Kalkül hat. Die Tatsache, dass Betroffene sich schuldig fühlen und verwirrt sind, gehört dabei zur Dynamik des Machtmissbrauchs. Es kommt natürlich auf das Individuum an, wie sehr solch eine Geschichte die eigene Biografie prägt, wie intensiv und lang sie war. Je früher ein Missbrauch beginnt und je länger er sich hinzieht, desto schlimmer, heißt es in der MiKADO-Studie.

Hätte ich selbst früher erkannt, was mir widerfahren ist, wäre das für mich natürlich gut gewesen. Ich hätte mir zu einem viel früheren Zeitpunkt therapeutische Hilfe geholt und das Geschehene dort besprochen, einordnen lassen und verarbeiten können. Aber das «Hätte-hätte-Fahrradkette» bringt niemanden weiter. Daher ist es so wichtig, Dynamiken zu verstehen und zu benennen. Betroffene tragen keine Schuld, die Last darf von ihren Schultern abfallen. Verantwortlich ist die erwachsene Lehrkraft, dieser Satz wird in diesem Buch immer wieder einmal fallen. Die Wiederholung soll sich in den Köpfen der Betroffenen einbrennen. Denn ich weiß selbst, wie schwer es ist, das zu glauben und dieses Wissen wirklich anzunehmen.

KAPITEL 3: WEGSCHAUEN, WEGHÖREN, VERTUSCHEN: WENN DAS KOLLEGIUM NICHT EINGREIFT

«Wenn die ganze Welt schweigt, kann auch eine Stimme mächtig sein.»

Malala Yousafzai

Als ich auf einer Abschiedsfeier einer Freundin in Berlin bin, treffe ich eine junge Frau, die vor Kurzem mit ihrem Lehramtsstudium fertig geworden ist und im Herbst 2023 ihr Referendariat begonnen hat. Während sie ihr Weinglas in der rechten Hand hält, gestikuliert sie wild mit der linken Hand und erzählt mir verärgert, dass sie in ihrer universitären Ausbildung zum Thema Machtmissbrauch, sexualisierte Gewalt und Grenzverletzungen in der Schule bislang kaum etwas gehört habe. Wenn man sich für dieses Thema interessiere, müsse man Eigeninitiative zeigen, erzählt mir auch eine andere Lehrerin, die bereits seit einigen Jahren unterrichtet. Nachdem sie mein Feature im Radio gehört hatte, schrieb sie mir eine Mail und erzählte darin, dass sie freiwillig und eigenständig ein Seminar zum Thema gebucht habe, um sich fortzubilden. Bezahlt wurde es von ihrer Schule nicht, sie absolvierte die Stunden in ihrer Freizeit.

Das zeigt auch das Buch von Maria Urban, die einen kritischen Blick auf Sexuelle Bildung im deutschen Bildungssystem in der Institution Schule wirft. Bisher gibt es nur punktuelle empirische Untersuchungen, doch die jüngsten Ergebnisse sind alarmierend. Sie zeigen, so Urban, erhebliche Wissenslücken und Verunsicherungen mit Themen Sexueller Bildung aufseiten der Lehrkräfte. Diese Lücken entstünden bereits in der Lehramtsausbildung. In einem Forschungsprojekt zur Sexualerziehung an Grundschulen fand man heraus, dass mehr als drei Viertel der befragten Personen im Lehramtsstudium nicht für die Sexualerziehung von Schüler:innen ausgebildet wurden. Urban schreibt in ihrem Buch, dass sich diese Ergebnisse mit der Erhebung Altenburgs decken, «die 87 Prozent der Hochschulen, die an ihrer Befragung teilgenommenen hatten, identifizierte, nur in (zu) geringem Maß Angebote zum Thema Sexualität vorzuhalten. Zusätzliche drei Prozent der Hochschulen gaben derartige Angebote als nicht vorhanden an.»

Es gibt aber bereits Initiativen, die dagegensteuern, etwa das BMBF-Forschungsprojekt «SeBiLe – Sexuelle Bildung für das Lehramt», in dem Curricula für Lehramtsstudiengänge und Fortbildungsangebote entwickelt werden. Universitäten in Deutschland, die aktuell Sexualität, sexuelle Bildung und Prävention sexualisierter Gewalt im Curriculum verankert haben, sind Halle / Saale, Berlin, Darmstadt und Flensburg. Das schreibt mir Sabine Wienholz, die Sozial- und Sexualwissenschaftlerin ist und als wissenschaftliche Mitarbeiterin für das Forschungsprojekt angestellt war. Die quantitative Online-Erhebung zu Ausbildungs- und Fortbildungsbedarfen von Lehramtsstudierenden war ein Pilotprojekt an der Universität Leipzig und soll zu einer nachhaltigen Qualifizierung von Lehrkräften beitragen und mehr Universitäten dazu anregen, diese Lehrinhalte mit ins Studium aufzunehmen. 2020 waren Inhalte sexueller Bildung jedoch nach wie vor kein verpflichtender Bestandteil im Lehramtsstudium. Dabei sehen Schüler:innen Lehrkräfte als eine konkrete Ansprechperson für sexuelle Aufklärung an. Wenn Lehrkräfte nicht lernen, mit ihren Schüler:innen über sexuelle Erziehung, Grenzüberschreitungen etc. zu sprechen, und in ihrer eigenen Ausbildung kein Wissen erlangen, wie man mit Fehlverhalten umgeht, aber auch Schüler:innen erkennt, die gegebenenfalls Missbrauchserfahrungen erlebt haben, wie soll sich dann im Schulkosmos etwas ändern?

Urban interviewte mehrere Lehrkräfte, die Studie ist zwar nicht repräsentativ wie das BMBF-Forschungsprojekt «SeBiLe», zeigt aber strukturelle Probleme. Sie fand heraus, dass Lehrkräfte den üblichen Fokus von Schwanger- und Elternschaftsvermeidung und Kenntnisse über sexuell übertragbare Krankheiten nur durch Eigeninitiative überschreiten und aus eigenem Interesse Angebote zur Stärkung der sexuellen Selbstbestimmung und zur Prävention sexueller Gewalt lehren. Dass solche Angebote zum schulischen Alltag gehören, sei nicht der Fall. Was folgt aus diesem Wissen?

Für viele Schulen ist Sexualität nach wie vor ein tabuisiertes Thema, das nicht offen kommuniziert wird. Die Folge: Kinder und Jugendliche können so nicht vor sexualisierter Gewalt geschützt werden. Im Fall einer (sexuellen) Grenzverletzung gibt es demnach für Schüler:innen keine Sicherheit, dass sie von Lehrkräften die Unterstützung erhalten, die sie benötigen. Die Mehrheit der Lehrkräfte, so heißt es weiter in der Studie, wollen aktiv zum Wohlergehen ihrer Schüler:innen beitragen. Aber auch für erwachsene Personen ist es schwierig, richtig zu handeln ohne Vorwissen und Fortbildung. Es besteht ein großer Druck, auf individualisierte Fälle einzugehen, vor allem wenn Schüler:innen vulnerabel sind (was bei Grenzverletzungen der Fall ist), und es ist eine große Verantwortung, bestmögliche Hilfe zu ermöglichen. Die Sorge, dass ihr Handeln falsch oder unangemessen sein könnte, teilen einige Lehrkräfte.

Auf der Homepage der Gewerkschaft Erziehung und Wissenschaft in Deutschland (GEW) habe ich ein Dokument gefunden, dass sich mit der Lehrer:innenbildung in Deutschland im Jahr 2024 befasst. Dort geht es unter anderem um die Problematik des Lehrer:innenmangels, aber auch um die Situation bezüglich Berufseinstieg und Fortbildung. Dem Dokument ist zu entnehmen, dass Fortbildung in den meisten Bundesländern nach wie vor randständig, nicht bedarfsgerecht oder ausfinanziert sei «und nicht umfassend entlang von wissenschaftlichen Erkenntnissen ausgestaltet». Zudem begrenzt der Mangel an Lehrpersonen zur Möglichkeit, während der Unterrichtszeit an einer Fortbildung teilzunehmen. Das ist insofern problematisch, als sich Lehrkräfte demnach in ihrer Freizeit fortbilden müssten und diese wohl auch selbst bezahlen müssen, wie mir es Lehrkräfte bestätigt haben. Wiederum andere haben schlicht kein Interesse, neben dem ohnehin stressigen Beruf noch mehr Zeit und Energie in eine solche Fortbildung zu stecken.

Es ist das eine, dass in Weiterbildungen von Schulseite aus nicht viel investiert wird. Aber es ist etwas ganz anderes, wenn Lehrkräfte die Aufarbeitung von Machtmissbrauch an ihren Schulen unterbinden und nicht einschreiten, wenn Hilfe nötig ist. Ich war immer davon ausgegangen, dass sich Lehrer:innen untereinander eher unterstützen und miteinander solidarisieren, wenn ein:e Kolleg:in verdächtigt würde. Ich komme allerdings aus einer Kleinstadt, folglich waren die Klassen mit 30 Schüler:innen zwar gut gefüllt, aber man kannte alle Lehrkräfte, sie kannten sich untereinander, es gab ein überschaubares Lehrer:innenzimmer.

Höre ich, wie die Situation heute in Berlin, Wien oder in einer anderen Großstadt aussieht, kann ich kaum glauben, was mir Schüler:innen oder Lehrer:innen erzählen. In Österreich gibt es zum Beispiel die Höhere Technische Bundeslehr- und

Versuchsanstalt in Mödling, sie ist eine der größten technischen Schulen Europas. Sie hat rund 3500 Schüler:innen und ungefähr 200 Lehrer:innen. Lehrkräfte, die in verschiedenen Verträgen arbeiten, in unterschiedlichen Lehrer:innenzimmern ihre Pausen verbringen und Klassen häufig wechseln. Wie sollen Verantwortung und Aufmerksamkeit entstehen, wenn die Schulstrukturen es nicht zulassen, auf Schüler:innen und Kolleg:innen zu achten? Aber was, wenn man weiß, dass jemand in der Schule Grenzen täglich überschreitet, aber sich nicht mehr verantwortlich dafür fühlt? Und Schule nur noch ein Ort ist, an dem man die Arbeitsstunden abhält?

Dies zeigt der nächste Fall auf extreme Art und Weise, in dem sich eine Lehrkraft richtig verhält und dabei selbst unter die Räder kommt. Man kann hier durchaus von Systemversagen sprechen.

Die Geschichte der Lehrerin Elisa hat mein Denken verändert. Als ich mit ihr telefoniere, erzählt sie, dass alles mit dem Neuanfang an einer Grundschule seinen Lauf nahm. Das System und die Einstellungen zu verändern, dazu braucht es mehr, das ginge nicht einfach so, glaubt sie. Elisa erzählte mir, dass das Schulsystem hart sei und kein Geheimnis so gut aufgehoben ist wie hinter Schulmauern. Was sie damit genau meint, wird der folgende Fall zeigen. Elisa hat akribisch jegliche Korrespondenz und alle Schreiben in einem dicken Ordner abgeheftet. Sie wollte abgesichert sein, wollte sich nicht anhören müssen, nichts getan zu haben.

Der Fall Elisa

Als ich an der neuen Schule mit dem Unterrichten begann, merkte ich schnell, dass dort etwas nicht stimmt.

Ich bin ausgebildete Grundschullehrerin und kenne das richtige Maß zwischen Nähe und Distanz. Kinder zwischen sechs und zehn Jahren sind anders zu unterrichten als höhere Klassenstufen. Die Kleinen waren vorher im Kindergarten und sind es gewohnt, «Du» zu Erwachsenen zu sagen, einen zu umarmen und kuscheln zu wollen. Für mich ist das kein Problem. Ich kann für ein Kind da sein und gleichzeitig nötigen Abstand halten.
An der neuen Schule gab es eine Ausstellung, die für alle umliegenden Schulen im Bezirk war. Sie trug den Titel «Nein, ich sage Nein» und setzte sich mit der Prävention zu sexuellem Missbrauch auseinander. Jede:r Lehrer:in musste vorher ein Seminar absolvieren, damit wir Schüler:innen den Umgang mit dieser Ausstellung erklären konnten. Das war aber kein großer Aufwand. Die Ausstellung war mehrere Wochen lang, und trotzdem war ich die einzige Person, die den Kurs absolvierte und meine Klasse durch die Ausstellung führte. Das fand ich unglaublich, vor allem vor dem Hintergrund, was sich an unserer Schule gerade ereignete.
Wann immer ich auf dem Pausenhof stand oder durch den Schulflur streifte, fiel mein Blick zu unserem Hausmeister, der mit Mitte 40 in meinem Alter war. Er hob Schülerinnen auf seinen Arm oder umarmte sie innig. Die Kinder nannten ihn «Karl», und die nötige Distanz hielt er nicht ein. Als ich ganz neu an der Schule war, stellte man mir Karl mit Vornamen vor. Ich nannte ihn also ebenfalls Karl, siezte ihn aber. Bei einer Dienstversammlung sprach ich einmal an, dass ich es wichtig fände, wenn Kinder das Siezen von Erwachsenen lernen und ob wir den Anfang nicht beim Hausmeister machen sollten.
Diesen Vorschlag fanden meine Kolleg:innen abwegig.

Einer fragte: «Wie sollen sich 400 Kinder umstellen, Karl zu siezen und ihn mit seinem Nachnamen anzusprechen?» Er blickte durch den Raum zu den Kolleg:innen, die ihm zunickten und ihn bestätigten. Ich blieb weiterhin bei meinem Standpunkt und erklärte, dass Karls Verhalten mich irritierte. Eine Kollegin teilte meine Sicht und erzählte mir später, als wir alleine waren, dass sie sehr ungern Frühdienst habe. Am frühen Morgen käme er oft unter einem Vorwand zum Kaffeetrinken in den Klassenraum, schnappte sich ein Kind im Vorbeigehen und setzte es sich auf den Schoß. Manche wollten das nicht, schilderte sie mir, aber er hielt sie bei sich.

Ein anderes Mal sprach mich ein Lesepate an, der einmal die Woche den Kindern etwas vorliest. Er fragte mich, ob das an dieser Schule normal sei, dass ein Hausmeister eng umschlungen mit den Schülerinnen auf dem Hof steht. Seine Handlungen fielen anderen ebenfalls auf, was für mich Anlass war, meine Kolleg:innen darauf anzusprechen. Jede Person erzählte mir eine grenzüberschreitende Geschichte, die mit dem Hausmeister zu tun hatte. Außerdem erfuhr ich von zwei Anzeigen gegen ihn – eine vor fünf, die andere vor sieben Jahren. «Gegen ihn kann man nichts machen», erklärte mir ein Kollege. Karl wechselte immer dann Glühbirnen aus oder reparierte den Wasserhahn in der Umkleidekabine der Mädchen, wenn sich die Schülerinnen für den Unterricht umzogen. Die Turnlehrer verbannten ihn damals aus dem Sporttrakt, weil ein «Kinderficker» wie er dort nichts zu suchen habe. Ehrlicherweise dachte ich, dass meine Beobachtungen neu sein mussten, weil bisher nichts geschah. Es schockierte mich, dass alle von seinem Verhalten wussten, es sogar Anzeigen gab, und trotzdem alle schwiegen. Karl machte seelenruhig weiter in dem Bewusstsein, unantastbar zu sein. Aber warum war das so?

Im Sommer 2018 eskalierte die Situation. Mir fiel auf, dass einige Mädchen unter ihren Kleidern Radlerhosen trugen, obwohl es draußen heiß war. Ich fragte bei ihnen nach, weshalb sie die anhatten, und sie antworteten: «Mama und Papa wollen nicht, dass ich nur eine Unterhose trage.» Daraufhin fasste ich mir ein Herz und ging zur Schulleitung, um meine Beobachtungen zu melden. Leider wurde ich nicht ernst genommen und abgeschmettert. Der Hausmeister hatte von meinen Anschuldigungen erfahren und schikanierte mich ab diesem Zeitpunkt. Brauchte ich Kopierpapier, bekam ich keins, wollte ich den Klassenraum betreten, stapelten sich Stühle oder Schränke davor. Man könnte das Mobbing nennen.

Da weiterhin nichts geschah, schrieb ich die Beobachtungen der anderen Kolleg:innen und meine auf. Ich sammelte zusätzlich ihre Antworten auf meine Frage, warum sie schweigen und nichts sagen. Ihre Gründe: «Karl raucht mit der Schulleitung in den Pausen, und sie treffen sich außerhalb der Schule – die würden eh nichts machen.» Andere erklärten: «Ich bin nur noch ein Jahr da», oder: «Ich wohne so nah bei der Schule und will nicht riskieren, auf eine andere Schule versetzt zu werden.» Anna, eine junge Kollegin, teilte mir mit, dass sie gerade erst neu an der Schule sei, und sie fragte sich, was sie schon ausrichten könne, das seien schließlich schwere Vorwürfe. Was ich am schockierendsten fand, waren die Aussagen «Ich bin nicht so mutig wie du» und «Wir sehen, was mit dir passiert, das schaffen wir einfach nicht».

Es stimmt, mir ging das alles sehr nah. Aber es ging hier schließlich um die Sicherheit der Schülerinnen. Meine Kolleg:innen kümmerte das hingegen weniger, sie schwiegen, weil sie ihre aufgebauten Privilegien nicht verlieren wollten. Mir ging es nicht um eine weitere Anzeige, er sollte doch nur aufhören, Kinder anzufassen. Das war eine klare Grenzüberschreitung. Ich sagte nicht, dass er die Kinder missbrauchte, denn was dabei genau geschah, weiß ich einfach nicht. Ich wollte, dass das Anfassen vom Hintern, wenn ein Mädchen an ihm vorbeiging, oder das ständige Umarmen aufhören sollte. Mehr wollte ich nicht, doch blieb ich alleine mit dieser belastenden Situation. Bis heute verstehe ich nicht, wie meine Kolleg:innen so verantwortungslos waren und nichts taten. Es gab bereits Aufklärungen und Missstände zu Grenzüberschreitungen, deshalb gab es die Ausstellung an unserer Schule. Doch die Realität sieht meist anders aus, das wurde mir immer klarer. Ich erstellte Gedächtnisprotokolle, sammelte weiterhin E-Mails und alle möglichen Hinweise auf Karls Verhalten, damit mir später nicht vorgeworfen werden konnte, dass keiner von nichts gewusst habe.
Diese psychische Belastung machte sich langsam körperlich bemerkbar. Seit Wochen warnte mich mein Körper, langsamer zu machen. Wir Lehrer:innen durften unser Wissen über Karl nicht nach außen tragen, und die Eltern wussten von alledem nichts, was in der Schule geschah. Trotzdem bekam die Schule eine E-Mail einer aufgebrachten Mutter. Ihre Tochter aus der 2. Klasse hätte ihr erzählt, dass sich ein Karl in sie verliebt habe. Anfangs fand die Mutter das niedlich, weil sie glaubte, es handele sich dabei um einen Mitschüler. Erst nach weiterem Nachfragen stellte sich heraus, dass Karl

der Hausmeister ist. Die Tochter saß auf seinem Schoß und bekam von ihm Geschenke. Die Mutter wollte von der zuständigen Klassenlehrerin wissen, was an dieser Schule passiere. Berechtigte Fragen natürlich. Die Klassenlehrerin leitete mir die Nachricht weiter, weil sie wusste, dass ich alles zu dem Thema sammelte. Als ich sie daraufhin ansprach, wie sie auf diese Nachricht reagierte, winkte sie ab. Sie hätte die Mutter beruhigt und der Tochter unterstellt zu übertreiben. Da wurde ich richtig sauer. Es ist die eine Sache, nicht zusätzlich Öl ins Feuer zu gießen, aber zu leugnen, was hier passierte, und Mutter und Tochter die Intuition abzusprechen, ging meiner Meinung nach nicht. Mir wurde klar, dass ich nichts tun konnte und ich aus diesem Umfeld ausbrechen sollte.

Deshalb klopfte ich eines Tages an die Tür des Schulrats. Nach unserem Gespräch war er verpflichtet, den Vorwürfen nachzugehen. Allerdings verlief das wieder im Sand, denn der Schulrat ist nur Lehrkräften überstellt und kümmert sich um deren Belange. Nicht aber um Fälle, die einen Hausmeister betreffen. Ich war verzweifelt. Immer wieder wurden mir Türen zugeschlagen, von «man könne nichts machen», über «das ist nicht mein Verantwortungsbereich» bis hin zu Leugnungen, man könne sich das nicht vorstellen. Es war mittlerweile kurz vor Weihnachten, die Stimmung in der Schule war emotional aufgeladen. Ich fühlte mich immer angeschlagener, weil mich das alles so viel Kraft kostete.

Ich ging zur Schulpsychologin und meldete die Vorfälle. «Was soll ich nur tun?», fragte ich kraftlos und schaute sie verzweifelt an. Am Anfang unterstützte sie mich und riet mir, weiterhin auf mein Bauchgefühl zu hören und die Sache zu beobachten. Mehr passierte von ihrer Seite aus leider nicht. Der Hausmeister fühlte sich sicher und änderte sein Verhalten nicht. Eines Vormittags, kurz vor den Weihnachtsferien, beaufsichtigte ich gemeinsam mit unserer Sozialarbeiterin den Pausenhof. Ich sah Karl und flüsterte ihr zu: «Dreh dich um und sag mir, was du siehst.» Erst schaute sie mich verwundert an, doch sie konnte es nicht fassen, wie Karl die Schülerinnen anfasste. Ich ging zur Sprechstunde bei der Gleichstellungsbeauftragten meines Bezirks. «Mir ist der Fall bekannt», unterbrach sie mich gleich und erklärte mir, dass man sich in der Schule mal nahkomme. Im neuen Jahr gab es endlich eine Auflage mit der Aufforderung, Karl solle das Verhalten unterlassen. Kontrolliert sollte das Ganze von uns Lehrkräften an der Schule werden. Eine junge Kollegin weinte überfordert, und ich fluchte. Das ist nicht Aufgabe von Lehrkräften. Ich hielt das alles nicht mehr aus, schlief schlecht, und mein Körper sendete mir Signale, dass es so nicht weitergehen konnte. Als ich erneut zur Schulleitung ging, eskalierte die Situation vollends. «Ich halte das nicht mehr aus, ich möchte gehen und diese Schule verlassen», sagte ich zu der Direktion. Es gab wieder einmal kein Verständnis, und mein Anliegen fand kein Gehör. Sie schüttelte den Kopf, es gebe keinen Ersatz für mich, Stichwort Lehrermangel.

Danach setzte ich eine Rundmail mit einer Jobsuche auf und schickte sie an alle Grund- und Sonderschulen in meinem Bezirk. Es kamen Rückmeldungen, die solidarisch klangen und mich motivierten, weiter an dem Fall dranzubleiben. Vermutlich, weil einige Lehrer:innen und Direktor:innen diverse Fälle kennen. Trotzdem: Aufnehmen konnte mich niemand so einfach, weil dafür der Schulrat alleine zuständig ist.

Ich hatte zwar noch keine neue Stelle, aber die Schulleitung willigte in meine Kündigung ein. Wir besprachen bei einer Versammlung im Lehrerzimmer, wie wir meinen Weggang nach außen gegenüber den Eltern kommunizieren. Drei Kolleg:innen mussten während meines Elternabends mit dabei sei, sodass ich den Eltern keine konkreten Angaben über die Vorfälle und meinen Weggang schilderte. Man drohte mir mit Konsequenzen wie Dienstverfehlungen, würde ich mich nicht daran halten. Es war ein emotionaler Abend, meine Erklärungen blieben schwammig, und ich stammelte etwas von Sicherheitsaspekten. Die Eltern waren irritiert und teils aufgebracht. Wie in Trance hörte ich immer wieder den Satz «Es tut mir leid, ich darf Ihnen dazu nichts weiter sagen» aus meinem Mund kommen. Als ich nach dem Elternabend zu Hause war, brach ich zusammen. Ich ging für einige Wochen in den Krankenstand und konnte nichts mehr machen und fühlen. Der Abstand zu der Schule tat mir gut.

In der Schule wirkte sich der Elternabend ebenfalls aus. Mir erzählte man später, dass die Eltern ihre Kinder noch am selben Abend weckten und fragten, was in der Schule los sei, ob sie jemand bedränge. Die Kinder erzählten von Karl, dem Hausmeister. Am nächsten Tag versammelten sich die Eltern vor der Tür der Schulleitung und forderten Antworten. Da sie keine bekamen, wendeten sie sich an die Polizei, die ihnen die nächsten Schritte erklärte. Sie könnten Strafanzeige auf sexuellen Missbrauch stellen. Das muss wohl passiert sein, denn einige Zeit später bekam ich eine Einladung, als Zeugin in diesem Fall auszusagen.

Einige Zeit später war ich nochmals beim Schulamt und wollte wissen, warum in diesem Fall nichts passiert war.

Es gebe kein Führungszeugnis vom Hausmeister und zudem könne man den Hausmeister nicht einfach versetzen, da er viele Belobigungen von der Schulleitung bekäme. Meine Irritation war groß – Belobigungen? «Für das unermüdliche Schleppen von Kopierpapier» zum Beispiel oder «für das Trocknen und Trösten von Tränen». Auf diese Antworten war ich nicht gefasst, sollte ich lachen oder weinen? Sich um Papier zu kümmern, war sein Job. Tränen trocknen währenddessen nicht. Dafür belohnt werden und unantastbar zu sein, schien mir absurd.
Da ich immer noch keine neue Schule gefunden hatte und die Kinder eine Lehrerin brauchten, ließ ich mich überreden und bot an, das Jahr bis zum nächsten Schuljahr zu Ende zu bringen. Das wollte man nicht mehr. Wenn ich mich dem entgegensetzen würde, gäbe es eine Zwangsversetzung wegen Störung des Schulfriedens. Wow. Der Schulleiter war gezwungen, mir eine neue Schule zu suchen. Das ging schneller als gedacht, und innerhalb von 48 Stunden sollte ich zwischen zwei Schulen wählen.
Der Hausmeister kam an eine Nachbarschule für Jugendliche. Knapp zwei Jahre später nach dieser ganzen Misere meldete sich die junge Lehrerin Anna bei mir, die den Vorfall damals runterspielte. In einer E-Mail schrieb sie mir, ihre Tochter sei auf der gleichen Schule wie Karl. Er habe beantragt, wieder an einer Grundschule Hausmeister zu sein, und dem wurde zugestimmt. Anna fragte mich, wie sie damit umgehen solle. «Du kannst nur als Mutter agieren, nicht mehr als Kollegin», riet ich ihr. Was sollte ich sagen? Er ist weiterhin Hausmeister und ich in den umliegenden Grundschulen als Querulantin bekannt. Dieses ganze Hin und Her

kostete mich viel Kraft, machte mich krank und erforderte einen Schulwechsel. Das System konnte ich nicht verändern. Aber wenn ich mich selbst frage, ob es das alles wert war, kommt immer wieder die gleiche Antwort in meinen Kopf: auf jeden Fall. Ich bereue nichts und würde immer wieder so handeln – zum Schutz der Kinder.

Elisas Geschichte nagte noch lange an mir. Die «Querulantin», dieses Wort fällt immer wieder in unserem Gespräch und kreist danach noch in meinem Kopf umher. Eine Person, die für einen Missstand aufsteht und letztendlich dafür bestraft wird. Oder wie der Duden den Begriff «Querulant» beschreibt und wie die Schule Elisa offenkundig sah: «eine Person, die sich unnötigerweise beschwert und dabei starrköpfig auf ihr [vermeintliches] Recht pocht».

Elisa hat alles richtig gemacht, wie ich finde. Lehrer:innen sollten selbst als Vorbilder für Zivilcourage agieren, indem sie aktiv gegen Ungerechtigkeiten und Fehlverhalten vorgehen – das tat die Lehrerin, während sich die Kolleg:innenschaft der Einfachheit halber wegduckte. Das ist wichtig, um präventiv gegen Gewalt und Machtmissbrauch in der Schule vorgehen zu können. Wer achtsam und aufmerksam ist, kann Menschen schützen. Natürlich veröffentlichen offizielle Stellen wie der Lehrer:innenverband immer wieder Stellungnahmen, in denen sie die Bedeutung von Präventionsmaßnahmen und somit den Schutz von Schüler:innen und Lehrkräften vor Machtmissbrauch hervorheben. Darunter fallen Schutzkonzepte und klare Verhaltensregeln an Schulen, um Machtmissbrauch vorzubeugen. Auch Beratungsangebote für beide Seiten werden thematisiert, sowie Schulungen und eine klare Haltung gegen sexualisierte Gewalt in Bildungseinrichtungen. All das gibt es. Aber wie jede einzelne Schule mit Machtmissbrauch umgeht, ist individuell und hier liegt das Gefahrenpotenzial. Zusammenhalt ist ein wichtiger Faktor im Umgang mit Machtmissbrauch. Aber funktioniert es?

In meiner eigenen Schulzeit saßen verschiedene Schicksale in einem Klassenzimmer. Schulen spiegeln gesellschaftliche Verhältnisse wider, daran erinnere ich mich noch gut. Wir hatten bulimische und magersüchtige Mädchen in der Klasse. Eine andere war von Gewalt in der Familie betroffen und wurde eingesperrt durch ihre Mutter, die einen erheblichen Druck auf meine Freundin ausübte. Eine andere wiederum war in der Klasse beliebt, durfte sich nach der Schule jedoch nicht mit anderen verabreden, zu Geburtstagen kommen usw. Sie war ein Kind, das in einer Zeugen-Jehovas-Gemeinschaft aufwuchs.

Als Schülerin sah ich, dass etwas nicht stimmte, wollte aber keiner Freundin in den Rücken fallen, indem ich Erwachsene um Hilfe bat. Also hörte ich nur zu und schickte schlechte Gedanken in Richtung der Eltern. Es half nichts. Viele von uns haben nie gelernt, was Zivilcourage bedeutet, wie man andere unterstützt, wenn man merkt, dass etwas schiefläuft. Schüler:innen sind in solchen Situationen oft überfordert. Aber Lehrer:innen?

Natürlich haben Lehrkräfte einen stressigen Alltag und können nicht alles erfassen, was in einer Klasse passiert. Aber gerade wenn mehrere Personen auf ein seltsames Verhalten, wie bei dem Beispiel des Hausmeisters, aufmerksam werden, ist es umso wichtiger, dass dann alle an einem Strang ziehen, um Dinge zu verändern. Zudem bekommen Lehrpersonen einiges mit, denn oft wird auf der Hinterbühne, im Lehrerzimmer, viel getuschelt, sich ausgetauscht, gewitzelt. Probleme sind oft bekannt, aber auch hier wird sich zu wenig eingesetzt. Die italienische Journalistin und Autorin Franca Magnani sagte einmal: «Je mehr Bürger mit Zivilcourage ein

Land hat, desto weniger Helden wird es einmal brauchen.» Das bezieht sich natürlich auf alle Bereiche unseres Lebens, ist aber in meinen Augen vor allem dort nötig, wo Kinder und Jugendliche sich nicht selbst schützen können.

Auch in meinem Fall wusste niemand offiziell etwas von der Verbindung meines Deutschlehrers und mir. Als ich begann, mich für das Radiofeature mit meiner eigenen Geschichte auseinanderzusetzen und von Schubert keine Antworten erhielt, kontaktierte ich eine andere ehemalige Lehrerin, die uns damals in Englisch unterrichtete. Früher sah ich die beiden oft zusammen. Heute wollte ich von ihr wissen, wie sie das Ganze damals sah. Schubert hatte mir damals mal eine Mail weitergeleitet, die er ihr geschrieben hatte, eine von vielen Grenzüberschreitungen, weshalb ich sie überhaupt kontaktieren kann.

Und tatsächlich: Im Oktober 2021 fand ich in meinem Postfach eine Antwort von ihr. Schon die erste Mail fällt ausführlich aus. Erst einmal bedankt sie sich für meine Nachricht. Sie sei stolz, dass aus mir eine erfolgreiche Journalistin geworden sei. Sie schreibt, dass sie von Schuberts Gefühlen für mich wusste, mich aber damals als reifer und stärker eingeschätzt hatte und es ihr leidtue, dass diese Erfahrung mich noch immer beschäftigt. Sie schreibt auch von einem Machtmissbrauch, den sie selbst an der Uni erlebt hatte, und nach ein bis zwei Mails geht alles ganz schnell.

Wir vereinbaren, dass ich zu ihr nach Hause komme. Einige Tage später sitze ich im Zug Richtung Heimat. Ich gehe die Wohnsiedlung mit den kleinen Reihenhäusern entlang und schaue parallel auf mein Handy, das mir den Weg zu meiner ehemaligen Englischlehrerin navigiert. Vor dem Haus angekommen, suche ich nach dem Klingelschild mit ihrem Namen. Ich atme einmal, zweimal, dreimal und drücke den Knopf. Durch die Sprechanlage höre ich ihre Stimme, die immer noch so brüchig wie früher klingt. Als sie mir die Tür zu ihrer Wohnung öffnet, blicke ich in das gleiche Gesicht wie vor 14 Jahren. Die verstrichenen Jahre sieht man ihr nicht an. Sie trägt die gleiche quadratische Brille im Gesicht wie damals, das kaum Falten zeigt. Ihre grauen Haare sind ebenfalls noch so geschnitten, wie ich sie kenne. Als ich mich auf ihr Sofa setze, scanne ich nebenbei die Wohnung, während sie mir von ihren polternden Nachbarn im Haus gegenüber erzählt.

In diesem Gespräch wollte ich herausfinden, wie stark das auffällige Verhältnis zwischen Schubert und mir nach außen bekannt war und ob sie Verantwortung als Lehrerin übernahm und handelte, ohne dass ich es vielleicht mitbekommen hätte.

Kolleg:innen bekommen in der Schule vieles mit. Die Englischlehrerin war in der Schule häufig im Lehrerzimmer oder Sekretariat mit Wolfgang Schubert anzutreffen. Was sie wohl von unserer besonderen Lehrer-Schülerin-Beziehung wusste und wie sie das alles wahrgenommen hat?

Meine ehemalige Englischlehrerin setzt sich gegenüber von mir in einen Sessel und schaut mich erwartungsvoll an. Sie wurde noch nie interviewt, hat aber eingewilligt, dass sie meine Fragen beantwortet. Ich bin gespannt, was sie mir erzählen wird. Ich richte mich auf und springe einfach direkt ins kalte Wasser.

Ein Auszug aus unserem Gespräch

Ich: Sie schrieben in der Mail, dass Sie von Schuberts Gefühlen für mich wussten. Wie haben Sie davon erfahren?

Lehrerin: *Er hatte mich damals angerufen, als wir beide bei Ihnen noch in der Klasse unterrichtet haben, und sagte: «Ich würd' mich mal gern mit dir treffen. Ich muss was Wichtiges mit dir besprechen.» Er hörte sich ganz komisch an. Wir haben uns in einem Café getroffen. Ich erinnere mich, dass er immer geizig war, aber an diesem Tag hat er mich sogar eingeladen. Dann fing er an zu erzählen: «Weißt du, ich muss mal mit dir reden. Ich hab mich total in eine Schülerin verliebt.» Ich wollte wissen, ob ich sie kenne, und er antwortete: «Ja, das ist die Britta.» Ich weiß überhaupt nicht mehr genau, wie ich darauf reagiert habe. Aber ich weiß noch, dass ich das alles lächerlich fand.*

Ich: Inwiefern fanden Sie das lächerlich?

Lehrerin: *Na ja, ein alter Knacker, den ich überhaupt nicht attraktiv fand als Mann, sagt, ich bin jetzt in eine 18-Jährige verliebt. Das fand ich absurd.*

Ich: Wie war seine Reaktion, als Sie gesagt haben, Sie fänden das lächerlich?

Lehrerin: *Er tat so, als wäre das vom Himmel über ihn gekommen, und er könne nichts dagegen machen. «Das ist DIE Liebe», sagte er. Damals war er so 59, und in dem Alter haben manche Männer ihren dritten Frühling. Ich fand es von ihm lächerlich, sich so aufzuführen. «Ich kann nichts dafür. Ja, ich bin verliebt», wiederholte er immer wieder. Ich habe es aber nicht als gefährlich eingeschätzt.*

Ich: Ja.

An dieser Stelle hätte sie einhaken, hätte sie handeln müssen. Man kann nichts für Gefühle, aber ausagieren darf man diese Gefühle in einem Abhängigkeitsverhältnis eben nicht. Hätte sie ihm suggeriert, sich therapeutische Hilfe zu suchen, hätte sie die Situation ernst genommen, was wäre wohl geschehen?

Zudem kommt in mir auch die Frage auf: Wäre Schubert in ihren Augen ein attraktiverer Kollege gewesen, hätte sie dann eher eingegriffen? Attraktivität spielt in diesem Zusammenhang sicherlich eine große Rolle. Denn viele glauben, dass ein nicht gut aussehender Kollege keine ernsthafte Bedrohung sei. Doch das ist ein Trugschluss. Es ist nicht immer das Äußere, das Schüler:innen beeindruckt und abhängig macht. Es ist die Art, wie die Lehrer einen sehen, verstehen und «Empathie» zeigen. Deshalb ist es wichtig, dass Lehrkräfte immer eingreifen, sobald sie etwas Seltsames bemerken. Aber das geschah in Elisas Fall nicht, es geschah auch bei mir nicht.

Ich: Wenn Sie es nicht als gefährlich eingeschätzt haben, wie haben Sie es eingeordnet, oder was ging Ihnen durch den Kopf?

Lehrerin: *Ich dachte eher noch: Vielleicht ist das gar nicht so schlecht für sie. Er hilft ihr, sie kriegt vielleicht gute Noten, okay. Wenn Sie jetzt 14/15 gewesen wären, hätte ich wahrscheinlich aufgehorcht und gedacht, dass ich etwas dagegen machen muss. Aber so konnte ich mir nicht vorstellen, dass ein junges Mädchen auf ihn abfährt.*
Ich hatte selbst eine ähnliche Geschichte, als ich noch an der Universität studiert habe. Ich war damals Mitte 20 und der Professor Mitte 50. Er war für mich uralt und nicht attraktiv. Er hat sich auch an Studentinnen

rangemacht, das war überall bekannt. Ich glaube, dass er damit heute nicht mehr durchkäme, aber damals war das okay. Natürlich haben wir uns untereinander ausgetauscht und uns gegenseitig gesagt, vorsichtig bei ihm zu sein. Kurz vor dem Examen sind wir nur zu zweit in die Sprechstunde gegangen, nie alleine. Dann hat man eine Freundin gefragt, ob sie mitkommt. Sie solle sich ebenfalls Fragen überlegen, damit es nicht auffiel, dass man zu zweit war. Wenn er eine auf dem Gang traf, forderte er sie auf: «Kommen Sie in meine Sprechstunde, kommen Sie unbedingt.» Wenn man ihn aber abwies, wurde er ganz böse, und man bekam keinen Fuß mehr auf die Erde, bekam schlechte Noten und solche Sachen. Aber das war bei Ihnen nicht der Fall. Dass ein Lehrer eine Schülerin auch emotional manipulieren und von sich abhängig machen kann, das habe ich damals nicht gewusst.

Ich: Glauben Sie, andere Lehrer und Lehrerinnen wussten auch davon?

Lehrerin: *Ich denke schon, dass einige das mitbekommen haben, weil er im Lehrerzimmer immer wieder über Sie sprach. Er hat Sie in den höchsten Tönen gelobt, die Leute haben sich angeschaut und die Augen verdreht. Sie fanden das irgendwie komisch. Aber wir haben uns untereinander nie dazu ausgetauscht.*

Ich: Okay.

Lehrerin: *Es war auffällig, und er hat das nicht verheimlicht. Aber er hat im Lehrerzimmer nicht erzählt, dass er in Sie verliebt sei oder so. Das hat er nicht ge-*

macht. Er schwärmte einfach von Ihnen: «Ach Gott, Britta muss unbedingt Psychologie studieren.» Bevor wir gemeinsam mit Ihrer Klasse nach Frankfurt in eine Ausstellung fuhren, fragte er mich vorher, ob ich als Begleitperson mitfahre, und gestand mir, er mache das nur, damit er mehr Zeit mit Britta habe.

Ich: Und haben Sie dazu nichts gesagt?

Lehrerin: *Ich hab gesagt, das sei lächerlich und ich würde aufpassen, wie viel Zeit er mit ihr verbringe. Mir ist nichts Besonderes aufgefallen. Ich glaube, wir haben etwas gegessen und saßen zusammen. Vielleicht hat er neben Ihnen gesessen, aber ich hatte nicht das Gefühl gehabt, dass er Sie stalkt oder so. Ich fand das einfach lächerlich von so 'nem alten Knacker.*

Ich: Wie haben Sie mich damals eingeschätzt? Anscheinend so, dass mich sein Verhalten nicht berührt und belastet, nehme ich an?

Lehrerin: *Also ich fand die Geschichte nicht okay. Sie waren eher so ein bisschen verträumt und fantasievoll, und ich hatte immer im Hinterkopf, dass er eine Frau hat, die zu dieser Zeit Karriere gemacht hat. Er war promoviert, hat aber nichts anderes gemacht, als an einer nicht besonders tollen Schule zu unterrichten. Ich denke, dass er damit ein Problem hatte, dass sie sehr viel erfolgreicher war als er. Da war sein Selbstbewusstsein sicher nicht auf dem Höhepunkt. Das ist jetzt meine laienhafte Erklärung, aber womöglich hat er sich einen Ausweg gesucht, um Bestätigung zu bekommen. «Oh, da ist eine junge Hübsche, die bewundert mich.»*

Ich habe zu ihm gesagt, ich fände es nicht gut, was er macht. Aber ich hab nicht explizit gesagt, dass das nicht geht und er aufhören muss. Das können Sie mir auch vorwerfen. Aber ich hab das auch deswegen nicht gesagt, weil ich mir einfach nicht im Klaren war, was es für Sie bedeutet hat. Das habe ich nicht gewusst.

Meine ehemalige Lehrerin erzählt mir in dem Gespräch, dass sie viel später, nach meiner Schulzeit, ebenfalls an einen Kollegen geriet, der sie emotional manipulierte und auch emotional missbrauchte. Sie hatte zu dem Zeitpunkt bereits wesentlich mehr Lebenserfahrung als ich damals. Und trotzdem: Sie zeigte ihm auch keine Grenzen auf. Mir wird immer mehr bewusst, dass das Alter nicht zwangsläufig vor Manipulation und Machtmissbrauch schützt. Es braucht vielmehr Informationen dazu. Warum hat sie den Kontakt nicht einfach beendet, frage ich sie und stelle damit die Frage, die auch mir schon oft gestellt wurde.

Lehrerin: *Da war eine totale Abhängigkeit. Ich weiß nicht, wie es bei Ihnen war, aber diese Menschen nehmen dann sehr viel Platz im Leben ein und werden unheimlich wichtig. Ich hatte unheimlich Angst davor, wenn er weg ist, dass da erst einmal eine große Leere ist.*

Ich kann diese Aussage gut nachvollziehen. Tatsächlich nehmen diese Menschen einen bestimmten Platz im eigenen Leben ein und sorgen damit für eine Balance im System. Wackelte dieser Teil davor, stand er jetzt sicher. Zumindest von außen betrachtet. Dass dieser Mensch durch die Manipulation wie eine Termite einen von innen langsam auffrisst, war mir vorher nicht klar.

Ich frage die Traumatherapeutin Cristina Budroni, warum diese Menschen einen Platz in einem einnehmen, als würden sie eine Leerstelle füllen. Ich möchte das wissen, weil es sich hierbei um einen psychologischen Prozess handelt, den die meisten Betroffenen erleben und durchlaufen. Mir hilft es, zu verstehen, warum ich so oder so fühle, denke und erlebe. Solche Einordnungen können Betroffenen beim Verarbeiten des Erlebten helfen, um im letzten Schritt mit der Thematik abzuschließen (soweit das eben geht). Budroni sagt: «Einerseits findet eine Dissoziation statt, das heißt, ich trenne mich und bin nicht mehr eins, das nennt man Trauma. Das andere ist, dass zum Beispiel Frauen, die früher in ihrer Kindheit oder Jugend erniedrigt oder geschlagen wurden, sich als erwachsene Personen wieder solch einen Mann suchen. Man nennt das Reminiszenz, eine wachgerufene Erinnerung.»

In diesem Fall betätert man sich sozusagen selbst und setzt die Tat fort, die einem einst widerfahren ist. Wir reinszenieren den Tatvorgang immer und immer wieder. Das heißt, der Platz des Täters ist in uns immer noch vorhanden, und obwohl sie abwesend sind, sind sie in uns noch anwesend. «Wenn dem so ist, sind Täter noch immer Teil unseres Systems und wir stark mit ihnen verbunden. Manche nennen das auch Stockholm-Syndrom.» Budroni erklärt provokativ, wie sie selbst sagt: «Man kann auch sagen, er hat mich geschlagen, aber immerhin hat er mich gesehen. Es ist eine Bindung da. Er hat mich erniedrigt, da steckt niedrig drin, mein Selbstwert ist niedrig, weshalb diese Reinszenierung meines Selbstwerts sich wiederholt.»

Jetzt horchen einige sicher auf, wehren ab und sagen: Ich wurde aber nicht erniedrigt, mein Lehrer war immer nett zu mir, hat mich bevorzugt etc. Auch bei mir war das der Fall mit Schubert. Er gab mir etwas, das ich nicht kannte, aber irgendwie haben wollte, erkläre ich der Therapeutin. Wie sieht es in solchen Fällen aus? «Das Innere fand zwar schön, was es bekam, wusste aber gleichzeitig auch, dass etwas nicht passt», antwortet Budroni. Und da hat sie recht. Im Grunde wissen wir immer, wann etwas passt und wann nicht. «Sie haben das, was Ihnen gefehlt hat, essen wollen. Sie haben bekommen, was Sie wollten, und trotzdem hat es Ihnen nicht geschmeckt.»

Und Täter spüren, ob eine Person bedürftig ist.

Das geschieht, «weil wir Menschen Wölfe sind», erklärt Cristina Budroni. Wenn wir beispielsweise auf ein Date gehen und die andere Person sagt etwas oder bewegt sich, das mir vertraut vorkommt, erkennt die andere Person etwas aus ihrer Biografie. «Dann fühle ich mich sicher, weil es etwas Vertrautes ist und ich mich auskenne, selbst wenn es etwas Schlechtes ist. Wir erkennen einander in einem Blick, einer Geste, weil die Fragilität der einen Person leicht zu erkennen ist.» Das geschieht durch das gesprochene Wort, an der Bewegung, den Mundwinkeln, und in einem Sozialsystem wie der Schule hat ein Täter noch mal mehr Möglichkeiten, diese Gesten zu lesen und zu erkennen, weiß Budroni.

Da Schubert älter war und eine Machtposition hatte, wusste ich – auch wenn es nur unterbewusst war –, dass es ein Missbrauch war. Man kann das Jugendlichen nicht übel nehmen, dass sie hungrig nach Anerkennung sind. Das passiere, wenn sie über die Brücke der Adoleszenz gehen. Sie sehnen sich nach Bestätigung. Je sicherer ich beim Gehen auf der Brücke bin, desto weniger kann mir passieren. Je hungriger ich hingegen sei, desto mehr will ich essen, egal, was es ist.

Nach dem Gespräch mit meiner Englischlehrerin gehe ich über den asphaltierten Weg zurück zum Bahnhof und denke über die letzten zwei Stunden nach. Ich möchte immer Verständnis für meine Mitmenschen aufbringen, deshalb höre ich ihr zu. Nach dem Gespräch ärgere ich mich aber über mich selbst und dass ich mit meinen Fragen nicht energischer war. Ich bin nicht schlagfertig und komme oft erst im Nachhinein auf Gedanken und Sätze, die ich gerne gesagt hätte. Ich ärgere mich aber auch über sie. Warum hat sie in keinem Satz gesagt, dass es ihr leidtut, dass sie damals nichts unternommen hat? Warum rechtfertigt sie sich vor mir und gesteht sich nicht ein, dass sie damals einen Fehler gemacht hat?

Dieses Gespräch und auch viele weitere, die ich mit anderen Lehrkräften führte, zeigen auf, dass Lehrer:innen einerseits unvorbereitet sind hinsichtlich des Machtmissbrauchs an Schulen. Andererseits offenbart es eine Solidarisierung zwischen ihnen. Beides zum Nachteil der Schüler:innen.

Jörg Fegert meint zu meinem Fall, dass die Tatsache, dass im Lehrerzimmer darüber gewitzelt worden sei, zeige, dass es hier ein «Vorwissen gibt und gab und das ist der Punkt, wo Prävention und Intervention greifen müssten». Dieses Vorwissen haben viele Lehrer:innen, manche schauen bewusst weg, andere schätzen die Situation falsch ein. Was wäre eine angemessene Reaktion, wie sollen Lehrpersonen auf solch ein Wissen reagieren?

«Erstens», so die Psychotherapeutin Budroni, «können wir uns in jeden verlieben. Für Gefühle kann man nichts, aber wir müssen wissen, wie wir sie verwalten.» Es sei nicht das «Was?» im Leben, sondern das «Wie?», mit dem wir umgehen müssen. Die Kollegin hätte sagen sollen, dass Schubert Verantwortung für seine Gefühle übernehmen müsse. «Lebe die Gefühle bei deiner Frau aus, wenn du eine hast. Gehe in Therapie und lerne, damit umzugehen, aber lass das Mädchen in Ruhe.» Wenn sich ein 60-Jähriger in eine 20-Jährige verliebt, sei er nicht bei sich und seiner Identität. Jüngere und Ältere brauchen andere Dinge, die sie sich gegenseitig geben. Täter würden somit flüchten aus ihrem Dasein, ihrer Identität.

Im nächsten Schritt gilt es herauszufinden, inwiefern die Schule als Institution im Umgang mit sexueller Gewalt im schulischen Kontext versagt oder sie teilweise sogar durch Nicht-Wissen oder Leugnen begünstigt.

Diese Beobachtung machte man auch im Fall der südhessischen Grund- und Hauptschule Elly-Heuss-Knapp-Schule. Der dort von 1954 bis 1992 tätige Lehrer Erich Buß missbrauchte jahrzehntelang Schüler dieser Schule. 38 Jahre war er Lehrer in Darmstadt und nahm in den Klassen, in denen er Klassenlehrer war, und in den Klassen, die er unterrichtete, mit Jungen im Alter zwischen neun und 15 Jahren Kontakt auf. Unter verschiedenen Vorwänden wie Nachhilfe, Musikunterricht, Hausaufgabenhilfe, soziale Betreuung, Wanderungen in die Natur, lockte er die Schüler zu sich nach Hause und missbrauchte sie sexuell.

Dafür befragten Claudia Burgsmüller und Brigitte Tilmann im Rahmen einer groß angelegten Aufarbeitungskommission alle seit 1974 amtierenden vier ehemaligen Schulleiterinnen und die derzeitige Schulleiterin. Ziel der Gespräche war es, mehr über den beruflichen Alltag des Täters Erich Buß herauszufinden, aber auch inwiefern den Lehrer:innen an der Schule bekannt war, dass Buß Schüler zu sich nach Hause einlud und übernachten ließ. Hier verlangten ehemalige Schüler, dass der Fall umfassend aufgearbeitet werden sollte, und beschwerten sich, dass das bisher nur an sogenannten Elite-Schulen und Internaten, wie zum Beispiel bei der Odenwaldschule, dem Canisius-Kolleg und dem Kloster Ettal, geschah. Ein ehemaliger Schüler schrieb den beiden Autorinnen, die den Fall aufarbeiteten, eine Mail: *«Ich störe mich auch daran, dass wir als Hauptschulkinder vergessen worden sind, während bei der Odenwaldschule aufgeklärt wurde ... Es gab auch eine rein persönliche Motivation: die Frage nach der Schuld zu klären.»*

Es hat lange Zeit gedauert, bis sich das zuständige Schulamt äußerte und der Fall aufgearbeitet wurde. Das lag einerseits daran, dass innerhalb des Schulsystems die Fälle nicht gemeldet wurden und sowohl Schulleitung und einige Lehrkräfte die Vorgänge vertuschten, berichteten einige Medien wie *Spiegel*, *SZ* oder *FAZ*. Innerhalb einer Schule existieren hierarchische Strukturen, sodass Betroffene sich nicht trauten, über den Missbrauch zu sprechen. Dazu kommt, dass in den 2010er-Jahren das Bewusstsein für sexuelle Gewalt und Missbrauch in der Gesellschaft noch nicht so angekommen war, wie das heute zum Teil der Fall ist. Betroffene wussten nicht, wie sie das Geschehene einordnen und sich Hilfe suchen konnten. Als die Missbrauchsfälle ans Licht kamen, dauerte es, bis eine Aufarbeitung stattfinden konnte. Eine unabhängige Untersuchungskommission erstellte Gutachten und dokumentierte die Fälle.

All die Bürokratie und die Komplexität solcher Strukturen verzögert die Aufarbeitung. Infolgedessen überlegte man, wie künftig Missbrauchsfälle an Schulen verhindert werden könnten. Gerade für Betroffene ist es schwer zu begreifen, warum Aufarbeitung lange dauert. Umso wichtiger ist es, dass genaue Schritte befolgt werden, was zu tun ist bei solch einem Verbrechen. Die Odenwaldschule unternahm mehrere Reformversuche, um die Strukturen zu verändern und Wiederholungen solcher Taten zu verhindern. Letztendlich wurde die Schule 2015 geschlossen.

Ich erinnere mich, dass während meiner Schulzeit oft Schüler:innen der Oberstufe zu ihren LK-Lehrer:innen nach Hause eingeladen wurden. Auch heute kommt das noch häufig vor. Bei uns im Leistungskurs gab es das nicht, aber meine Freundinnen erzählten mir von solchen Treffen. Wie sinnvoll ist es, Privates und Schulisches zu vermischen?

Schüler:innen in diesem Alter trennen das schwer, Gefühle

vermischen sich. Ich möchte hier keine Lanze brechen für ein absolutes Verbot derartiger Treffen. Was ich aber möchte, ist die Frage in den Raum zu stellen: Braucht es solche Treffen, und wenn ja, warum müssen sie bei den Lehrer:innen daheim stattfinden und nicht an einem neutralen Ort? Einladungen wie diese suggerieren Vertrautheit, das Aufbrechen der Lehrer-Schüler-Distanz. Mir haben in den Gesprächen manche von Treffen erzählt, die zu Hause stattfanden – erst in der Gruppe, dann alleine. Es ist einfacher, an einen Ort zurückzukommen, den man bereits kennt, an dem man mit anderen vorher gemeinsam war. Viele Lehrkräfte sehen es sicher als nette Geste, ihre Schüler:innen zu sich nach Hause einzuladen. Ich kenne selbst Lehrerfamilien, bei denen das einfach dazugehörte, die sich nichts dabei dachten und solche Treffen entspannt und lustig waren. Das kann genauso der Fall sein.

Es gibt vereinzelt Studien, die das Decken oder Wegschauen von Lehrkräften thematisieren. In dem Buch «Sexualisierte Gewalt an Schulen» von Anna von Keudell wird darauf hingewiesen, dass es eine Vielzahl von Faktoren gibt, die solch ein Verhalten beeinflussen. Da wäre zunächst die Angst vor negativen Konsequenzen für die Schule und / oder die eigene berufliche Position, die man sich erarbeitet hat, aber auch mangelnde Schulungen und Unterstützung aus dem Kollegium führen zu passivem Verhalten.

Zudem konstatiert ein Beitrag in dem gerade erwähnten Buch, dass der Forschungsstand zu sexualisierter Gewalt an Schulen noch ein anderes Problem aufweist, und das ist mir in meiner Recherche ebenfalls aufgefallen: Es gibt einige Studien zu sexualisierter Gewalt unter Schüler:innen, kaum aber zu sexualisierter Gewalt von Lehrpersonen gegenüber Schüler:innen. Dabei wissen wir mittlerweile durch viele Fälle, die an die Öffentlichkeit kamen, dass Machtmissbrauch und sexualisierte Gewalt in schulischen Einrichtungen vorkommen. Die Aufdeckung, so schreiben die Autor:innen, könne erschwert werden durch eine verzögerte Wahrnehmung von sexualisierter Gewalt in Abhängigkeitsverhältnissen und die Sorge vor einem allgemeinen Kontrollverlust seitens der Schule nach dem Bekanntwerden von Fällen.

Ohne Forschung bleibt das Thema weiterhin tabuisiert, und Lehrkräfte bekommen durch keine Fortbildungen Einblick, wie sie sich passend verhalten sollen, wenn ein Fall ans Licht kommt. Wie eine Bindung und wieder Vertrauen zwischen Lehrpersonen wächst, damit man sich im Ernstfall unterstützt bzw. nicht wegschaut und Verantwortung übernimmt, obliegt der Bildungspolitik. Fakt ist, dass der wachsende Lehrer:innenmangel sicher ein Problem ist, das Machtmissbrauch an Schulen fördert.

Vor vielen Jahren arbeitete ich an einer Geschichte zu Lehrkräften, die ihrerseits Hilfe brauchen. Radikale Ansichten, Drohungen, Beleidigungen: Von Schüler:innen geht oft ein enormer Druck gegen Lehrer:innen aus. Je älter die Jugendlichen sind, umso schwerer wiegt, was sie tun oder sagen. Wie sehr soll und muss man Worte von Pubertierenden ernst nehmen? Die wenigsten Lehrerinnen und Lehrer erzählen gern von Verbalattacken oder Psychoterror – aus Angst vor weiterem Druck und aus Angst, als schwach angesehen zu werden. Wem kann man sich anvertrauen? Was hilft? Es war sehr schwer, Lehrkräfte zu finden, die sich äußern, selbst anonym. Zu groß sei die Sorge vor Konsequenzen. Es sei ein Wespennest, in das ich steche, sagte mir ein Lehrer am Telefon. Er könne mir von Missständen erzählen, aber ins Mikrofon sprechen kam für ihn nicht infrage.

Mehrere Lehrer:innen aus dem deutschsprachigen Raum erzählten, die Schulen seien mittlerweile zu groß, man kenne sich im Kollegium nicht mehr, viele haben nur sechsmonatige Verträge und seien bald wieder weg. Wie soll man noch durchblicken, wer was gerade macht, fragen sich alle. Das Schulleben wie eine Bahnhofshalle, in der Züge ein- und ausfahren, Lehrer:innen kommen und gehen, man den Überblick verliert, Schüler:innen Lehrer:innen mobben, die Eltern mit Anwälten zu Elterngesprächen kommen. All das habe ich gehört. Aber warum erzähle ich das?

Der Kreis schließt sich am Ende wieder genau hier, denn Lehrer:innen sind nicht mehr gewillt, unter schlechten Bedingungen zusammenzuhalten, sich zu unterstützen oder eine Schule aufzubauen, in der Schüler:innen geschützt werden. Sie haben keine Energie, keine Lust und fragen sich: Warum soll ich etwas für das System tun, wenn das System so wenig für mich tut? Wenn Schule als Bildungssystem wieder attraktiv für Lehrer:innen wird, hat das folglich auch positive Auswirkungen auf die Lehre, die Pädagogik und Schüler:innen.

Matthias Albers ist Facharzt für Psychiatrie und Psychotherapie beim Gesundheitsamt in Köln. Er hat rund 15 Jahre als Amtsarzt Einstellungsuntersuchungen durchgeführt, um zu entscheiden, wer verbeamtet wird und wer als dienstunfähig gilt. In einem Interview für den *Fluter* machte er klar, dass er dringenden Handlungsbedarf sieht, und sagt: «Das Problem ist nicht, nicht verbeamtet zu werden. Sondern wenn man dann verbeamtet worden ist, wie man es schaffen will, diesen Beruf bis zur Rente durchzuhalten, ohne krank zu werden.» Lehrer:in zu sein, sei ein Hochrisikoberuf für psychische Erkrankungen und erfordere besondere Maßnahmen, dem entgegenzuwirken, erklärt Albers.

Eine Lehrerin berichtete mir, dass kurz vor den Ferien manche Lehrer:innen krank würden und man die Uhr danach stellen könne. «Sie nutzen diese drei Wochen vor den Ferien, um Schulzeugnisse zu schreiben.» Schlichtweg deshalb, weil sie im normalen Schulalltag nicht dazu kommen. Lehrer:in zu sein, klingt nach dem besten Job der Welt. Nach viel Freizeit, einem festen Gehalt und zwölf Wochen Ferien im Jahr. Wo gibt es das schon? Die Realität sieht allerdings anders aus.

In meiner Recherche habe ich sowohl mit angehenden Lehrer:innen in der Ausbildung gesprochen als auch mit erfahrenen Lehrkräften, die seit Jahrzehnten ihren Beruf ausüben. Ich erzähle ein paar Anekdoten, die mit mir geteilt wurden. Natürlich kann ich diese nicht komplett verifizieren, ich halte sie trotzdem für glaubhaft.

Mir erzählten Lehramtsstudent:innen, dass sie häufiger von Kommiliton:innen hörten, man könne sich als Lehrer:in wegen des horrenden Lehrer:innenmangels heutzutage fast alles erlauben. Der Lehrer:innenmangel führt unter anderem dazu, dass Möglichkeiten geschaffen werden, mehr Menschen als Lehrkräfte im Quereinstieg zu fördern. Eigentlich eine gute Sache, dass Menschen von jung bis alt einen Jobwechsel anstreben, weil sie mit ihrer aktuellen Situation unzufrieden sind. Andere wiederum wollen es besser machen, als die Lehrer:innen zu ihrer Schulzeit.

Ich finde das positiv. Doch oft gehen diese Menschen mit falschen Vorstellungen in den Lehrer:innenberuf, wie mir erklärt wurde. Manche wollen eine Familie gründen, Zeit dafür haben, andere wiederum wollen sich vom Prekariat verabschieden und am Monatsende regelmäßig Geld auf ihrem Konto verbucht sehen. Der Haken daran ist allerdings, dass teils die Pädagogikausbildung dabei vom Tisch fällt. Wie also Menschen auf einen Beruf vorbereiten, der anspruchsvoll ist und in dem sie als Quereinsteiger:innen nicht ausreichend ausgebildet werden? Zusätzlich fühlen sich Lehrkräfte, die ein Lehramtsstudium absolviert haben, bedroht von Quereinsteiger:innen. «Das fängt schon bei der unterschiedlichen Bezahlung an», erzählt eine Lehrerin.

Auch die Psychotherapeutin Lilly Heidelberg arbeitete als Sozialarbeiterin in unterschiedlichsten Schulformen. Sie sagte mir, dass vor allem in großen Schulen Lehrkräfte kommen und gehen, es verschiedene Lehrer:innenzimmer gibt und kein Überblick mehr darüber herrscht, wer neu ist oder bald die Schule verlässt. Zu meiner Schulzeit gab es ein Lehrer:innenzimmer für alle. Wenn wir Schüler:innen eine Frage hatten, gingen wir in der Pause dorthin. Ein kurzer Blick in diesen Raum und wir wussten sofort, dass es mehr ein erweitertes Wohnzimmer war als ein Arbeitsraum. Lehrkräfte standen oder saßen in Grüppchen zusammen, lachten, aßen. Es war eine lockere Atmosphäre, man wollte selbst Teil davon sein.

Auch Elisa, die ihre Geschichte teilte, war schon in verschiedenen Schulen tätig. Sie erzählte mir ebenfalls, dass der Lehrer:innenberuf an Attraktivität verloren habe, es immer mehr Engpässe gebe und mehr Lehrkräfte das Handtuch werfen oder durch einen Quereinstieg in den Beruf kommen würden, dafür aber weniger pädagogisches Wissen in sich trügen.

Lehrer:innenmangel kann also indirekt Fälle von Machtmissbrauch begünstigen, indem er Stress und Überlastung bei den Lehrkräften erhöht. Ein Mangel an Lehrkräften bedeutet zudem, dass es weniger Vertrauenspersonen für Schüler:innen gibt, an die sie sich bei Problemen wenden können. Logisch ist, dass Schulen mit Lehrer:innenmangel möglicherweise nicht die Ressourcen oder die Zeit haben, um umfassende Präventions- und Schulungsprogramme durchzuführen, die Lehrer:innen und Schüler:innen über Machtmissbrauch aufklären. In Schulen mit Personalmangel fehlt es oft an ausreichender Aufsicht und Kontrolle, was Missbrauch erleichtern kann. Es gibt weniger Augen und Ohren, um problematisches Verhalten zu bemerken und einzugreifen. Außerdem kann Lehrer:innenmangel zu einer Schwächung der institutionellen Strukturen führen, was es schwieriger macht, präventive Maßnahmen effektiv umzusetzen. Es gibt folglich Punkte, an denen die Bildungspolitik etwas ändern könnte, um Machtmissbrauch vorzubeugen.

KAPITEL 4: DIE PSYCHISCHEN AUSWIRKUNGEN VON MACHTMISSBRAUCH

«Manchmal ist der richtige Weg nicht der einfachste Weg.»

Pocahontas

Am 15. Oktober 2017 tippt eine Frau ziemlich wütend in die Tasten, ohne zu wissen, was sie damit lostritt. An diesem Abend entsteht ein Hashtag, der weltweit viral geht. «Wenn du von jemandem sexuell belästigt oder angegriffen wurdest, dann schreib #MeToo als Antwort auf diesen Tweet», forderte Alyssa Milano um 22.21 Uhr. Die eigentliche MeToo-Bewegung startete zehn Jahre zuvor eine Aktivistin aus New York, Tarana Burke, die damit junge schwarze Frauen unterstützen wollte, die bereits Missbrauchserfahrung erlebt hatten.

Angesichts des Skandals um den Ex-Hollywood-Produzenten Harvey Weinstein, der Alyssa Milano und viele weitere Frauen sexuell belästigte, bedrohte oder vergewaltigte, löste Milano mit diesem Tweet ein Medienecho aus, das außergewöhnlich lange nachhallt. Sie hat dauerhaft etwas in Gang gesetzt. Weinstein wurde 2020 nach einem ersten Prozess in New York wegen Vergewaltigung und sexueller Nötigung zu einer Haftstrafe von 23 Jahren verurteilt. Vier Frauen warfen dem ehemaligen Produzenten im Laufe des Prozesses vor, sie im Zeitraum von 2004 bis 2013 sexuell missbraucht zu haben.

Der erste Weinstein-Prozess in New York markierte einen Meilenstein der Rechtsgeschichte. Der Fall hatte damals die MeToo-Bewegung maßgeblich mit ausgelöst: Viele Frauen begannen, auf Twitter öffentlich über Missbrauchsfälle zu sprechen. Seit 2017 haben mehr als 80 Frauen Weinstein öffentlich sexuelle Übergriffe vorgeworfen. Nach seiner Verurteilung zu 23 Jahren Haft im ersten Prozess kamen in einem weiteren Verfahren noch mal 16 Jahre hinzu. 2024 dann die Wendung: Die Verurteilung gegen den Filmproduzenten wird aufgehoben, der Fall wird neu aufgerollt. Für die betroffenen Frauen ist das ein schwerer Schlag.

Wie konnten diese Frauen so lange schweigen, warum kommen gerade jetzt so viele Fälle ans Licht?, fragte man damals. Das ist ein Vorwurf von vielen, der ausgerechnet denjenigen gemacht wird, die ihr Schweigen brechen. Die Philosophin Susan Neiman weist in einem *Deutschlandfunk*-Interview darauf hin, dass es bei jedem moralischen Fortschritt lange dauert, bis jemand den Mut aufbringt und das scheinbar Unsagbare zum Thema macht. «Ich glaube, dass alles in den USA angefangen hat, ist auch zum Teil eine Reaktion auf Donald Trump, der sich sogar während der Wahl-Kampagne gebrüstet hat, Frauen begrabscht zu haben, und möglicherweise noch Schlimmeres getan hat.»

Dass betroffene Frauen, die sexuelle Belästigungen oder Übergriffe erfuhren, erst Jahre später von den Erlebnissen berichten, hat oft mit hierarchischen Abhängigkeiten zu tun – besonders in der Arbeitswelt. Ähnliches erleben wir 2023 mit der MeToo-Berichterstattung zum Frontmann der Band Rammstein, Till Lindemann. Betroffene trauen sich oft erst, sich zu Wort zu melden, wenn andere Frauen mitziehen. Inwiefern dies alles die Psyche beeinträchtigt, wird in diesem Kapitel behandelt. Betroffene brauchen Mut und Wut, um das jahrelange Schweigen zu brechen, und eine uneingeschränkte Solidarität.

Wenn ein Machtmissbrauch geschieht, kann das unterschiedliche Auswirkungen für die Betroffenen haben. Manche erleiden erst Jahre später durch einen Trigger Symptome, entwickeln eine Angststörung oder verlieren insgesamt das Vertrauen in Menschen. Bei mir waren es Panikattacken, die immer dann auftauchen, wenn ich andere über meine eigenen Grenzen gehen lasse. Sie schützen mich einerseits, auf der anderen Seite sind sie auch sehr anstrengend. Jede Person, die schon mal damit zu tun hatte, weiß genau, wovon ich spreche. Andere wiederum haben eine posttraumatische Belastungsstörung, verletzen sich, flüchten in einen Hungerstreik oder kompensieren die Leeregefühle durch Heißhungerattacken. Es gibt verschiedene Auswirkungen, die Machtmissbrauch zur Folge hat.

Der nächste Fall handelt von der mittlerweile Mittvierzigerin Sarah. Nachdem mein Radiofeature ausgestrahlt worden war, schrieb sie mir eine E-Mail. Normalerweise, so fängt ihre Nachricht an, schreibe sie keine Hörerinnen-Mails. Doch durch das Gehörte wurde sie in ihre eigene Geschichte zurückkatapultiert, und sie reißt kurz an, wie sehr der Missbrauch durch einen Lehrer ihr Leben geprägt hat. Sie habe seither kein Vertrauen mehr zu Männern, und ihr Selbstwertgefühl habe darunter immens gelitten. Anhand dieses Falles möchte ich aufzeigen, welche psychologischen Schäden angerichtet werden können, wenn Lehrkräfte ihre Machtposition ausnutzen.

Der Fall Sarah

Mein Lehrer und ich neckten uns oft. Ich erinnere mich, wie wir gemeinsam in der Pausenhalle meines ehemaligen Gymnasiums standen und er mir das Du anbot. Ich war damals 15 und er 52. Das war für mich richtig cool, weil ich dachte, wir seien dadurch befreundet. Die meisten meiner Mitschüler:innen mochten ihn nicht, er war nicht beliebt, sah nicht gut aus, war klein und irgendwie unfreundlich. Aber irgendwie hatten wir eine Ebene, auf der wir uns verstanden.

Als gerade die neue Rechtschreibreform rauskam, stritten wir uns, wie das Wort Spontaneität geschrieben wird. Ich hatte mal in einer Abizeitung gelesen, dass er Tischtennis spielt, und wir wetteten um ein Spiel. Es war ein relativ warmer Freitagnachmittag im Februar 1998, als wir uns an den Tischtennisplatten der Schule trafen und spielten. Er sagte mir dabei immer wieder «Ich mag dich» – das fand ich richtig komisch. Schon damals merkte ich, dass das irgendeine Form von Grenzüberschreitung ist, doch wirklich einordnen und greifen konnte ich es nicht. Dieses Duzen fand ich cool, aber das «Ich mag dich» fand ich ganz, ganz komisch. Als wir mit dem Spielen fertig waren und leicht verschwitzt voreinander standen, bot er mir an, in der Sporthalle eine Dusche zu nehmen. Mir war das unangenehm, und ich wollte sicher nicht vor ihm duschen gehen. Aber trotzdem wollte ich weiter Kontakt zu ihm haben, eine Art Freundschaft. Ich bin dann schließlich nicht duschen gegangen, das war mir wichtig.

Zu der Zeit spielte ich freitags nach dem Unterricht im Theater an der Schule mit. Irgendwann meinte er zu mir: «Komm, wir treffen uns danach in der Bibliothek!»

Ich weiß noch, wie ängstlich ich war, dass mich jemand sehen könnte, und ich spürte, irgendwas ist hier komisch. Ich bin trotzdem dorthin gegangen, und er saß an einem der Tische und korrigierte Klassenarbeiten. Es war der 20. März 1998, das weiß ich noch so genau, weil er an dem Tag immer wiederholte, dass Frühlingsanfang sei.
Dann küsste er mich. Es war mein allererster Kuss überhaupt. Ich fand es unfassbar ekelhaft und fragte mich, was hier gerade passiert. Gleichzeitig fand ich es schön und spannend. Ich stand stocksteif da, er küsste mich am Hals, auf den Mund, und irgendwann gingen wir an diesem Nachmittag wieder auseinander. Auf dem Weg nach Hause hoffte ich, dass ich keinen Knutschfleck am Hals habe. Wie hätte ich das meinen Eltern erklären sollen? In mir breitete sich Angst und Überforderung aus. Am liebsten hätte ich darüber gesprochen, aber wem hätte ich das erzählen können? Meinen Eltern konnte ich es nicht erzählen. Ich hatte damals eine rebellische Phase, und mit meinem Vater war es schwierig.
Ich komme zwar aus einer Akademikerfamilie, aber für meine Interessen wie Literatur konnte ich ihn nicht begeistern. Mein Vater sagte immer nur zu mir, ich solle bitte keine Schwierigkeiten machen. Er hatte Angst, weil wir auf einem Dorf lebten und meine Familie Migrationsgeschichte hat. Er wollte auf keinen Fall auffallen. Und zweitens gab es zu dieser Zeit ein Gerücht, das sich später als Wahrheit entpuppte: Die Babysitterin meines Bruders hatte etwas mit ihrem Lehrer angefangen. Dazu diskutierten meine Eltern am Esstisch und waren davon nicht begeistert. Ich habe mich dabei komisch gefühlt, weil ich in eine ähnliche Situation gekommen war. Was hätte ich sagen sollen: Ich übrigens

auch?! Daher war für mich klar, dass ich dieses Erlebte nicht mit ihnen teilen kann.
Am nächsten Montag nach dem ersten Kuss hatte ich wieder Deutschunterricht. Doch Fritz, mein Lehrer, sagte weder etwas zu mir, noch versuchte er irgendwelche Anstalten zu machen, um das Geschehene zu besprechen. Er war einfach wieder mein Lehrer, als sei nichts passiert. Damit kam ich allerdings nicht klar. Mich beschäftigte die Küsserei noch Wochen und Monate später. Im November, also Monate danach, fasste ich mir ein Herz und ging zu ihm. Er saß damals oft in einem kleinen Kabuff und rauchte. Da sagte ich: «Du, ich muss mit Dir sprechen.» Ich sagte ihm, dass ich mit der Situation nicht zurechtkomme. Darauf ging er nicht wirklich ein, es war, als hätte er das Gesagte ignoriert. Er schaute mich an, stand auf, legte seine Hände auf mein Gesicht und küsste mich wieder. Und ich weiß nicht warum, aber in diesem Moment war es um mich geschehen. Ich verliebte mich in Fritz und suchte immer wieder die Nähe zu ihm. Wenn samstags Markt war, wusste ich, wo ich ihm «zufällig» über den Weg laufen könnte. Ich war jetzt 16 Jahre, und wir haben uns immer wieder heimlich getroffen und geknutscht. Zu der Zeit bin ich immer öfters zu ihm nach Hause gekommen, damit wir miteinander rummachen konnten.
Eines Tages sind wir mit der Schulklasse in eine Theatervorstellung, und er arrangierte es so, dass wir zwei nebeneinandersaßen. Während des Stücks spürte ich, wie er seine Hand auf meinen Oberschenkel legte. Die andere Hand legte er in meine, und ich versteinerte. Was, wenn uns jemand sieht, ist das sein Ernst? Mir schossen viele Fragen durch den Kopf. Diese ganze Zeit war schön und überfordernd zugleich. Ich hörte viel

traurige Musik und Schnulzen wie «Angels» von Robbie Williams. Ich schrieb Gedichte, um meine Verzweiflung in Worte zu packen und besser verarbeiten zu können. Ich schrieb Sätze wie «Du bist so nah und doch so fern, ich erreiche Dich nicht ...» Er sagte immer: «Sarah, wir haben keine Perspektive miteinander», um mich kurz danach wieder zu küssen. Dieses Spiel wiederholte er immer und immer wieder und betonte dabei, wie sehr er mich mag. Aber was heißt das schon? Ich mag auch Spaghetti, habe ich ihm entgegnet. «Was heißt das für dich, Fritz, du magst mich?» Aber darauf bekam ich keine Antwort. Ich weiß nicht, ob er in mich verliebt war, aber ich vermute, dass es für ihn eine rein sexuelle Geschichte war.
Beim Abiball von der Klasse über mir waren sowohl er als auch ich an dem Abend da. Wir verbrachten den ganzen Abend miteinander, es knisterte. Auch andere bekamen das mit. Als ich an diesem Abend nach Hause fahren wollte, es war bereits nach Mitternacht, kam er mir mit seiner Vesper entgegen. Wir sind zusammen in die Turnhalle gegangen, denn dort war niemand. In dieser Nacht hatten wir zwar keinen Sex, aber alles andere. Einige Zeit später kam ich wieder zu ihm nach Hause, und er gestand mir, er habe eine Frau kennengelernt. Ein Schock. Mein Magen zog sich zusammen.
Kurz nach diesem Geständnis, ich hatte gerade frisch meinen Führerschein, habe ich die beiden miteinander auf der Straße gesehen und bin vor Schock über einen Bordstein gefahren. Gleichzeitig freute ich mich für ihn, weil ich wusste, wir hatten keine Perspektive, und irgendwie war ich auch erleichtert, dass das Ganze jetzt vorbei sein sollte. Doch es hörte nicht auf. Fritz steckte mir einen Zettel mit einem geschriebenen Gedicht von

Heinrich Heine zu: «Solche großen braunen Augen, solche hat die Tugend nicht, weißes Herz, ich will dich küssen, verstehst du mich?» Und in dem Augenblick, als ich diese Zeilen las, dachte ich: Scheiße, der will mit mir ins Bett. Das war bereits kurz vor meinem Schulabschluss. Mir war klar, dass ich bald für mein Studium in eine andere Stadt zog und es keine Zukunft mit ihm gab. Aus Höflichkeit wollte ich mich von ihm verabschieden, deshalb ging ich zu ihm nach Hause. Ich wollte endlich einen Schlussstrich ziehen. Und dann ging es wieder los – er küsste mich, obwohl ich es gerade beenden wollte. So kriegte er mich immer wieder!

Seit zwei Monaten lebte ich bereits in einer anderen Stadt zum Studieren. Wenn ich wochenends meine Eltern besuchte, fuhr ich vorher bei ihm vorbei. Das war komisch, denn in seiner Wohnung lagen ganz offensichtlich auf dem Tisch Pornoheftchen und ich dachte, soll mich das jetzt animieren? Sicher nicht, dachte ich mir. Doch an diesem Abend hatten wir das erste Mal Sex. Es war mein allererstes Mal. Irgendwie dachte ich dabei, immerhin ist es mit jemandem, der sich damit auskennt. Danach habe ich mich wieder angezogen und bin zurück zu meinen Eltern gefahren. Wir fingen eine Affäre an, und ich kam zu ihm, wenn seine Freundin nicht da war. Er fing an, mir Briefe zu schreiben, das fand ich anziehend. Denn wer schreibt noch handgeschriebene Briefe für einen? Doch der Inhalt dieser war extrem sexuell aufgeladen, er schrieb seine Fantasien auf. Beim Sex war er immer sehr wild und startete von null auf 100. Ich dachte immer wieder an «Homo Faber» und Goethe mit seinem Gretchen. Irgendwie bestand da eine Ähnlichkeit.

In dieser Zeit sprachen mich immer wieder Freund:in-

nen an, was mit mir los sei, ob etwas passiert ist, warum ich so niedergeschlagen sei. Mir ging es nicht gut mit dieser Affäre. Ich fühlte mich dabei immer schlecht, denn er machte mich oft verbal nieder und hielt mich bei unseren Treffen klein. Ich bin Journalistin geworden. Das wollte er auch immer werden, schaffte es aber nicht. Seinen Frust darüber an mir abzulassen, war wohl sein Umgang mit seinem Scheitern. Ich glaube, er ist ein Narzisst, denn sein Verhalten passt sehr zu dieser Persönlichkeitsstörung.
Einmal machten wir gemeinsam Urlaub, wenn man das so nennen kann. Wir haben uns in der Dominikanischen Republik getroffen, da war ich mittlerweile 31. Wir hatten eine gesamte Woche Überschneidung und sind in einem Resort untergekommen, doch jeder von uns hatte ein eigenes Zimmer. In dieser Zeit stritten wir aber sehr viel, er schrie mich immer wieder an, und letztendlich sahen wir uns kaum. Einmal saß ich nach einem heftigen Streit heulend in der Empfangshalle des Hotels, und eine Frau bemerkte mich. Sie lächelte mich an und sagte zu mir, das werde ich nie vergessen: «Männer sind halt einfach scheiße.» Nach dem Urlaub fiel ich noch weiter in meine Depression und suchte mir endlich professionelle Hilfe. Fritz und ich trafen uns weiterhin, aber eigentlich nur noch für Sex.
Durch die Therapie bekam ich wieder mehr Selbstwert und Stärke, das Ganze endlich zu beenden – nach 15 Jahren. Ende 2013 war es dann so weit. Ich war emotional so abhängig von ihm gewesen, aber diese Erkenntnis habe ich mir lange nicht eingestehen wollen. Er hat mich missbraucht, so viel weiß ich mittlerweile. Früher dachte ich, dass ein Missbrauch nur durch eine Vergewaltigung stattfinden kann. Aber das war es nicht.

Ich glaube, ich bin immer noch nicht ganz raus aus dieser Geschichte. Heute weiß ich: Damals suchte ich eine Vaterfigur, einen Mentor, und mich zog sein Intellekt, sein Wissen an. In der 10. Klasse kaufte ich mir die Zeitung Die Zeit, weil Fritz sie immer las. Ehrlicherweise verstand ich damals nicht so richtig, was in der Zeitung zu lesen war. Im Nachhinein bin ich mir nicht sicher, ob ich wirklich die Einzige gewesen bin. Es gab Gerüchte von anderen Schülerinnen und einer, der Fritz wohl Briefe schrieb. Eine andere Abiturientin verunglückte damals zu meiner Schulzeit bei einer Reise durch Afrika, und er veröffentlichte danach eine Todesanzeige. Da stand: «Ich werde Dich vermissen. Dein Fritz». Das war damals ein Riesending, denn so was schreibt ein Lehrer nicht über eine Schülerin und schon gar nicht öffentlich. Eigentlich hätte mich das stutzig machen sollen.
Seit mittlerweile zehn Jahren habe ich keinen Kontakt mehr zu ihm. Nach Fritz hatte ich keinen Mann mehr in meinem Leben. Er war der einzige Mann, den ich je küsste und mit dem ich schlief. Ich sehne mich nach Liebe und einer Partnerschaft, aber ich habe zu große Angst davor. Ich nahm nach der Trennung viel zu. Im Nachhinein glaube ich, dass ich mich unattraktiv machen wollte für andere Männer, damit ich nicht mehr in solch eine schmerzhafte Beziehung komme. Durch ein Ernährungsprogramm nahm ich 27 Kilo ab. Ich habe aber immer noch Angst.
Ich hatte immer die Hoffnung, dass er sich irgendwann bei mir für alles entschuldigt, was er mir angetan hat. Er hat mir in seinen Briefen oft geschrieben, er wolle mich nicht vergewaltigen. Er muss also gespürt haben, dass das alles so nicht richtig war, und trotzdem hat er es gemacht.

Bis heute kam keine Entschuldigung von ihm. Meine Therapeutin sagte einst zu mir: «Sie müssen unglaublich stark sein, dass Sie daran nicht zerbrochen sind», und sie hat recht. Ich sehne mich nach Fritz. Aber nicht nach dem Lehrer oder dieser Affäre, sondern nach irgendeinem Fritz, einem Mann, der mir Zuneigung und Nähe schenkt. Vermutlich habe ich all diese Jahre in ihm das gesucht: Liebe.

Ich bin immer wieder erstaunt, wie normal Menschen wie Sarah ihren Alltag bestreiten, erfolgreich im Job und dazu noch empathisch sind. Wer eine Geschichte wie Sarah erlebt hat, könnte auch ganz anders dadurch geprägt sein.

Die Therapeutin Lilly Heidelberg sagt zu diesem Fall, es sei sehr ungewöhnlich, dass eine Abhängigkeit über einen so langen Zeitraum besteht. Denn meist gelingt es durch den räumlichen Abstand (z. B. das Verlassen der Schule) sich aus einer Situation zu befreien. Allerdings sind solche Prozesse individuell. Wie lange ein missbräuchliches Verhalten in der Regel andauert, kann man nicht sagen. Meine eigene Geschichte ging auch 13 Jahre lang, wobei sie einseitig war.

Bei Sarah war das anders. Einerseits hörte sie von ihrem Lehrer, sie dürfe nichts weitererzählen. Diesen Mechanismus kennen wir bereits. Andererseits sagte ihr Vater zu ihr, sie solle nicht auffallen, gerade als Familie mit Migrationsgeschichte könne man sich das nicht erlauben. «Das heißt, sie hat von zwei Vertrauenspersonen die gleiche Information bekommen», fasst die Therapeutin zusammen. «Fall nicht auf» und «Sag es nicht weiter», zwei Leitsätze, die zunehmend in die Isolation führen. «‹Wir als Familie verhalten uns unauffällig, denn es ist wichtig, was die anderen denken.› Diese Verhaltensweisen machen es Sarah unmöglich, ‹Nein› zu etwas zu sagen, das sie so nie wollte», glaubt Heidelberg.

Wie sollte sie Mut aufbringen, offen über ihre Erfahrungen zu sprechen?

Wenn Heidelberg Klient:innen in der Therapie fragt, wie das familiäre Verhältnis derzeit sei, und Betroffene einfach mit «super» antworten oder mit «Es gibt keine Streits», wird sie skeptisch. In der Regensburger MiKADO-Studie fand man heraus, dass es einen Zusammenhang gibt zwischen Missbrauchserfahrungen und dem Aufwachsen unter problematischen Bedingungen, einem sogenannten Broken Home. Das bedeutet, dass zum Beispiel ein Elternteil abwesend ist, verstorben oder durch eine Scheidung nicht anwesend ist und es eine Leerstelle in der Familie gibt. Vor allem Kinder und Jugendliche eingewanderter Familien haben als Betroffene größere Probleme, einen Missbrauch zu offenbaren, heißt es darin.

Die Anhörungsbeauftragte der Kommission gegen sexuellen Kindesmissbrauch, Elif Gencay, erläutert, dass unter ihren Klient:innen türkischer und arabischer Herkunft das Thema häufig mit großer Scham besetzt sei. Sie arbeitet als Rechtsanwältin und Opferanwältin und ist im engen Austausch zu psychosozialen Beratungsstellen mit ihren Klient:innen. In den Familien spricht man häufig nicht über Sexualität. Sie erzählt von einem Fall, wie eine Familie sogar aus ihrer Community ausgegrenzt wurde, als sie ihren Sohn bei einer Strafanzeige gegen seinen Täter unterstützte. Bei Mädchen wiederum spiele teilweise bis in die dritte Generation die Jungfräulichkeit eine große Rolle. Daher besteht die Sorge, dass Mädchen «mit einem Makel» behaftet seien, weiß Elif Gencay aus ihrer eigenen Praxis.

Diese Beobachtung machte auch der Gutachter Prof. Dr. Jan Ilhan Kizilhan, Professor für Soziale Arbeit und Leiter des Instituts für transkulturelle Gesundheitsforschung der Dualen Hochschule in Baden-Württemberg. In vielen konservativen

Religionszusammenhängen werde aus einer patriarchalen Logik heraus Sexualität tabuisiert und «Sexualität wird immer als Gefahr gesehen, muss geschützt werden, darf nur in einem bestimmten Raum geschehen», weiß Kizilhan. Betroffene Mädchen und junge Frauen stehen unter einem enormen Druck und befürchten, stigmatisiert und ausgegrenzt zu werden bis hin zum Kontaktabbruch. So sind die Betroffenen einerseits aus der Familie ausgeschlossen, andererseits werden sie aus ihrer Herkunftskultur isoliert. Die Geschäftsführerin von Wildwasser Berlin e. V., Dorothea Zimmermann, erklärt, dass sich diese Mädchen oft besonders einsam fühlen. Scham ist natürlich nicht nur ein Thema von Menschen mit Migrationsgeschichte, aber dort tauche Scham eben vermehrt auf.

Auf einem Panel der Aufarbeitungskommission erzählt eine Betroffene, die mittlerweile als Psychotherapeutin arbeitet, dass sie selbst lange nicht gewusst habe, was ihr damals passiert sei. Schlichtweg, weil sie als Kind keinerlei Aufklärung innerhalb der Familie bekam und sie als Kind nicht ermutigt wurde, eigene Grenzen aufzuzeigen.

Der Fall Sarah schildert auf erschütternde Weise, welche tief sitzenden Folgen Machtmissbrauch durch eine Lehrkraft haben kann. Um die Mechanismen von Grenzüberschreitungen weiter zu beleuchten, habe ich die Psychologin Hanna Christiansen interviewt, die sich mit diesem Thema in ihrer Arbeit schon häufig befasst hat.

Auszug aus dem Interview mit der Psychologin Hanna Christiansen

Ich: Wie individuell sind Grenzen bzw. sind sie das überhaupt?

Hanna Christiansen: *Wenn Druck und Macht ausgeübt werden, gibt es keine individuellen Grenzen, aber individuelle Unterschiede, wie darauf reagiert wird. Manche lassen sich eher einschüchtern als andere. Einige holen sich schneller Hilfe und machen den Übergriff, den Machtmissbrauch, öffentlich. Dazu braucht es Mut und Vertrauen in die Mitmenschen, gehört und ernst genommen zu werden.*

Ich: In den erzählten Fällen beginnt Machtmissbrauch mit Manipulation. Wie funktioniert psychologisch Manipulation?

Hanna Christiansen: *Psychologisch werden häufig Schmeichelei, Lob und die Zuschreibung besonderer Fähigkeiten, Eigenschaften etc. eingesetzt. Aber auch Zuwendung, Zuhören, für die Person da sein. Das führt dazu, dass sich die Personen zunächst wohl und anerkannt fühlen – und das sind Gefühle, die allen Menschen guttun. Menschen, die wenig Lob, Zuwendung, Anerkennung bekommen, können hier unter Umständen anfälliger sein. Nicht umsonst suchen sich Täter:innen in der Regel bestimmte Personen aus, die sie leicht manipulieren können.*
Wenn Kinder oder Jugendliche dann kein vertrauensvolles Verhältnis zu ihren Eltern oder anderen relevanten Bezugspersonen haben, kann es sein, dass sie eine intensive Beziehung zu solchen Personen aufbauen und in dem Dilemma sind, dass sie etwas erhalten, was ihnen guttut – Zuwendung –, dafür aber etwas in Kauf nehmen müssen, was ihnen nicht guttut – den Übergriff oder Machtmissbrauch. Psychologisch kann es dann schwierig sein, sich aus einer solchen Konstella-

tion zu trennen, da damit auch ein Verlust einhergeht, der nicht ohne Weiteres kompensiert werden kann.

Ich: Welche Kinder und Jugendlichen sind von solch einem Missbrauch besonders betroffen?

Hanna Christiansen: *Kinder mit geistigen und körperlichen Behinderungen sind besonders betroffen, da sie häufiger auf Pflege und Hilfe angewiesen sind und sich schlechter wehren können. Gewalt und Machtmissbrauch finden vor allem im nahen sozialen Umfeld der Kinder statt. Auch unter Gleichaltrigen kann es dazu kommen. Nach der SPEAK-Studie finden körperliche sexualisierte Gewalterfahrungen in anderen Wohnungen/auf Partys statt (61,1 Prozent), im öffentlichen Raum (54 Prozent), in der Schule (17,7 Prozent), zu Hause (17,3 Prozent), an anderen Orten (9,6 Prozent), im Internet (6,9 Prozent), im Betrieb (6,1 Prozent) und in institutionellen Räumen (4,8 Prozent) – Mehrfachantworten möglich. 41 Prozent der in der SPEAK-Studie befragten Jugendlichen an beruflichen Schulen haben sexualisierte körperliche Gewalterfahrungen gemacht; 23 Prozent der Jugendlichen in der SPEAK-Hauptbefragung. Das heißt, jede/r vierte bis zweite Jugendliche macht solche Erfahrungen; Mädchen sind dabei stärker betroffen. Drei Viertel derer, die körperliche sexualisierte Gewalt erlegen, erleben diese wiederholt.*

Ich: Gibt es ein bestimmtes «Täterprofil» oder ähneln sich Menschen hierbei, die sich an Kinder und Jugendliche – also Schutzbefohlene – heranmachen?

Hanna Christiansen: *Nach der SPEAK-Studie geben 35 bzw. 28 Prozent der befragten Jugendlichen an, selber schon einmal Dinge getan zu haben, die mit sexualisierter Gewalt zu tun haben, davon mehr Jungen als Mädchen. Ansonsten finden sich Täter oftmals in bestimmten Berufen – Priester, Bademeister werden häufig genannt. Die letzten Skandale in den großen Kirchen, aber auch im Sport zeigen, dass ein Machtgefälle dazu beitragen kann. Junge Menschen im Profisport sind von ihren Trainer:innen abhängig, die Karriere und der sportliche Erfolg sind wichtig und hängen an der Person des/der Trainers/Trainerin. Da gehört schon viel Mut dazu, sich zu wehren. Ähnlich ist es in der Kirche – Pfarrer sind Autoritätspersonen mit hohem Ansehen. Ich hoffe allerdings, dass durch den Mut der Betroffenen, ihre Stimme zu erheben und Gewalt öffentlich zu machen, mehr Erwachsene Kindern zuhören und diese ernst nehmen, wenn sie entsprechende Erfahrungen ansprechen oder Andeutungen machen oder plötzlich verändertes Verhalten zeigen.*

Ich: Die Schüler:innen, die einen (Macht-)Missbrauch erlebt haben, fühlen sich schuldig, mitverantwortlich und schützen oftmals die Täter. Weshalb ist das so?

Hanna Christiansen: *Betroffene berichten von Scham und Schuld und erzählen, dass sie sich nicht gewehrt haben. Je nach Manipulation durch Täter können sie auch die Überzeugung erlangen, dass sie sich nicht eindeutig verhalten haben. Auch sind das «Nein heißt Nein» und «Nur ein Ja heißt auch Ja» in unserer Rechtsprechung noch nicht lange verankert. Wir alle kennen die Forderungen an Frauen, sich nicht aufreizend* *anzuziehen oder im Dunkeln bestimmte Wege nicht zu gehen. Das heißt, es findet reflexhaft in der Gesellschaft eine implizite Schuldzuschreibung statt – hätte sie sich nicht so angezogen und wäre da nicht langgegangen, wäre auch nichts passiert. Die sogenannten «Slut Walks» greifen dies auf und erobern sich den öffentlichen Raum im Dunkeln, angezogen wie sie wollen, zurück.*

Ich: Betroffene fühlen sich oft beschämt. Einerseits, weil sie mitmachten, andererseits, weil sie keine Grenzen setzen konnten oder sich manipulieren haben lassen. Wie können Scham und Selbstverantwortung von Betroffenen genommen werden?

Hanna Christiansen: *Betroffene werden oft eingeflochten in die Handlungen, insbesondere, wenn es eine persönlich nahestehende Person ist (Opa, Bruder, Cousin, Tante ...). Dann zu sagen, Nein, ich will das nicht, das ist eklig, ist für ein Kind eine große Herausforderung. Sich dann anderen Erwachsenen anzuvertrauen, ist eine ebenso große Herausforderung. Das heißt, Schuld und Scham sind Gefühle, die durch die Situation und den Missbrauch evoziert werden. Wichtig ist es, die Betroffenen ernst zu nehmen und zurückzumelden, dass es keinen Grund für Schuld und Scham gibt, sondern die Täter:innen Schuld und Scham trifft. Das Schweigen muss gebrochen werden und die Täter:innen benannt werden. Sich Hilfe zu suchen, ist mutig. Nein zu sagen und auf das eigene Nein-Gefühl zu hören, ist gut und richtig.*

Ich: Ich frage mich, welche Auswirkungen solch ein Machtmissbrauch für Betroffene für ihre Zukunft hat, wenn dieser bereits im frühen Leben geschah. Wirkt sich solch eine Erfahrung auch auf neurologische Art und Weise aus und, wenn ja, wie?

Hanna Christiansen: *Machtmissbrauch und Übergriffe gehen mit einem Vertrauensverlust einher. Es kann für Kinder oder Jugendliche sehr schwierig sein, das Vertrauen zu erwachsenen Personen dann wieder aufzubauen und zurückzugewinnen. Einige Betroffene entwickeln nach sexueller oder körperlicher Gewalt psychische Störungen – Ängste, Depression, posttraumatische Belastungsstörungen. In diesen Fällen ist es wichtig, die Betroffenen psychotherapeutisch und evidenzbasiert zu behandeln. Einige Kinder/Jugendliche sind resilient und entwickeln keine oder wenige Belastungen. Individuell kann es sehr unterschiedlich sein, wie Betroffene damit umgehen und welche Hilfe sie brauchen. Gewalterfahrungen können sich auch auf das Gehirn auswirken, auch auf das sich entwickelnde. Aus der Psychotherapieforschung wissen wir, dass eine gute Psychotherapie diese Veränderungen auch wieder aufheben kann. Aus den rumänischen Adoptionsstudien wissen wir allerdings, dass frühe und schwere Misshandlungen/Gewalterfahrungen zu lebenslangen Bindungsstörungen und Beeinträchtigungen beitragen können.*

Ich: Dabei sind nicht alle Missbrauchserfahrungen rein körperlich. Manche verliebten sich und hatten nie einen körperlichen Austausch. Trotzdem hat dieser Machtmissbrauch etwas mit ihnen gemacht. Wie erkennt man eine Tat an, die nicht sexuell war, sondern emotional? Ich schätze, das ist vor allem so schwer anzuerkennen, weil unsere Gesellschaft uns oft suggeriert, es ist erst etwas passiert, wenn es körperlich wurde.

Hanna Christiansen: *Auch nicht-körperliche sexuelle Gewalt überschreitet eine Grenze. Wenn jemand sexuelle Kommentare macht, sich vor einem auszieht oder masturbiert, überschreitet das auch Grenzen. Die Manipulation erfolgt gerade über die Ausübung emotionaler Macht und das Ausnutzen von Situationen, in denen sich die Betroffenen nicht gut wehren können. Das kann genauso emotional belastend sein und genauso schwer, sich dagegen zu wehren und den emotionalen Übergriff öffentlich zu machen.*

Der weibliche Körper ist ein Punkt, der in diesem Zusammenhang auch eine Rolle spielt. Ich erinnere mich noch: In der 7. Klasse trugen die Mädchen bei uns Miss-Sixty-Jeans. Je kleiner die Größe war, desto mehr Anerkennung bekam man für seinen Körper. Im Rückblick betrachtet hatte jede dritte Schülerin in meinem Umkreis einmal eine krankhafte Auseinandersetzung mit ihrem Körper und stand mit diesem auf Kriegsfuß. Das äußerte sich in Sportwahn, Bulimie oder der Verweigerung von Essen, bis die Mädchen kaum mehr Energie hatten, um überhaupt auf dem Stuhl sitzen bleiben zu können. Ich erinnere mich, wie meine Sitznachbarin in der 7. Klasse einmal wortwörtlich vom Stuhl kippte, weil sie nur noch Wasser und Brühe trank. Und ich mittendrin.

Mit 13, 14 Jahren entdeckten wir aber auch unsere sexuelle Energie. Einige meiner Mitschülerinnen standen auf Herrn Kowaltzki – der McDreamy unter der Lehrerschaft. Er hatte grau gewelltes Haar, was Frauen in dem Alter auf das Abstellgleis katapultiert, Männer hingegen attraktiv macht, und trug meist eine Anzughose und ein locker in die Hose gestecktes Hemd, die Ärmel lässig hochgekrempelt. Die meisten Mädchen aus unserer Klasse schwärmten für ihn – manche etwas lauter und offensiver, andere träumten von ihm im Verborgenen, und wiederum andere fanden ihn zwar gut aussehend, mehr aber auch nicht. Zur letzteren Kategorie gehörte ich.

Ich war oft beeindruckt von dem Selbstbewusstsein einer Mitschülerin, die mit ihrer Schwärmerei offen kokettierte und ganz offensiv mit Kreide «sexy Kowaltzki» an die Tafel schrieb. Beim Fortbewegen durch den Klassensaal versuchte sie – so gut sie in diesem Alter das eben konnte – sich lasziv vor ihm zu bewegen. Manche Mädchen positionierten sich so, dass wir im Sommer ihre BHs unter den Spaghettitops gut erkennen konnten. Wer einen BH trug, war in unseren Augen quasi erwachsen und eine Frau. Anerkennung war vorprogrammiert, Ansehen bei den Jungs aus den höheren Klassen, von denen sie am Valentinstag eine rote Rose überreicht bekamen. Ansehen von den Freundinnen, die diese Mädchen auf ein Podest stellten und für diese als Untertanin alles machten, was diese Freundin verlangte. Aussehen war alles – es war die Eintrittskarte für ein leichtes Leben, dessen Ziel das Erwachsenwerden war.

Aussehen war und ist auch heute noch das Nonplusultra. Auch ich hatte mit diesem Thema während der Adoleszenz zu kämpfen. In der Gegend, wo ich aufgewachsen bin, gab und gibt es heute noch die sogenannte Fastenzeit – also die Zeit zwischen Fasching und Ostern, in der ein Verzicht stattfindet. Es ist nicht so, dass ich das aus einer christlichen Motivation heraus gemacht habe, auch wenn ich teilweise katholisch erzogen wurde. Vielmehr ging es darum auszuloten, wie stark mein Wille ist, was ich erreichen kann in diesen Wochen. Ich war 15 Jahre alt, als ich bei uns in der Küche stand, mir eine dieser typisch deutschen Blattglasschalen aus dem 70er-Jahre Küchenschrank nahm und mir innerlich sagte, für die nächsten 40 Tage auf Fleisch, Alkohol und Süßigkeiten zu verzichten. Ich füllte drei Löffel puren Naturjoghurt in die Schüssel, einen halben Teelöffel Honig dazu und mischte das Ganze als eine Art Nachtisch zusammen. Es war der Beginn einer kurzen Episode einer Magersucht. Ich aß kaum, sprang aufs Laufband, das bei uns im Keller stand, sobald ich einen Apfel gegessen hatte und ging zweimal am Tag in den Straßen laufen.

Ich war damit nicht alleine und auch heute ist der Druck, einen «perfekten Körper» zu haben, immer noch groß. Neulich bin ich auf eine Studie von der KKH (Kaufmännische Krankenkasse) gestoßen, die anonymisierte Versichertendaten nach ICD-10 auswertete. Der ICD-Code ist ein weltweit anerkanntes System, mit dem medizinische Diagnosen einheitlich benannt werden. ICD steht für «International Statistical Classification of Diseases and Related Health Problems», zu Deutsch und vereinfacht: «Internationale Klassifikation der Krankheiten». Die Krankenkasse sieht einen starken Anstieg bei 12- bis 17-Jährigen von 2012 auf 2022. Es ist ein Anstieg von 54 Prozent bei Fällen von Essstörungen bei Mädchen. Warum erzähle ich das?

Ein Körperkomplex, eine Unsicherheit hinsichtlich des eigenen Aussehens, macht sich auch psychisch bemerkbar. Aber vor allem ist dieses Unwohlsein für andere spürbar. Menschen, die ihre Macht missbrauchen, sehen diesen Mangel und stürzen sich auf diese vulnerablen Menschen. Bei mir war das zumindest so, ich habe immer mit meinem Körper gehadert und wusste nie, wenn ich mein Spiegelbild sah, wie ich tatsächlich aussah. Dick, dünn, normal oder pummelig?

Es wäre eigentlich auch nicht wichtig, würden wir nicht in dieser Gesellschaft leben, in der Frauen schlank sein müssen, um Erfolg haben zu dürfen, um Anerkennung und Liebe zu bekommen. In den Nullerjahren, als ich Abitur machte, startete auch «Germany's Next Topmodel», und das Internet auf dem Handy kam für uns Jugendliche langsam dazu. Heute kaum mehr vorstellbar, muss ich doch zugeben, dass die Vergleiche nur in der analogen Welt stattfanden und man nicht noch mit anderen Gleichaltrigen digital konkurrierte. Zu schauen, wer sich wie bewegt, wie schminkt und kleidet, das war alles ein Spiel, und man wollte wissen, wie weit es gehen kann.

Die Gedanken an unseren Geschichtslehrer Kowaltzki blieben bei der Schülerin ausschließlich Fantasie. Auf ihren «Flirtversuch» ging Kowaltzki korrekterweise nicht ein, er ignorierte sie, denn für ihn waren wir Kinder. Es war ein Spiel, das meiner Freundin so auch vollkommen ausreichte. Zudem befanden wir uns in der Institution Schule, die uns beschützen soll. Wir fühlten uns in manchen Momenten reif und erwachsen, aber er hatte recht: Wir waren Kinder.

KAPITEL 5: DIE ELTERNPERSPEKTIVE. WAS KÖNNEN SIE TUN?

«Es gibt kein problematisches Kind,
es gibt nur problematische Eltern.»
Alexander Sutherland Neill

Als ich mit einer Protagonistin für das Buch spreche, erzählt sie mir von einem Gedanken, den sie beim Reflektieren über sich selbst hatte: «Bei manchen Frauen hätte er keine Chance gehabt, sie wären nicht auf ihn eingegangen, und er hätte sich nicht getraut, diese Person auszuwählen. Aber bei mir hat es geklappt. Ich habe lange darüber nachgedacht und frage mich: Warum ich?!» Gespannt höre ich zu und schlucke, als sie den Satz beendet. Es ist die Frage, die sich alle Betroffenen stellen. Ihre Selbsterkenntnis lautet: «Weil ich einen Mangel hatte. Meine Eltern und ich hatten ein schlechtes Verhältnis, ich fühlte mich alleine und nicht gesehen», gestand sie mir.

Sowohl in meiner eigenen Geschichte als auch in den Erzählungen der Betroffenen gibt es verschiedene Merkmale, die uns alle miteinander verbinden. Ein großer gemeinsamer Nenner ist die Beziehung zu den Eltern. Es stellt sich nach vielen Gesprächen mit Betroffenen und mit Expert:innen heraus, dass sie alle in dieser Zeit der Abhängigkeit zum Lehrer zumindest zu einem Elternteil kein gutes Verhältnis haben und diese Betroffenen daher anfälliger als andere Gleichaltrige sind, sich auf eine asymmetrische Beziehung einzulassen. Sie sehnen sich alle nach Bestätigung, Aufmerksamkeit, nach Nähe und Austausch.

Wie sollen sich Eltern verhalten, deren Kinder sich ihnen anvertrauen? Dass Kinder das Gespräch suchen, zeigt ja schon mal, dass Vertrauen prinzipiell vorliegt, aber wie können Eltern reagieren, wenn sie von Machtmissbrauch erfahren? Studien zeigen, dass Kinder und Jugendliche, die Gewalterfahrungen erlebt haben, schneller und besser heilen, wenn die Eltern oder Betreuer:innen unterstützend in diesem Prozess sind. Es hat einen großen Effekt, wie Eltern reagieren, wenn sich Kinder und Jugendliche öffnen und vom Geschehenen erzählen. Wichtig dabei sei, ruhig zu bleiben und sich alles anzuhören und vor allem dem eigenen Kind zu glauben, dass das, was es erzählt, stimmt. Wenn Eltern unterstützend zureden, dem Kind sagen, dass es nichts falsch gemacht hat und sie dankbar dafür sind, dass es sich geöffnet hat, ist schon viel gewonnen.

Es gibt immer wieder Erzählungen von Menschen, die missbraucht werden und denen anschließend erstens nicht geglaubt wird und zweitens eine Mitschuld suggeriert wird, etwa durch Fragen nach der getragenen Kleidung (im Sinne von «zu freizügig» etc.). Das ist für Betroffene schwer auszuhalten. Die Reaktionen von anderen sind daher sehr wichtig im Verarbeitungsprozess. Im folgenden Fall geht es ebenfalls um das Thema Nähe und Distanz im Schulalltag; er hat in einer Schweizer Familie die letzten zwei Jahre zu intensiven und teils auch sehr emotionalen Diskussionen geführt. Wie reagiert man, wenn sich das eigene Kind offenbart? Eine Mutter schilderte mir ihre Gedanken und Gefühle dazu.

Der Fall der Mutter Gabriele

Es gibt Lehrpersonen, die immer wieder anzügliche Bemerkungen zum Äußeren der Schüler:innen fallen lassen und diese demütigen. Es gibt Lehrpersonen, die den Schülerinnen während eines Vortrages zu einem Buch anzügliche Fragen stellen, die die Schülerinnen in Verlegenheit bringen. Unsere jüngste Tochter hat eine ältere Klassenlehrperson, die ihr und anderen Schülerinnen immer wieder zu nahe tritt. Unsere Tochter hatte ein Einzelgespräch. Dieses muss laut Regelung im Gang geführt werden oder mit offener Tür. Der Lehrer führt die Tochter in sein Büro, die zwei Türen dahinter schließt er. In seinem Büro liegen Hosen, Socken und T-Shirts verstreut. Während des Gespräches bemerkt er nebenbei: «Du bist die Perle der Klasse. Ich bin so froh, dass es dich gibt!» Sie weiß nicht, was sie sagen soll, und er sagt: «Ich würde dich ja jetzt umarmen, aber das darf ich nicht. Das verschieben wir bis zur Maturfeier.»
Unsere Tochter schwankte nach diesem Gespräch zwischen Ekel und Belustigung. Er hat ihr auch schon gesagt, dass er letzte Nacht von ihr geträumt habe. Dass dieser Lehrer den Schüler:innen immer wieder zu nahe tritt, ist allgemein bekannt. Diese Lehrperson engagiert sich sehr an der Schule, kümmert sich um die Schüler:innen, was diese durchaus auch zu schätzen wissen. Bei den anderen Lehrpersonen gilt er als äußerst wertvoller Kollege. Er missbraucht seine Stellung aber immer wieder. Trifft er Schüler:innen in der Freizeit, umarmt er sie spontan, schickt ihnen WhatsApp-Nachrichten, ruft sie zu Hause an.
Es gibt an unserer Schule einen jungen und schönen Instrumentallehrer. Viele Schüler:innen schwärmen für

ihn, sind ein bisschen verliebt. Er ist durch sein junges Alter sehr nahe dran an den Schüler:innen, diese vertrauen sich ihm an, erzählen ihm von ihren Sorgen und Problemen. Er hört zu, ist da. Die eine Freundin unserer Tochter hatte zu Hause große Probleme, war psychisch in schlechter Verfassung. Er hat sich sehr um sie gekümmert, fuhr in einer Nacht einmal zu ihr, als sie ihn angerufen und erzählt hatte, wie schlecht es ihr gerade gehe. Er hat sie mit dem Auto zu Musikproben abgeholt und im Auto wieder nach Hause gefahren. Diese Freundin war sehr verliebt in ihn, hat von ihm geschwärmt, wusste viele private Dinge. Unsere Tochter hat mich einmal beiläufig gefragt, warum es eigentlich nicht gut sei, wenn eine Schülerin eine Beziehung mit einem Lehrer habe. Da stand ich also, und egal, ob da nun eine sexuelle Beziehung bestand oder nicht, wusste ich um die Sprengkraft der Situation, wusste ich, dass das Verhalten der Lehrperson, im besten Fall gut gemeint und einfach naiv, überhaupt nicht rollenkonform war.

Ich war mir meiner Verantwortung als Mitwisserin bestimmter Dinge gegenüber der Freundin unserer Tochter bewusst. Als ich unsere Tochter ermunterte, sich doch mal diesbezüglich bei der Schule zu melden, wollte sie das nicht. Unsere Töchter wollten ebenso nicht, dass ich mich bei der Schulleitung melde. Eine unserer Töchter hat ebenfalls bei dieser Lehrperson Instrumentalunterricht. Sie macht viel Musik, spielt außerhalb der Schule in einem Orchester und in Kammermusikformationen. Die Schweiz ist klein, die Musikszene auch. Alle kennen sich, sind befreundet miteinander. Möchte man Musik studieren, braucht man Förderung und Empfehlungen. Selbst wusste ich nicht, wie die Schule mit einer

Meldung umgehen würde. Würde Anonymität möglich sein? Da war auch Angst, eine Dynamik loszutreten, die sich eventuell nicht mehr stoppen lassen würde. Angst, eine allfällige Meldung würde sich herumsprechen und unserer Tochter bis in ihr Hobby hinein schaden. Angst, das alles könnte negative Konsequenzen für unsere Töchter haben.
Unsere eine Tochter hatte Angst, ihre Freundin zu hintergehen, die andere Tochter hatte Angst, die Gunst ihres Instrumentallehrers zu verlieren. Macht und Abhängigkeit – immer wieder. Diese verwirrenden Gefühle, dieses sich beschmutzt und machtlos fühlen, dieses beschämt sein. Diese Angst, nicht ernst genommen zu werden, ausgestellt zu sein, als empfindlich und hysterisch abgestempelt zu werden, auch von den Freund:innen, sich zu blamieren, und ganz, ganz wichtig, schlechte Noten zu bekommen.
Eine unserer Töchter hat zusammen mit ihrer Freundin mit zwei Lehrerinnen über das übergriffige Verhalten des einen Lehrers gesprochen. Diese Lehrerinnen haben sie dann ermutigt, das Gespräch zu suchen, sich beim Rektor zu melden. Sie waren sich der Problematik durchaus bewusst, auch ihnen ist einiges aufgefallen, meinten aber, für sie als Kolleginnen dieser Person sei es zu schwierig, das Thema anzusprechen. Es ist also in diesem Kollegium nicht zumutbar, eine erwachsene Person auf ihr grenzverletzendes Verhalten anzusprechen, den Schüler:innen mutet man aber zu, Grenzverletzungen zu erdulden, auszuhalten. Gehört halt einfach dazu? Wenn es schon bei uns Erwachsenen an der Besprechbarkeit scheitert, wie schwierig muss es dann für die Schüler:innen sein?
Was mich auch sehr beschäftigt hat: Ich arbeite schon

lange bei einer Fachstelle zu sexualisierter Gewalt, wenn auch nur in der Administration, kenne mich aber gut im Thema aus. Ich bin immer davon ausgegangen, dass ich gegebenenfalls schon wüsste, was zu tun sei, mich einsetzen würde. Weit gefehlt. Es gab da über all die Jahre immer wieder Erzählungen unserer Töchter, bei denen wir gedacht haben, das geht jetzt doch nicht oder: «Ist jetzt aber nicht euer Ernst, und das in der heutigen Zeit?» Wir haben unseren Töchtern zugehört, sie ernst genommen und bestärkt und es ansonsten hingenommen, gependelt zwischen Empörung und Verharmlosung. Aber was sonst machen? Sich bei der Schule melden? Und bei wem? Und wenn ja, auch ohne das Einverständnis unserer Töchter?

Ich habe der Psychotherapeutin Lilly Heidelberg diesen Fall geschildert, die den Kopf schüttelt, als ich ihr von dem Dilemma der Mutter berichte. Einerseits wollen Eltern das Versprechen, nichts gegen den Willen des Kindes zu unternehmen, nicht brechen. Andererseits will man natürlich etwas tun, handeln, damit die Vorfälle aufhören und sich etwas verändert. Und beides zugleich geht eben nicht. «Dieses Dilemma haben viele Eltern. Sie sorgen sich: Bekommt mein Kind schlechte Noten, wenn ich was sage, oder reden dann alle schlecht über sie?» Das sei sehr schwierig. Sie habe selbst zwei Kinder und fragt öfter mal, ob sie mit der Lehrkraft sprechen soll, wenn es einen Vorfall gab. Die Kinder wollen das nicht. «Nein, nein, auf keinen Fall. Dann ist er / sie nur wieder böse auf mich», erklären die Kinder.

Aber: Eltern müssten hier auf jeden Fall Verantwortung übernehmen, sagt die Therapeutin mit klarer Stimme. «Will ich eine gute Mutter oder ein guter Vater sein, heißt das, für mein Kind da zu sein.» Das heißt folglich, aktiv zu werden, auch wenn mein Kind das auf den ersten Blick nicht möchte. In therapeutischen Gesprächen gibt sie ihren Klient:innen und den Eltern immer die Frage mit: Kann ich damit leben oder kann ich es nicht?

Als Elternteil ist man die erwachsene Person, die dafür sorgen soll, dass es dem Kind gut geht. «Schweige ich, lässt man zu, dass der Missbrauch weitergeht.» Vielleicht sei das Kind kurzweilig enttäuscht und sauer auf die Eltern, aber das würde sich wieder legen, da ist sich die Therapeutin sicher. Gewalt gehöre unterbrochen und das fange dort an, wo das Schweigen aufgehoben wird. Schüler:innen bekämen dadurch den Eindruck: Mir wird geholfen, es wird nicht weggeschaut. Das wiederum habe einen guten Effekt für das weitere Leben.

Es gibt eine Studie aus den USA, die besagt, dass es einen signifikanten Zusammenhang gibt zwischen elterlicher Bindung und psychischer Belastung von Überlebenden sexuellen Kindesmissbrauchs. Wie langfristig eine psychische Belastung für ein Kind oder Jugendliche:n nach solch einer Erfahrung ist, hängt also auch wesentlich von der Beziehung zu den Eltern ab, so die Conclusio der Studie. Mädchen und Jungen, die unter erschwerten Bedingungen aufwachsen (siehe Broken Home Theorie), sind mehr gefährdet, Opfer von (Macht-)Missbrauch zu werden als Gleichaltrige, die eher unbeschwert aufwachsen, fand die Studie heraus. Besondere Risikofaktoren seien demnach der Tod eines Elternteils, massive Ehekonflikte der Eltern, psychische Erkrankung der Mutter, Drogen- oder Alkoholabhängigkeit der Mutter oder des Vaters und harte Bestrafungspraktiken in der Familie. Das Risiko, Opfer von sexualisierter Gewalt zu werden, steigt also an, je mehr unterschiedliche Belastungen Jugendliche im Alltag meistern müssen.

Was aber können Eltern provisorisch tun, damit es im besten Fall erst gar nicht zu einem Machtmissbrauch kommt? Schon das Sprechen über Sexualität an sich, ich habe es bereits thematisiert, ist für viele schambesetzt – erst recht über sexualisierte Gewalt. Oft fehlt den Kindern und Jugendlichen auch schlicht das Wissen über Sexualität, manche hatten noch nie eine:n feste:n Freund:in. Das Einordnen des Erlebten wird durch dieses Verhalten erschwert. Expert:innen beteuern, dass eine frühe Aufklärung und Grenzen setzen dabei hilft, dass Kinder und Jugendliche besser «Nein» sagen können.

Als ich in der Pubertät war, las ich sehr gerne die Zeitschrift *Bravo*, die ich mir entweder von meinem Taschengeld kaufte oder mir von meiner Mutter mittags nach dem Einkauf im Supermarkt mitbringen ließ. Bevor ich sie lesen durfte, wurde sie von meiner Mutter inspiziert. Bei diesem Vorgang war ich nie dabei, aber als ich sie endlich lesen wollte, fiel mir auf, dass einzelne Seiten zugeklebt worden waren. Es handelte sich um die «anzüglichen» Seiten. Manche erinnern sich vielleicht noch an einen Jungenkörper und einen Mädchenkörper, die nackt in der Zeitschrift abgebildet wurden, ebenso wie die Tipps von Dr. Sommer. Diese Seiten konnte ich lange nicht lesen, weil meine Mutter entschied, dass das nichts für mich sei.

Das galt ebenso für die Musik von Tic Tac Toe – meine Schwester hat mir aber trotzdem das erste Album auf Kassette aufgenommen, sodass ich es auf meinem Walkman auf dem Rücksitz des Autos anhören konnte. Dummerweise hatte ich so einen fortschrittlichen Apparat, auf dem man auch ohne Kopfhörer Kassetten hören konnte. Ich bin anscheinend auf den Knopf gekommen damals. Während ich die Kopfhörer in meinen Ohren hatte und im Beat hinten auf dem Autositz mitwippte, bemerkte ich erst viel später, dass meine Eltern die Musik die ganze Fahrt über mitgehört hatten.

Sie haben nie etwas dazu gesagt und es hingenommen. Aber wenn Eltern Sexualität ganz ausblenden wollen aus einer Scham heraus, kann das schlecht sein für die kindliche Entwicklung. Was sollten Eltern also eher tun, um ihre Kinder zu schützen?

Eltern können ihre Kinder unterstützen, sobald sie von dem Machtmissbrauch erfahren haben. Gabriele Pohl schreibt in ihrem Buch «Die Würde des Kindes ist antastbar», dass Eltern im ersten Schritt mit ihren Kindern ausführlich sprechen sollen, um die Situation genau zu verstehen. Es sei wichtig, dem Kind zuzuhören und es ernst zu nehmen. Dann sollte man den Vorfall schriftlich festhalten und die Schulleitung informieren. Sollte es sich um einen schwerwiegenden Fall handeln, sei es ratsam, externe Beratungsstellen oder rechtliche Schritte in Betracht zu ziehen. Es gibt auch ein sogenanntes Elterntelefon, etwa bei der Nummer-gegen-Kummer, wo Eltern sich Rat und Informationen einholen können. Auch die Beratungsstellen der Kinderschutz-Zentren e. V. sind gute Anlaufstellen für Eltern, die Unterstützung benötigen.

Dass sich ein Kind überhaupt mit diesem schambehafteten Thema seinen Eltern gegenüber öffnet, verlangt aber vor allem eine vertrauensvolle Atmosphäre. Anna von Keudell ist Erziehungswissenschaftlerin und arbeitet in der ambulanten Familienhilfe. Sie sagt ebenfalls, dass Eltern nach der Dokumentation nicht zögern sollten, sich Hilfe zu holen. Auch eine rechtliche Beratung könne dabei helfen, die bestmögliche Unterstützung für das Kind zu gewährleisten.

Vorwürfliche «Warum-Fragen», also zum Beispiel «Warum hast du das nicht früher erzählt?», sollten Eltern vermeiden. Ich erinnere mich selbst noch, als ich meinen Eltern von meinem ehemaligen Deutschlehrer 2022 erzählte, dass genau diese Frage rasch aufkam. Sie ist nicht böse gemeint, sondern entstand aus dem Moment der Überforderung und der Hilflosigkeit. Ich war zu diesem Zeitpunkt schon über 30 Jahre alt und konnte das somit einordnen. Deshalb schreibe ich das hier, weil viele Betroffene nicht so lange warten sollten, das Geschehene zu erzählen, und solche Fragen können Kinder und Jugendliche bremsen, Weiteres zu erzählen. Bei der Frage schwingt nämlich eine Mitschuld mit. Daher ist es wichtig, da sind sich Expert:innen einig, dass Eltern explizit ihrem Kind erklären sollen, dass einzig und allein die missbrauchende Person schuldig ist und dem Kind Unrecht widerfahren ist.

Ebenso sei zu erwähnen, dass nicht jede betroffene Person Therapie nach einem Vorfall benötigt. Ob das nötig ist, hängt von verschiedenen Faktoren ab, wie zum Beispiel der Art, Dauer und Schwere des Missbrauchs, der allgemeinen seelischen Stabilität des Kindes oder der sozialen Unterstützung, die es erfährt, erklärt Experte Jörg Fegert.

Was aber wichtig für Eltern ist: Kinder haben keine Lobby. Daher brauchen sie Erwachsene, die sie unterstützen und ihnen helfen. Nicht wegsehen aus Scham oder Unverständnis, sondern hinsehen und für die Kinder ihre Kontrolle zurückerobern – das ist das, was zählt.

KAPITEL 6: ES GIBT KEINE PASSENDEN PARAGRAFEN – SCHÜTZT DAS JUSTIZSYSTEM AUSREICHEND VOR MACHTMISSBRAUCH?

«Man muss Menschen schützen, nicht Grenzen.»

Gius Nicolini

#MeToo brachte nicht nur auf gesellschaftlicher Ebene etwas in Bewegung, sondern sorgte auch für juristische Debatten: Schweden plante ein Gesetz, das sämtliche sexuelle Handlungen unter Strafe stellt, die nicht im aktiven Einverständnis geschehen, führte also das sogenannte «Konsensprinzip» ein. In Österreich gilt seit Anfang 2016 das Gesetz, dass sich strafbar macht, «wer sexuelle Handlungen gegen den Willen des anderen vornimmt, auch wenn es zu keiner Gewalt oder Drohung kommt», erklärt Helmut Fuchs vom Strafrechtsinstitut der Universität Wien. Eine Verletzung der sexuellen Selbstbestimmung sei demnach dann erfüllt, wenn sich ein Opfer aus Angst nicht wehrt, so der Jurist.

Schwierig bleibt es trotzdem: Einen Beweis für solche Verletzungen zu erbringen, ist vor Gericht kompliziert, da die Beweislast weiterhin bei den Kläger:innen liegt und die Rechtslage nicht eindeutig ist. Ist die Hand auf dem Oberschenkel bereits ein strafbarer Übergriff oder bewegt sich das noch im Toleranzbereich? Wann wird bei der Anbahnung sexueller Kontakte die Grenze vom Mut zum ersten Schritt zu einer vorsätzlichen strafbaren Handlung überschritten? Kommt es dabei primär auf die subjektive Sicht der sich belästigt fühlenden Person an?

Viele Betroffene scheuen angesichts der belastenden Verfahren vor einer Anzeige zurück. «Laut Dunkelzifferzahlen aus Österreich werden nur 8,8 Prozent der Vergewaltigungen angezeigt. In Schweden führen 90 Prozent aller Anzeigen zu keiner Anklage», berichtete die österreichische Tageszeitung *Der Standard*. Für die Täter gibt es in diesen Fällen keinerlei Konsequenzen. Im Jahr 2022 wurden in Deutschland 11 896 Fälle von Vergewaltigung und sexueller Nötigung polizeilich erfasst, so die Statistik, was 14,1 Fälle je 100 000 Einwohner:innen sind. Allein in Bayern handelte es sich um 1500 Fälle sexualisierter Gewalt. Studien zufolge landen nur etwa 10 Prozent bei der Polizei. Hier handelt es sich lediglich um die Anzahl erfasster Straftaten. Die Dunkelziffer dürfte auch hier deutlich höher sein. Diese Problematik ergibt sich bereits, wenn ein sexueller Missbrauch vorliegt. Man kann sich vorstellen, wie es aussieht, wenn sich ein Fall in einem Graubereich befindet.

Obwohl der Handlungsbedarf offensichtlich ist, sind die Widerstände gegen das Konsensprinzip groß. Warum ist das so? Derzeit wird meist davon ausgegangen, es sei bereits als Zustimmung zu werten, wenn jemand gar nichts sagt und kein klares Nein äußert. Stattdessen explizit vor dem Sex um Erlaubnis zu fragen, ist für viele gewöhnungsbedürftig und schambehaftet. Denn auch wenn Gesetze eine klare Sprache sprechen: Anzeigen werden oft gar nicht erst aufgenommen, oder es kommt zu keiner Verurteilung.

Was braucht es also, damit sexueller Konsens neu verhandelt wird? Was verhindert die sexuelle Gleichheit und Freiheit aller Geschlechter? Gibt es überhaupt nach einem Missbrauch Gerechtigkeit? Noch immer ist es so, dass es wesentlich mehr Täterforschung als sogenannte Opferforschung gibt. Es gibt eine Studie aus den Jahren 2016 und 2018 von der Unabhängigen Kommission zur Aufarbeitung sexuellen Kindesmissbrauchs, in der über 400 Betroffene sexueller Gewalt in Kindheit und Jugend befragt wurden, welche Erwartungen sie an die gesellschaftliche Aufarbeitung hätten.

Heraus kamen drei Stränge. Erstens: Auf die Frage, wie Gerechtigkeit hergestellt werden konnte, hatte niemand eine Antwort bzw. äußerten die Betroffenen, diese existiere nicht in solch einem Fall. Zweitens: Was passiert ist, kann nicht ungeschehen gemacht werden. Und drittens: Gerechtigkeit herzustellen, sei nicht das Ziel. Vielmehr ginge es darum, was getan werden muss, damit Opfer zufriedener sind. Da jede Person anders denkt und tickt, ist es schwer, Gerechtigkeit herzustellen. Jede Person empfindet anders, geht individuell mit der Situation um. Die Betroffenen erklärten in der Studie, dass «die einen brauchen die Aufhebung der Verjährungsfrist ...», andere schlugen vor, «die Freiheit, die Wahl zu haben», ob man Strafanzeige stellen möchte oder nicht, und «dass möglichst alles dafür getan wird, dass Betroffene gut durchs Leben kommen».

Das führt mich zum nächsten Punkt. Wie sieht die gesetzliche Regelung bei Machtmissbrauch in der Schule aus? Zahlen gibt es dazu leider kaum. Problematisch sei für die juristische Bearbeitung von Kinderschutzfällen unter anderem, dass im Jurastudium Familienrecht sowie Themen wie Kinderschutz und die kindliche Entwicklung meist nur am Rande behandelt würden, erklärt die Kommission Kinderschutz in Baden-Württemberg. Sie hat in einem Abschlussbericht mehr als 100 Empfehlungen zur Verbesserung des Kinderschutzes formuliert. Interessant war hierbei, dass es wenig konkrete Vorschläge gab, sondern hauptsächlich Anregungen zur Verbesserung von Aus-, Fort- und Weiterbildung von Fachkräften, die mit Kindern und Jugendlichen arbeiten. Vor allem Ratschläge, wie man sich in akuten Situationen verhalten sollte, müssten klarer ausformuliert werden.

Manche (ehemalige) Schülerinnen aus diesem Buch sind über diese Grenze gezogen worden, haben sich verliebt oder fingen mit ihrem Lehrer eine Affäre an. Erst später mit etwas Abstand verstanden sie, dass das übergriffiges Verhalten seitens der Lehrkräfte war. Viele befanden sich gerade kurz vor dem Abitur und waren bereits 18 Jahre alt. Der nächste Fall zeigt auf, wie in den anderen Fällen, wie Grenzen langsam übertreten werden und wie der Machtmissbrauch die Schülerin beeinflusste. Aber vor allem geht es hier darum, ob und wie das Rechtssystem mit Fällen umgeht, in denen Schüler:innen zum Zeitpunkt des Geschehens bereits volljährig waren.

Als ich 2022 mit meinem Rucksack durch die Türkei reise, liege ich gerade in meinem Hotelbett und erhole mich von der langen Busfahrt nach Fethiye, als mein Handy ein Geräusch macht und eine E-Mail in meinem Postfach aufploppt. Im Betreff steht «Machtmissbrauch?», darunter eine lange Nachricht, von einem iPhone gesendet. «Hier ist Sofie», fängt die Nachricht an, «ich hoffe, es ist okay, wenn ich dich duze.» Sie habe meinen Namen entdeckt, als sie das Schlagwort «Machtmissbrauch» im Internet eingab, und hoffe, eine Einschätzung meinerseits zu bekommen, ob der geschilderte Fall in diese Kategorie fällt.

Sie beginnt, von dem Schülerinnenschwarm Thomas Maister zu erzählen. Er unterrichtet Deutsch und Latein, engagiert sich für die Theatergruppe in seiner Schule und ist 35 Jahre alt – also etwa in meinem Alter. Für mich ist es immer besonders komisch, wenn Lehrer in meinem Alter so verantwortungslos und manipulativ handeln. Vermutlich haben wir uns zu einer ähnlichen Zeit als Jugendliche mit Smirnoff Ice betrunken, Abitur gemacht und uns danach überlegt, wo wir die nächsten drei Jahre für den Bachelor hinziehen wollen. Auch dieser Lehrer war bei vielen Schüler:innen beliebt.

Der Fall Sofie

Als ich in der 10. Klasse war, hatte ich Probleme mit meinem Vater. Das hat mich ziemlich belastet, sodass ich selbst in der Schule nicht davon abgelenkt war. An einem Tag war es besonders schlimm. Ich konnte mich nicht mehr zusammenreißen und fing mitten im Deutschunterricht an zu weinen. Thomas Maister war damals mein Deutschlehrer und bekam das mit. Er holte mich aus dem Klassenzimmer, und wir setzten uns in eine ruhige Ecke in der Schule. Er legte seinen Arm um mich, hörte mir zu und spendete mir Trost. Für mich war das schön, aber auch ein bisschen komisch, denn ich war 16 und er Anfang 30. Doch ich muss zugeben: Seit diesem Tag sah ich ihn mit anderen Augen. Ich war nicht verliebt, aber irgendwas gefiel mir an ihm. Damit war ich nicht alleine, viele Mädchen an der Schule fanden Maister toll. Auch eine meiner Freundinnen stand auf ihn.

Im nächsten Schuljahr unterrichtete er mich nicht mehr, und die Gedanken an ihn lösten sich immer mehr in Luft auf. Ich konzentrierte mich auf meine Zukunft. In mir wuchs der Wunsch heran, Schauspielerin zu werden. Ich meldete mich bei der Lehrerin, die die Theater-AG an unserer Schule leitete, und fragte, ob ich dort mithelfen könne. Doch ab diesem Jahr war Mais-

ter dafür zuständig, teilte sie mir mit, also ging ich zu ihm und erkundigte mich nach Möglichkeiten. Er war begeistert und sagte euphorisch: «Ja, voll, voll cool. Gerne.» Er schlug vor, dass ich ihm mit der Theatergruppe für die Unterstufe helfen könne, die jeden Freitagnachmittag probt.
Ab dem Zeitpunkt herrschte kein Lehrer-Schülerin-Verhältnis mehr. Er bot mir gleich das Du an, umarmte mich zur Begrüßung und Verabschiedung. Ich konnte ihn nicht duzen, das fiel mir schwer, und ich sah auch keinen Grund dafür. Nach den Proben blieb ich noch länger dort. Wir saßen zusammen, tranken Kaffee oder gingen zum Rauchen gemeinsam auf das Schulgelände. Dabei unterhielten wir uns über Gott und die Welt, so als wäre das normal und wir befreundet. Ein ganzes Jahr lief das so ab. Mir gefiel, dass er scheinbar Interesse an mir hatte und er sein Wissen zu Theater und Schauspielerei mit mir teilte. Ich konnte mich mit niemandem so gut darüber austauschen, schon gar nicht am Land, wo ich aufgewachsen bin und zu dieser Zeit lebte. Thomas Maister ging es ähnlich, zumindest hat er mir das gesagt.
Mittlerweile war ich in die 12. Klasse und stand kurz vor dem Abitur. Je mehr Zeit wir miteinander verbrachten, desto aufgeregter war ich jedes Mal, wenn wieder Freitag war und die Theaterproben stattfanden. Plötzlich wollte ich bei diesen Treffen gut aussehen – für ihn. Zu Beginn war das nur eine Schwärmerei. Ich hatte selbst einen festen Freund, der ebenfalls an der Schule war, deshalb war alles nicht dramatisch. Im Winter trennten wir uns allerdings, und mein Fokus fiel automatisch auf Thomas Maister. Es blieb bei einer Schwärmerei in meinen Gedanken. Er war schließlich mein Lehrer, un-

erreichbar, und das war ein No-Go für mich. Außerdem hatte ich von dem Gerücht gehört, er habe wohl Frau und Kinder. Ich war nicht unglücklich verliebt, sondern fand ihn einfach richtig toll als Mensch, er war für mich da und hat mich wie ein Mentor sehr bestärkt vor dem Abitur. Das hat mir alles einfach geholfen und gutgetan. Dann kam der Abiball, und sein Verhalten mir gegenüber änderte sich. Wir schickten uns auf einmal regelmäßig Nachrichten über WhatsApp. Der Abiball begann offiziell in einer gemieteten Location außerhalb der Schule. Ich saß neben einer Mitschülerin, und unsere Eltern waren bereits gegangen. Auf solchen Bällen gibt es sogenannte Vater-Tochter-Tänze. Meine Freundin und ich alberten herum, wir waren bereits etwas angetrunken, und sie meinte aus Spaß, dass wir unsere Lehrer fragen könnten, ob sie für einen Vater-Tochter-Tanz einspringen. Ich habe natürlich Thomas gefragt, aber der murmelte nur irgendwas mit «jetzt nicht» oder so. Später fragte ich ihn nochmals, aber auch da wollte er nicht. Das war okay für mich. Mir war zwar klar, dass ich seine Nähe suchte, aber ich bin nicht verzweifelt gewesen, also habe ich nach der zweiten Abfuhr aufgehört zu fragen und hatte weiterhin mit meinen Freundinnen Spaß.

Gegen Mitternacht gingen die restlichen Schüler:innen und Lehrer:innen in die geschmückte Turnhalle unserer Schule, dort fand die inoffizielle Abiparty statt. Plötzlich sah ich meinen Ex-Freund wieder und war gedanklich nur noch bei ihm. Als hätte das Thomas gespürt, kam er plötzlich auf mich zu und fing an, mit mir zu tanzen. Wir sind gemeinsam raus zum Rauchen. Er war sehr betrunken, als wir sehr eng beieinander saßen und quatschten. Das blieb nicht unentdeckt. Meine

Freundinnen lachten darüber, und meine eine Freundin war etwas beleidigt, weil sie auf Maister stand. In dieser späten Nacht waren nur noch jüngere, männliche Lehrer in der Schule, und auch die machten sich über Thomas und mich lustig. Sie sagten so was wie: «Hey, fass sie mal nicht so an», und lachten dabei. Einer winkte mit der Hand ab, als gäbe er uns sein «Go» und sagte mehr zu sich selbst als zu uns, dass er das ebenfalls machte. Es war schön mit Thomas, aber es verwirrte mich gleichzeitig.

Um halb sechs in der Früh räumten wir Verbliebenen langsam zusammen, und Thomas bat mich, ihm mit ein paar Sachen zu helfen, die ins Lehrerzimmer gebracht werden mussten. Ich fand das eigenartig, denn es war nichts Schweres zu tragen, und ich bin ihm dann einfach mit leeren Händen hinterhergelaufen. Als er die Sachen im Regal verstaut hatte, kam er zu mir. Er stellte sich vor mich, legte seine Arme um mich und säuselte: «Ich werde euch alle so vermissen!» Ich war etwas überrascht und erwiderte, dass wir das auch werden. Ich habe ihn dabei immer noch gesiezt. Er küsste mich auf die Wange, schaute mir kurz in die Augen und küsste mich auf meine Mundwinkel. Weiter könne er nicht gehen, sagte er. Ich glaube, ich habe nur so was wie «okay» gesagt, weil ich mit alldem nicht gerechnet hatte und etwas eingefroren war. Dann zog er mich an sich und küsste mich richtig.

Nach fünf Minuten hörten wir auf, Thomas sagte nichts. Ich bin aus dem Lehrerzimmer zurück auf den Schulflur gegangen, woraufhin er mir folgte und mich erneut küsste. Dabei hätte jederzeit wer auftauchen können. «Geh schon mal vor», wies er mich an, er müsse noch zur Toilette. Ich bin dann überfordert zurück in die Turn-

halle zu den anderen gegangen. Ein Schulkamerad rief gerade ein Taxi und fragte mich, ob ich mitfahren möchte. Da ich nicht wusste, wie ich sonst heimkommen soll, nahm ich sein Angebot an. Thomas kam wieder in die Halle, unsere Blicke trafen sich kurz und dann fuhren wir Schüler:innen heim. Ein Schulkamerad begleitete mich noch nach Hause, und in meinem Zimmer erzählte ich ihm von dieser Nacht mit Thomas. Wir waren nicht eng befreundet, aber im Nachhinein bin ich froh darüber, dass ich ihm das gleich erzählte. Dadurch wurde er zu einer Art Zeuge für mich und diesen Abend. Am nächsten Tag bekam ich eine WhatsApp-Nachricht von Thomas. Er schrieb: «Hi, Sofie. Wie geht's? Hast du die Feier gut verkraftet? Ich bin heute tatsächlich ein bisschen überfordert mit mir.» Ich antwortete: «Hey Thomas, mir geht es gut. Ja, ich bin schon wieder einigermaßen fit. Ja, geht mir genauso.» Da nannte ich ihn zum ersten Mal bei seinem Vornamen. «Gesprächsbedarf?», fragte er, und wir verabredeten uns für den nächsten Tag. Ich schlug die Schule vor, und er willigte ein. Ihm falle schon eine Ausrede ein, warum wir zu zweit reden müssten. Das Gespräch fiel sehr kurz aus und war für mich nicht klärend. Wir saßen dabei nebeneinander auf einer Bank, er entschuldigte sich, dass er betrunken gewesen sei, und es hätte keine Bedeutung gehabt. Autsch. Ich sagte ihm, dass von meiner Seite aus mehr sei.

Daraufhin erzählte er mir, dass er verlobt sei und zwei Kinder habe. In dem Moment brach eine Welt für mich zusammen. Er war für mich zu einer Bezugsperson geworden, und ich schaute zu ihm auf. Mein Bild von ihm veränderte sich. Irgendwie hatte ich die Hoffnung gehabt, dass es nur ein Gerücht sei oder seine Frau und

er sich getrennt hatten. Warum sonst hätte er mit mir herumgemacht? Wie naiv ich war. Wir gingen an diesem Nachmittag so auseinander, aber die ganze Sache ließ mich nicht los. Ich schrieb Thomas und fragte, ob er nicht mehr darüber sprechen wolle, es sei so vieles für mich ungeklärt. «Ganz im Gegenteil, ich würde gerne weiter quatschen. Sollen wir uns noch mal treffen? Wollen wir irgendwohin, wo wir ungestört sind?», schlug er sofort vor. Ich war erleichtert. Wir haben uns noch am gleichen Tag getroffen, ein paar Stunden später, an einer Autobahnraststätte. Er meinte, was er vorhin zu mir gesagt habe, stimmte nicht. Es sei kein Zufall gewesen, dass das mit mir passiert sei. Er fände mich attraktiv, außerdem sei ich eine tolle Schauspielerin.
Er machte mir Komplimente, ich fühlte mich geschmeichelt und dachte «halleluja», er mag mich doch. Aber er habe Frau und Kinder und deshalb könnten wir nicht zusammen sein. Ein Satz, den er danach sagte, hat sich bei mir für immer eingebrannt: Er wünschte, er hätte fünf Leben, weil dann könne er eins davon mir schenken. Er habe aber nur eins. Ich muss sagen: Dieses «Ich würde dir gerne ein Leben geben, aber es geht leider nicht.» hat mir Hoffnungen gemacht. Wir haben uns beide gegenseitig gesagt, dass wir etwas füreinander empfinden, es aber nicht geht und wir das als einen Ausrutscher abhaken. Er fuhr mich mit seinem Auto heim. Während der Fahrt wurde ich immer trauriger und fragte ihn, warum er so mit mir spiele. Er ist richtig sauer geworden, das täte er nicht. Ich habe mich am nächsten Tag für diesen Vorwurf bei ihm entschuldigt.
Wir hatten verabredet, auf Abstand zu gehen. Er wollte mir helfen, über ihn hinwegzukommen. Das war für mich die größte Hoffnung, denn wer schlägt schon vor,

jemandem dabei zu helfen, über ihn hinwegzukommen? Das ist ein Widerspruch in sich. Von nun an schrieben wir uns täglich und flirteten. Für das Schultheater arbeitete ich nach dem Abitur weiter, wir sahen uns einmal die Woche. Das Schlimmste dabei war, dass ich mit niemandem darüber reden durfte, das wollte er nicht. Wir redeten über das schwierige Verhältnis, das ich zu meinem Vater habe, und machten Späße, dass ich einen Vaterkomplex hätte und ihn wohl deshalb so mag.
Zu dieser Zeit machte ich mir große Hoffnungen, dass doch mehr aus uns wird. Selbst in meinem Urlaub blieben wir in Kontakt. Doch ich merkte mit ein wenig Abstand, wie schlecht es mir mit dieser ganzen Geschichte ging. Bei einem unserer Telefonate erklärte ich ihm, dass ich das so nicht mehr könne und wir das Ganze beenden sollten. Er verstand das, willigte ein und sagte dabei zum ersten Mal, dass er den Kontakt eigentlich gar nicht wolle. Für mich war das seltsam, denn er sagte sonst nur, er darf das nicht, er kann das nicht. Aber nie, dass er das Ganze nicht will. In dem Urlaub wurde mir durch den Abstand klar, dass ich mittlerweile emotional richtig tief drinsteckte.
Ich sah ihn am Tag der Theaterpremiere wieder. Er überreichte mir auf der Bühne Blumen, und beim Abbau warf er mir wieder Blicke zu, als hätte es unser letztes Telefonat nie gegeben. Unsere Schule hat ein Internat dabei, dort schläft Thomas unter der Woche häufiger, weil die Wohnung mit seiner Familie weiter weg liegt. Nach dem Premierenabend sahen wir uns in diesen Internatsräumen mit anderen Schüler:innen und Lehrer:innen gemeinsam einen Film an. Ich lag auf dem Sofa, und wir schauten die Rocky Horror Picture Show. Er saß zu meinen Füßen, und irgendwann fing er an,

seine Hand auf mein Bein zu legen und streichelte mich. Es war zwar dunkel, aber ich bin mir ziemlich sicher, dass einer der Lehrer das gesehen haben muss. Erst bin ich erschrocken, aber dann fand ich es schön, schließlich hatte ich Gefühle für ihn. Nach dem Film wollte ich wie die anderen heim. Er wollte noch eine rauchen, und wir liefen gemeinsam zu meinem Auto. Zum Abschied umarmte er mich lang und intensiv. Dabei fing er an, mich anzufassen und erneut zu küssen. Wir standen draußen auf dem Internatsgelände eng umschlungen, wir redeten, küssten uns immer wieder, und dann fragte er: «Willst du nicht mit reinkommen?»

Er sagte mir noch, dass mir klar sein müsse, dass nichts Längeres daraus werden könne. Vom Kopf her war mir das auch klar, aber mein Herz wollte mehr. Bevor wir in sein Zimmer gingen, schaute er mich an und sagte: «Wir können aber nicht miteinander schlafen.» Aus mir kam ein kleines «Okay», weil mich diese Offenheit überrumpelte. Doch diese vorgeschobene Moral und der Abstand verschwanden sofort, als wir die Schwelle zu seinem Zimmer übertreten hatten und er die Tür hinter uns schloss. Er fing an, mich wild zu küssen, fasste mich an und schob dabei meine Jacke von den Schultern. Wir haben an diesem Abend nicht miteinander geschlafen. Aber ich sag mal so: Wir haben quasi alles andere gemacht, für mich war da fast kein Unterschied. Seine Frage danach, ob ich noch bleiben wolle, lehnte ich aber ab. Da meldete sich mein Menschenverstand wieder zurück. Im Urlaub war ich schon weiter gewesen, jetzt war ich noch mehr emotional verwickelt.

Mir tat dieses Hin und Her überhaupt nicht gut, deshalb hatte ich mich entschlossen, ihm das per WhatsApp mitzuteilen. Tage später antwortete er mir, gab

mir recht und schrieb, es sei vorerst wohl das Beste. Was heißt vorerst, fragte ich mich? Danach hatten wir keinen Kontakt mehr. Er hat das so leicht hingenommen, und da wusste ich, dass ich emotional viel mehr involviert war als er. Den Direktor konnte ich darüber nicht informieren, denn der sagte zu mir mal vor einiger Zeit, als er mich außerhalb der Schule traf, wie hübsch ich sei. Das fand ich damals schon seltsam und blöd. Da wusste ich: Von ihm konnte ich keine Hilfe erwarten.
Ich war eine lange Zeit fix und fertig. Ich hatte richtigen Liebeskummer und suchte mir über E-Mail Hilfe bei einer staatlichen Schulberaterin. Leider wies sie mich ab, ich solle bei unserer Schulpsychologin nach Angeboten fragen. Dabei wollte ich absolut nicht, dass sie etwas mitbekommt, sie war selbst Teil dieser Schule. Ich wollte sowohl ihn als auch mich schützen. Ich fühlte mich nicht ernst genommen und wollte mich nicht noch weiter lächerlich machen, deshalb schwieg ich. Irgendwie fühlte ich mich mit allem alleingelassen. Aber anzeigen konnte ich ihn auch nicht, ich hätte sicher ein schlechtes Gewissen, denn im Nachhinein denke ich: Vielleicht war das irgendwie alles meine eigene Schuld?

Sofie dachte erst, es handle sich um sehr starken Liebeskummer, schreibt sie mir. Als sie die Geschichte einem Freund erzählt und dieser ihr sagt, für ihn höre sich das nach emotionalem Missbrauch oder so was in der Art an, stand sie erst einmal komplett neben sich, schrieb sie in der Mail. Sie wendete sich an mich, weil sie nicht wüsste, was zu tun sei, ob sie überdramatisiere, es nur schlimmer Liebeskummer sei oder doch noch etwas anderes? Und sie stellt die Fragen, die so vielen durch den Kopf gehen: «Sollte ich es der Schule oder seiner Frau erzählen?» Sofie sagt: «Ich wollte diese Geschichte unbedingt jemandem erzählen, der auch so eine ähnliche Erfahrung gemacht hat, und die Meinung und den Rat dazu hören.»

Dass sich Sofie an jemanden wendet, die ebenfalls einen Machtmissbrauch in der Schule erlebt hat, ist legitim. Dass sie nicht weiß, an wen sie sich sonst wenden soll, dass sie nicht einschätzen kann, worum es sich handelt, ist ein Teil des strukturellen Problems. Sexualisierte Grenzverletzungen sind sowieso schwierig zu definieren. Es hängt letztendlich vom individuellen Erleben der Betroffenen ab, ob eine Handlung als Grenzüberschreitung gewertet wird oder nicht. Was aber sicher ist: Sexualisierte Grenzverletzungen liegen immer dann vor, wenn in einem sexualisierten Kontext die Beziehung zwischen physischer Nähe und Distanz subjektiv als unangenehm wahrgenommen wird, wissen Expert:innen. Man könnte das ebenfalls Intuition nennen, Bauchgefühl, innerer Kompass. Wenn sich etwas falsch anfühlt, ist es das vermutlich auch. Das ist zumindest meine persönliche Erfahrung.

Ein Jahr später meldet sich Sofie wieder bei mir, sie habe Thomas Maister erneut bei einem Schuljubiläum ihres Jahrgangs getroffen. Sie überlegte im Vorhinein lang, ob sie zu der Veranstaltung gehen sollte. Sofie hat sich nach dem Vorfall in therapeutische Behandlung begeben. Immer wieder habe sie Angst, was wohl passiert, wenn sich die beiden über den Weg laufen. Mit ihrer Therapeutin kam sie zu dem Ergebnis, dass die Konfrontation in ihrem Fall hilfreich sein könnte, um Sofie die Angst zu nehmen. Dort wäre eine Begegnung nicht überraschend, und sie könne die Situation dementsprechend kontrollieren. Die Konfrontation gilt nicht für jede:n als gute Lösung. Es sollte immer individuell abgewogen werden, ob eine Begegnung hilfreich für den Heilungsprozess sein könnte oder die Angst dadurch erneut getriggert wird und eine Retraumatisierung stattfindet.

Sofie entscheidet sich, zu der Veranstaltung in ihrer alten Schule zu gehen. An den Ort, der ihr eigentlich Sicherheit geben sollte und keine schlechten Gefühle verursachen sollte. Damit ist sie aber nicht alleine: In der SPEAK-Studie befragte man Jugendliche, welche Orte für sie als besonders risikoreich wahrgenommen würden. Dabei unterschied man zwischen Orten «nicht körperlicher» sexualisierter Gewalt und Orte «körperlicher» sexualisierter Gewalt. In beiden Kategorien kam dem Ort Schule eine hohe Bedeutung zu.

Als sich Sofie auf der Jubiläumsfeier umdreht, sieht sie Thomas Maister in der Menge. Er sieht sie zu diesem Zeitpunkt noch nicht. Ihr Körper versteinert, sie beginnt sofort zu weinen. Eine gute Freundin ist zu diesem Zeitpunkt an ihrer Seite, sie kennt die Geschichte, und Sofie kann sich step by step wieder sammeln. Sie spricht mit alten Schulfreund:innen und unterhält sich mit Lehrkräften. Das lenkt sie ab. Doch ihr ist klar, dass der Moment kommt, in dem es noch mal unangenehm werden wird. Dann treffen sich zwei Augenpaare in der Menge, die nicht weit voneinander entfernt stehen. Zwei Buchstaben kann Sofie aneinander reihen und ein «Hi» aus ihrem Mund pressen. «Es war seltsam», erklärt sie mir. «Dann haben wir uns unbeholfen umarmt.» Um sie herum stehen ehemalige Schulfreund:innen von Sofie, die ebenfalls die Geschichte kennen. Er schaut sie an und fragt: «Können wir mal kurz weggehen und reden?» Sofie willigt ein, und die beiden verschwinden aus der Masse, gehen an einen ruhigen Ort.

Erst einmal fängt er mit Small Talk an. Wie es ihr gehe, was sie mache, wo sie jetzt lebe, will er wissen, die Hände dabei unbeholfen in seinen Hosentaschen versteckt. «Er war irgendwie ganz unsicher», das fiel ihr gleich auf. Dann passiert das, auf das einige Betroffene ein Leben lang warten und meist nicht bekommen: Der Lehrer entschuldigt sich – für sein Verhalten, für das, was passiert ist. Für Sofie ist das ein wichtiger Schritt. Solch eine Entschuldigung bewirkt manchmal Wunder im Heilungsprozess. Nach diesem Abstand konnte Sofie für sich besser reflektieren, was dieser Machtmissbrauch mit ihr gemacht hat. Sie erzählt Thomas Maister, wie schlimm die Situation damals für sie war, denn sie hatte nicht das Gefühl gehabt, dass er das vorher vollumfänglich verstanden hatte.

2018 führten die beiden Erziehungswissenschaftlerinnen Friederike Heinzel und Annedore Prengel umfangreiche Studien durch Beobachtungen an 242 Lehrer:innen durch und kamen zu dem Ergebnis, dass bei circa einem Viertel ein überdurchschnittlich verletzendes Handeln zum Schulalltag gehört. Etwa sechs Prozent der Interaktionen zwischen Lehrkräften und Schüler:innen wurden als psychisch mitunter stark verletzend gewertet. Dabei kam es kaum zu Beobachtungen von sexualisierten Handlungen durch Lehrer:innen gegenüber Schüler:innen. Allerdings äußerten Schüler:innen körperliche Grenzverletzungen durch diese, aber vor allem verbale Gewaltformen waren im Vordergrund. Gleichzeitig wurden bei der Hälfte der Lehrpersonen ein stärkerer oder auch durchgehend stark ausgeprägter Zug, anerkennend zu handeln, beobachtet. Somit finden sich im Raum Schule zwei stark normative Ordnungen, die konfliktreich nebeneinander existieren.

Sofie ging es sehr schlecht mit der Erfahrung, die sie gemacht hatte. Als sie mit Thomas Maister bei dem letzten Jahrgangstreffen auf einer Bank sitzt, wird ihr eins klar: Das alles ist nicht mehr das, was sie möchte. Sie hatte sich ein unrealistisches Ideal von ihm aufgebaut. Dadurch, dass sie ihn wiedersah, blickte sie nun anders auf ihn. «Es war nicht so, dass alle Gefühle plötzlich weg waren, aber ich konnte guten Gewissens sagen, dass ich das mit ihm nicht mehr will.» Er druckst immer wieder rum, schwafelt und verwendet große Worte, wie sie die Situation beschreibt.

Dann sagt Thomas Maister etwas, das Sofie einerseits sprachlos macht, ihr andererseits aber hilft, diesen Lehrer loszulassen, sich zum ersten Mal über ihn zu stellen und seine Unreife zu erkennen. «Ich möchte mich noch mal bei dir entschuldigen, weil du warst zu dem Zeitpunkt noch so unreif.» Sie könne in diesem Alter schließlich nicht reifer sein, um so zu reagieren, wie sie damals reagiert hatte. Sofie schweigt und sagt nichts. In ihrem Kopf sieht es anders aus. Mittlerweile ist sie selbstbewusster und erkennt, dass er nicht nur der Unreife ist, sondern auch derjenige, der ein Problem hat. Schließlich war Sofie diejenige, die das Ganze beendet hat, die Grenzen setzte. Deshalb fragt sie ihn direkt: «Was hättest du eigentlich gemacht, wenn ich es damals nicht beendet hätte?» Eine Frage, die sie lange beschäftigt hat. «Dann hätte ich es langsam auslaufen lassen», antwortet er.

Sofie geht aus dem Gespräch, und als sie sich umdreht und zurück zu ihren Freund:innen geht, fühlt sie sich erleichtert und endlich frei. Die Geschichte zwischen den beiden ist an dieser Stelle zu Ende, aber das Erlebte noch nicht vollständig verarbeitet. Mit einem Gespräch heilen nicht alle Wunden, es bleiben Narben, die anfängliche Euphorie nach dem Gespräch verblasst. Ab und an schießen ihr Erinnerungen durch den Kopf, verwandeln sich nachts zu Träumen. Aber bei einem ist sich Sofie sicher: Es war der nötige Schritt in die richtige Richtung – in ein neues Kapitel, wie sie hofft.

Immer, wenn ich mit Sofie sprach, hatte ich das Gefühl, mit meinem jüngeren Ich zu kommunizieren. Das Narrativ «Ich bin selbst schuld.» begleitet viele. Trotz allem wollte auch ich damals meinen Lehrer schützen. Mittlerweile ist

Sofie von daheim ausgezogen und studiert. Ein Jahr später pfeift der Wind durch das Telefon, als wir erneut miteinander sprechen. Sie sei mit zwei Freundinnen an der Ostsee campen. Erst gestern Nacht habe sie das Geschehene den beiden Freundinnen aus dem Studium erzählt, als sie zu dritt unterm Sternenhimmel, in Decken eingekuschelt, am Strand lagen. Obwohl die Zeit zur Schule schon eine Weile her ist, sagt Sofie am Ende des Gesprächs etwas, das mich einerseits traurig macht, andererseits sehr viel über die Nachwirkungen eines Machtmissbrauchs aussagt: «Ich würde mir immer noch wünschen, dass wir zwei ein Paar werden.» Sie weiß, dass sie die andere Seite von Thomas Maister ausklammere, aber er sei einfach ihr Traummann. Wie Sofie ihren Lehrer glorifiziert, machen das andere Betroffene ebenfalls. Auch ich stellte Wolfgang Schubert auf ein Podest und erkannte erst viel später, dass dieses Bild von ihm falsch war und ich manipuliert wurde.

Der Fall ist erst ein Jahr alt, der Lehrer nicht angezeigt, er lehrt ohne Konsequenzen weiter an der Schule. Er ist einer von vielen, die Grenzen zu ihren Schüler:innen überschreiten und am nächsten Morgen wieder zurück in eine Klasse gehen, als wäre nichts passiert. Vielleicht gibt es eine neue Schülerin, die er auserkoren hat. Es passiert so oft. Bis sich jemand traut, dagegen etwas zu unternehmen, dauert es. Oft geschieht aus Scham durch die Betroffenen aber nichts.

Sofie war zu dem Zeitpunkt bereits volljährig und in ihren Lehrer verliebt. Käme sie überhaupt mit einer Anzeige durch, frage ich mich und stelle die Frage der Anwältin Dr. Isabel Kratzer-Ceylan, die auf Opferschutz spezialisiert ist und in einer Kanzlei in Augsburg arbeitet. Es gibt Fälle, in denen sich Schülerinnen in einen Lehrer verlieben oder den Kontakt zu ihm nicht richtig einschätzen können und einfach mitmachen. Kratzer-Ceylan kennt solche Fälle aus der Praxis und erklärt: «Wenn wir eine Schülerin haben, die bereits 18 ist, und es kommt zu einer Beziehung, wird es schwer, nachzuweisen, dass sie das wirklich nicht wollte.»

Sofie hatte zudem noch Gefühle für ihren Lehrer, weshalb sie sich auf ihn einließ und mitmachte. Sie wurde manipuliert und psychisch ging ihr der Machtmissbrauch sehr nah. Auch andere Betroffene aus diesem Buch schildern mir, dass sie der Fall lange beschäftigt hat und ihnen immer noch nahegeht, selbst wenn auf körperlicher Ebene nichts geschah. Da gab es keinen sexuellen Übergriff, aber es herrschte trotzdem eine Art Beziehung, begleitet von einem Unwohlsein. Bei solch einem Machtmissbrauch sei strafrechtlich nichts auszurichten, erklärt Kratzer-Ceylan. Sie habe öfters Beratungen in dem Bereich, wenn der Fall mit psychischer Gewalt bzw. Druck einhergeht. «Da gibt es nur sehr wenige Tatbestände, wie zum Beispiel Stalking oder Nötigung, die in solchen Situationen jedoch in der Regel nicht erfüllt sind.»

Deshalb appelliert die Anwältin an das Engagement der Schulen. Es bräuchte ausreichend Sozialpädagog:innen vor Ort, mit denen die Schüler:innen sprechen können. Ihr persönlich fehle in diesem Graubereich mehr Präventionsarbeit wie regelmäßige Kurse, in denen explizit die Wehrhaftigkeit von Schüler:innen gestärkt werde. Es muss ein Bewusstsein geschaffen werden, ab wann ein Übergriff stattfindet. Schulen müssen Schüler:innen klar kommunizieren, dass sie sich Hilfe holen können und bei wem, erklärt Kratzer-Ceylan. Das Problem sei dabei aber oft, dass Schüler:innen gar nicht wissen, an wen sie sich wenden sollen bzw. können. Das haben mir auch andere Betroffene erzählt. Wenn sie wüssten, dass es eine Schulpsychologin gebe, existiere zudem kein Vertrauensverhältnis. Wie soll man sich mit einem so emotionalen Thema an eine Person wenden, zu der man keinen Bezug hat, der man nicht vertraut?

«Ich hatte zum Beispiel mal einen Fall, da ging es um einen Kampfsportlehrer», erzählt die Opferanwältin. Er wollte sich in das Leben von seinen Schüler:innen einmischen, nicht nur in sportlicher Hinsicht, sondern auch auf ihre persönliche Entwicklung Einfluss nehmen. Er suchte sich dafür insbesondere junge attraktive Frauen aus, die bereits alle über 18 waren, bei denen er aber merkte, dass sie wenig Selbstbewusstsein hatten oder keine gute Beziehung zu ihren Eltern. Er fing an, Vertrauen aufzubauen und die Beziehung immer weiter in eine sexuelle Richtung zu lenken. Hier kann die Neuregelung des Paragrafen 177 StGB greifen (Stichwort: Nein heißt Nein), der mittlerweile eben auch sexuelle Übergriffe gegenüber erwachsenen Personen erfasst, die von einem Über- / Unterordnungsverhältnis geprägt sind, ohne dass eine Nötigung mit Gewalt oder Drohung stattgefunden hat.

So wird künftig bestraft, wer gegen den «erkennbaren Willen» an einem Dritten sexuelle Handlungen vornimmt beziehungsweise von diesem vornehmen lässt. Auf der Seite des Bundestags heißt es: «Ein ‹erkennbarer Wille› muss dabei laut Begründung etwa ausdrücklich verbal oder konkludent, etwa durch Weinen oder Abwehrhandlungen, ausgedrückt werden. Als Strafmaß ist für diese Taten eine Freiheitsstrafe zwischen sechs Monaten und fünf Jahren vorgesehen.»

Manch eine, die Opfer einer Sexualstraftat wird und das Geschehene anderen erzählt, hört manchmal, sie solle die Sache doch einfach auf sich beruhen lassen. Oder es mischen sich Leute ein und erzeugen Druck, indem sie mahnen: «Hoffentlich zeigst du ihn an», «Du musst damit zur Direktion oder gleich zur Polizei», oder sie verweisen auf juristische Hilfe oder Beratungsstellen. All die Vorschläge klingen erst einmal sinnvoll, können aber eine Lawine ins Rollen bringen, die vor allem für Betroffene bedrohlich werden kann. Denn das Justizsystem ist noch längst nicht so weit, Betroffenen zu glauben. Es gilt die Unschuldsvermutung.

Im April 2022 geht eine Schülerin in einem römischen Gymnasium zwischen den Unterrichtsstunden die Treppe hinauf, als der Hausmeister der Schule seine Hand in den Bund ihrer Hose und in ihre Unterhose steckt. Andere Schüler:innen beobachten diesen Vorfall und erzählen später, dass der Hausmeister auf die Frage, was er da mache, antwortete: «Komm schon, du weißt doch, dass ich nur scherze.»

Der Fall geht vor Gericht. Der Hausmeister wurde wegen sexueller Nötigung angeklagt. Er gab zu, die Schülerin ohne Einverständnis begrapscht zu haben, wiederholte aber «es sei nur ein Scherz gewesen». Die Staatsanwaltschaft plädierte auf eine fast vierjährige Haftstrafe und eine Verurteilung wegen sexueller Nötigung. Trotz allem entschied der Richter am Ende zugunsten des Hausmeisters. Die Begründung: Die Berührung dauerte nur zwischen fünf und zehn Sekunden, und seine Hand verweilte nicht sehr lange in der Unterwäsche der Schülerin. An dieser Zehn-Sekunden-Regelung in Italien zeigt sich deutlich, wie mit sexueller Nötigung in einem Schutzort wie einer Schule umgegangen wird. Wie lange muss eine Berührung dauern, damit sie als sexuelle Nötigung gilt, wie viele Beweise braucht es, damit Betroffenen geglaubt und Täter verurteilt werden? All das fassen wir unter dem Stichwort Victim Blaming zusammen.

Die Instagram-Nutzerin durantilaura postete ein Video, in dem sie sich selbst für zehn Sekunden anfasste, um zu zeigen, wie lange sich solch ein Übergriff anfühlt, und schrieb: «Nun ... Ich bin kein Richter, und ich bin mir bewusst, dass Urteile zu respektieren sind. Aber ich verstehe die Begründung wirklich nicht. Warum wird die Absicht bewertet und nicht die Geste? Warum wird überhaupt die Dauer bewertet, um festzustellen, ob es sich um Gewalt handelt oder nicht?

Ist es nicht wichtiger, ob die Person, die die Geste erlitten hat, ihr zugestimmt hat? Ob sie sich vergewaltigt fühlte oder nicht?»

Gegenüber der Zeitung *Corriere della Sera* erklärte die betroffene Schülerin, dass es sich bei dem Vorfall nicht um einen Scherz gehandelt habe, wie ihr Angreifer erklärte: «Ein Scherz ist etwas, das zwischen zwei Menschen geteilt wird. So sollte ein Hausmeister nicht mit einem 17-jährigen Mädchen herumalbern. Ich bin sehr wütend.» Sie fügt hinzu, dass das keine Gerechtigkeit sei. «Ich fühle mich verraten – zuerst von der Schule, in der es passiert ist, und jetzt vom Gericht. (...) Ich fange an zu glauben, dass es falsch war, den Institutionen zu vertrauen.»

In Neuwied in Rheinland-Pfalz gab es 2012 ebenfalls einen Vorfall in der Schule, über den medial berichtet wurde. Ein 32-jähriger Lehrer hatte mit einer 14-jährigen Schülerin 22-mal sexuellen Verkehr, darunter auch fünfmal nach Verabredung im Putzraum der Schule. Er drängte die Schülerin dazu, das Verhältnis geheim zu halten, der Lehrer war außerdem verheiratet. Vier Jahre unterrichtete er bereits an der Schule, war engagiert und beliebt. Er organisierte Tanzkurse für den Abschlussball, die einmal wöchentlich stattfanden, an dem auch die betroffene Schülerin teilnahm. Über ICQ schrieben die zwei immer intensiver, gestanden sich ihre Gefühle füreinander.

In der *Rhein-Zeitung* hieß es dazu am 10. Januar 2012:

22-mal war es zu sexuellen Handlungen zwischen Lena W., der damals 14 Jahre alten Schülerin, und Dirk S., dem Klassenlehrer ihrer Parallelklasse, gekommen. Erst nach langem Leugnen hatte Dirk S., Lehrer für katholische Religion, Mathematik und Englisch, die Taten eingeräumt. Das Neu-

wieder Amtsgericht hatte ihn im Januar vergangenen Jahres zu zwei Jahren Freiheitsstrafe auf Bewährung verurteilt.

Was für die *Rhein-Zeitung*, die Eltern der Schülerin und die Schulleitung eindeutig eine Straftat ist, sah das OLG anders. Das Oberlandesgericht sprach den Lehrer vom Verdacht des sexuellen Missbrauchs Schutzbefohlener frei. Warum? Das Gesetz schützte zu diesem Zeitpunkt nur Schüler:innen vor Klassenlehrern und Fachlehrern. Da in Deutschland eine (begrenzte) Sexualreife schon für Jugendliche ab 14 Jahre gilt, kommt es im Fall einvernehmlichen Sexualverkehrs allein auf das Merkmal «zur Erziehung, zur Ausbildung oder zur Betreuung in der Lebensführung anvertraut» des § 174 StGB (Sexueller Missbrauch von Schutzbefohlenen) an. Das Urteil sorgte für viel Empörung, der Direktor der Schule sprach von «einer Katastrophe». Die deutsche Kinderhilfe formulierte, dass das Urteil regelrecht eine Ermunterung für sexuellen Missbrauch darstelle. Die Eltern des Mädchens reagierten dem Bericht in der *Rhein-Zeitung* zufolge sehr niedergeschlagen. Der Vater sagte, dass der Schaden für das Seelenleben seiner Tochter nicht zu bemessen sei. Lena W. hat die Schule inzwischen verlassen und eine Ausbildung begonnen. Immer wieder sei sie in psychologischer Behandlung.

Das OLG Koblenz hat ebenfalls ein Obhutsverhältnis verneint. Der Lehrer habe nur wenige Male in der Klasse vertreten, ihm sei daher die Schülerin nicht anvertraut gewesen, als er mit ihr sexuell verkehrte. Wie das Magazin *Stern* berichtete, soll sich der Lehrer zuvor mit Avancen und einem Liebesbrief auch an die ältere Schwester des Mädchens herangemacht haben. Die habe ihn aber abgewiesen. Es ist ein Fall, der daran zweifeln lässt, ob Minderjährige in der Schule durch das Gesetz ausreichend gegen sexuellen Missbrauch durch Lehrer geschützt werden.

2003 war der Lehrer bereits in seiner Referendarzeit an einer Neuwieder Hauptschule von einer Schülerin wegen sexueller Belästigung angezeigt worden. Dieser wurde damals nicht geglaubt. Dem zuständigen Schulamt war dieser Fall bekannt. 2008 wird die «Initiative gegen Gewalt und sexuellen Missbrauch an Kindern und Jugendlichen» vom Vater der Schülerin um Unterstützung gebeten, weil befürchtet wird, dass besagter Lehrer bald wieder im Schuldienst eingesetzt wird. Und tatsächlich: 2009 arbeitet der Lehrer wieder in einer anderen Schule. Die Initiative versucht, mithilfe von Öffentlichkeitsarbeit wie Zeitungsberichten, dies zu verhindern.

In der Begründung für die Aufhebung des Urteils der Vorinstanzen führte das Koblenzer Oberlandesgericht aus, grundsätzlich sei ein sexuelles Verhältnis zwischen einer 14-Jährigen und einem 32-Jährigen nicht strafbar laut der damaligen Fassung des § 174 Sexueller Missbrauch von Schutzbefohlenen. Gemäß dem Strafgesetzbuch von 2012 liegt sexueller Missbrauch von Schutzbefohlenen erst dann vor, wenn eine Minderjährige dem Täter «zur Erziehung, zur Ausbildung oder zur Betreuung in der Lebensführung anvertraut ist». Laut dem Sprecher des OLG Koblenz, Fabian Scherf, war die Schülerin nach den Feststellungen der Vorgerichte dem Lehrer nicht «anvertraut» im Sinne des Gesetzes. Doch ein Obhutsverhältnis lasse sich daraus nicht herleiten, entschied das Gericht. Dass das Mädchen dem Lehrer während der Busfahrt nach Hamburg anvertraut gewesen sein dürfte, sei «irrelevant», weil es zum ersten Sex erst Monate später gekommen war.

Anders könnte man es sehen, wenn man der Argumentation des Schulleiters folgt, nach der in kleineren Schulen (die betroffene Schule hat 500 Schüler) für jede:n Lehrer:in eine Aufsichts- und Obhutspflicht gegenüber jedem Schüler und jeder Schülerin besteht. Diese Argumentation findet auch durchaus eine Grundlage in der oben bereits zitierten BGH-Entscheidung von 1963 (BGHSt 19, 163, 166).

Prof. Dr. Henning Ernst Müller arbeitet am Lehrstuhl für Strafrecht, Kriminologie, Jugendstrafrecht und Vollzug an der Universität Regensburg. Er schreibt, dass in der damaligen Diskussion eine generelle Sorge insbesondere von Eltern anklingt, «ob nicht die Altersgrenze 14 Jahre zu niedrig angesetzt ist und ob nicht generell eine sexuelle Beziehung zwischen Erwachsenen und Jugendlichen strafrechtlich erfasst werden sollte». Im Jahr 2014, also vor zehn Jahren, wurde der Paragraf umformuliert, dass jede:r Lehrer:in an einer Einrichtung sich bei einem sexuellen Verhältnis zu einem oder einer minderjährigen Schüler:in dieser Einrichtung strafbar machen würde.

Immer wieder gibt es Fälle, in denen Lehrer davonkommen. Die *Rhein-Zeitung* schreibt, dass die damalige Schülerin Maike Probleme mit den Eltern hatte. Daraufhin tauschte sie sich mit ihrem Englischlehrer aus, der gleichzeitig Vertrauenslehrer der Schule war. Er bekam ihre Nummer und schrieb ihr immer mehr Grenzüberschreitendes, unter anderem wollte er wissen, wie sie sich ihr erstes Mal vorstelle. Bei einer Klassenfahrt versuchte der Lehrer, Maike zu küssen. Letztlich mussten sich beide der Schulaufsichtsbehörde stellen. Der Lehrer wurde an eine andere Schule versetzt und unterrichtete weiter.

Ein anderer Fall, der in den 1990ern spielte: Ein Hauptschullehrer verhielt sich «zudringlich, taktlos und ungehörig» gegenüber Schülerinnen. Nach einer Strafanzeige kommt es zu einem Ermittlungsverfahren. Trotz Beweisen, dass der Lehrer übergriffig geworden war, wurde das Verfahren wegen «Geringfügigkeit und Verjährung» eingestellt. Nach Einstellung des Verfahrens stellte der Lehrer nun Strafanzeige gegen zwei seiner Kollegen und drei Mitgliedern der früheren Elterninitiative. Aufgrund der Betroffenheit entstand der Gedanke zur Gründung eines gemeinnützigen Vereins zur Unterstützung von Opfern von Gewalt und sexuellen Übergriffen, um auf Missstände öffentlich hinzuweisen. Das erzählt mir Johannes Heibel, der diesen Verein gegründet hat.

Der Lehrer B. soll in den Jahren zwischen 1991 und 1995 eine Schülerin nach einer Klassenfeier geküsst und am Oberschenkel angefasst haben. Eine andere Schülerin soll er im Rahmen des Sexualunterrichts gefragt haben, ob sie mit ihm schlafen wolle. Eine weitere Schülerin soll er gefragt haben, ob er sie warm halten solle, und einer Schülerin soll er wiederholt einen Klaps auf den Po gegeben haben. Zudem habe er während der Hausaufgabenüberwachung Schülerinnen an der Schulter angefasst und erklärt, sie sollten aufpassen, dass ihre «Äpfelchen nicht aus dem T-Shirt herausfallen». Die genannten Beweise würden jedoch nicht die Behauptung rechtfertigen, der Lehrer hätte die Mädchen sexuell belästigt.

Die Übergriffe des Lehrers betrachtete das Gericht Montabaur als unerhebliche, normale Beeinträchtigung, welche die Voraussetzung einer sexuellen Belästigung nicht erfüllt. «Eine sexuelle Belästigung setzt voraus, dass die Handlung auf Sinneslust beruht oder ihr dienen soll und objektiv geeignet ist, einen anderen in seinem Empfinden nicht unerheblich zu beeinträchtigen. Eine normale Beeinträchtigung erfüllt mithin nicht die Voraussetzung einer Belästigung.» Nach dem Urteil geht Johannes Heibel in Sprungrevision vor das Oberlandesgericht Koblenz und hat ein Jahr später Erfolg. Das Urteil wird aufgehoben.

Infolge dieses Falls gründete sich die «Initiative gegen Gewalt und sexuellen Missbrauch an Kindern und Jugendlichen» von Johannes Heibel. Heibel ist ursprünglich Sozialpädagoge und hat sich dem Schutz von Kindern und Jugendlichen verschrieben, die Missbrauchserfahrungen erlebt haben. In den Gesprächen mit ihm wird deutlich: Es braucht viel mehr solcher engagierter Menschen wie Heibel, die in ihrer Freizeit Fälle dokumentieren und mit der Polizei kooperieren. Nur so fallen letztendlich Urteile.

Auch im Schwabenland fand ich einen Artikel über eine Elterninitiative, die sich aufgrund eines Missbrauchsfalls an einer Schule gründete. In Wien habe ich ebenfalls eine solche Initiative gefunden und mit einer Mutter dazu gesprochen. Alle diese Menschen engagieren sich ehrenamtlich, weil die Politik zu wenig macht, weil Gesetze nicht greifen, weil wir nicht glauben wollen, dass Lehrer ein Vertrauensverhältnis ausnutzen und weil patriarchale Strukturen eine Welt formen, in der Frauen weniger geschützt werden und eine Täter-Opfer-Umkehr herangezogen wird.

Auch Frauen tragen durch unsolidarisches Verhalten dazu bei, den sexistischen Status quo aufrechtzuerhalten. So kritisierte die österreichische Schauspielerin Nina Proll 2017 den medialen Diskurs zur MeToo-Debatte und fragte: «Wollen wir Männern verbieten, sexuelle Avancen zu machen? Oder können wir uns noch darüber freuen, wenn ein Mann versucht, uns ins Bett zu kriegen?» Proll setzte damit sexualisierte Gewalt mit einer Anmache gleich, bekam aber dennoch Medienecho von der Gegenoffensive, die sich hinter dem Hashtag #NotMe verbirgt. Nur weil einer Person noch nichts passiert ist, heißt das im Umkehrschluss nicht, dass sexuelle Gewalt kein Thema sei, dass andere keinen Machtmissbrauch erleben. Proll fragte ebenfalls in einem Tweet, in was für einer Gesellschaft wir leben wollen. «Wollen wir einander nur noch anzeigen und vor Gericht bringen? Oder sind wir in der Lage, auf Augenhöhe miteinander zu reden und ‹Nein› zu sagen, wenn uns irgendetwas missfällt? Oder besser: Lasst uns Sex verbieten, dann sind wir alle Probleme los.»

Leider ist das sehr kurz gedacht. Denn erstens verlaufen die meisten Anzeigen zu sexueller Gewalt und Machtmissbrauch ins Leere und zweitens reicht ein «Nein» oft nicht, um Gewalterfahrungen zu untersagen. Aussagen wie die von Nina Proll stehen für mich für ein unsolidarisches Miteinander und verlangsamen einen gesellschaftlichen Wandel. Einzelne Entscheidungsmächtige (Männer) springen auf diesen Zug auf. Dass wir als Gesellschaft einen langen Atem brauchen, wenn es um strukturelle Veränderungen geht, zeigen nicht zuletzt die medialen Debatten. Angesichts von #Aufschrei und #MeToo entdeckte man in mancher Redaktion erstmals jenes Thema, das feministische Aktivistinnen seit Jahrzehnten beleuchten. Hashtags können etwas aufdecken und bewirken, wie auch Burke nach dem Tweet von Milano glaubt. Sie sagt: «Das ist mein Lebenswerk und ich bin stolz, dass es sich auf diese Weise vergrößert. Das ist mehr als nur ein Moment – es ist eine Bewegung! #MeToo.»

Die weltweiten Reaktionen auf die Tausende von Tweets und Solidaritätsaktionen sind unübersehbar, die Geschichten dahinter rütteln auf. Bald wurde deutlich: Diese Social-Media-Bewegung ist groß, und Frauen brechen ihr Schweigen. Und trotzdem bleiben Betroffene oft auf sich allein gestellt, das Gesagte wird infrage gestellt. Was ist, wenn mir nicht geglaubt wird? Wenn ich mich immer und immer wieder erklären muss? Meine Beschreibungen über das Geschehene nicht anerkannt, sondern bewertet werden?

Wie viel Schuld trägt sie dabei selbst, was hat sie getan, angehabt, dass das überhaupt passieren konnte, sind Fragen, die viele automatisch im Kopf abgespeichert haben und wie ein Vorwurf klingen. Betroffene müssen sich oft rechtfertigen, obwohl sie mit ganz anderen Dingen währenddessen zu kämpfen haben, mit emotionalem Schmerz und mit Scham zum Beispiel. Ist das schlimm genug, was mir passiert ist, dass ich so fühle, fragen sich viele Betroffene. Die Bewertung von außen hält viele Betroffene ab, jemanden ins Vertrauen zu ziehen oder gar Anzeige zu erstatten. Wir nennen das Victim Blaming.

Das sind Gedanken, die all jenen Schüler:innen in den Kopf schießen, die einen Machtmissbrauch erlebt haben. Und sie sind der Grund, warum die Dunkelziffer an nicht gemeldeten Fällen so hoch ausfällt.

Ich habe selbst von manchen Menschen gehört, dass ich ja damals bereits 18 Jahre alt war und somit erwachsen (ich habe schon erwähnt, dass sogar eine Therapeutin einmal in diese Richtung argumentiert hat). Ich hätte das Ganze besser einschätzen müssen. Die Schuld wurde also auch mir gegeben. Das ist keine Seltenheit, das kennen Betroffene, wenn sie zum Beispiel nach einem sexuellen Übergriff nach der Kleidung gefragt werden, die sie zu dem Zeitpunkt trugen.

Als ich der Psychotherapeutin Lilly Heidelberg von diesen Vorwürfen erzähle, wird sie deutlich. «Wie man sieht, ist es selbst als volljährige Betroffene nicht möglich, solch ein Verhalten zu unterbinden. Es ist schlichtweg die Aufgabe des Lehrers, damit aufzuhören.» Der Lehrer manipuliert, macht Schüler:innen emotional abhängig von sich, und nur, weil eine Schülerin auf dem Papier bereits 18 ist, heiße das gar nichts, erklärt Heidelberg. Fakt sei, dass jeder Lehrer eine Autoritätsperson ist. «Natürlich sind besonders die Menschen betroffen, die eine starke Bedürftigkeit haben», sagt Lilly Heidelberg. Die eigenen Ambivalenzen der Schüler:innen weiter aufrechtzuerhalten, sei schlichtweg falsch und verantwortungslos. Es gebe Autoritätsverhältnisse – nicht nur zwischen Schüler:innen und Lehrkräften, auch zwischen

Therapeut:innen und Klient:innen etc. – und in diesen gibt es klare Rollen und einen Verantwortungsbereich, der eingehalten werden soll und muss. Gewalt wird oft vom System aufrechterhalten, das ist ein großes Problem. Sexualität ist immer noch stark tabuisiert, auch in der Therapie.

Dr. Anita Heilberger ist promovierte Sozialwissenschaftlerin, forschte viel zu Gewalt gegen Kinder und Frauen und hat in ihren Veröffentlichungen angeprangert, dass Täterschutz immer noch Vorrang gegenüber Opferschutz und präventiver Arbeit hat. Und das, obwohl noch nie zuvor so viele Skandale in einem ähnlichen Zeitraum an die Öffentlichkeit gekommen waren wie in den letzten Jahren und aktuell immer noch ans Licht kommen. Da sind zum Beispiel die Vorfälle vom Canisius-Kolleg in Darmstadt. Dort hat ein Lehrer mindestens 35 Schüler sexuell missbraucht. Es waren alles Jungs, manche davon missbrauchte der Lehrer täglich. Der Mann wurde 2005 für 15 Fälle zu vier Jahren Haft verurteilt und verstarb in dieser Zeit. Erst viel später, nach einer Aufarbeitung, wurde das gesamte Ausmaß seiner Taten bekannt. 33 Jahre – von 1961 bis 1994 – hatte der Lehrer «perfide Manipulationsstrategien» betrieben, sagt Rechtsanwältin Burgsmüller, die schon an der Aufklärung an der Odenwaldschule beteiligt war. «Seine Persönlichkeit zeigte einen unglaublichen Narzissmus.» Er sei sogar Vertrauenslehrer gewesen. Wirklich durchgegriffen habe an der Schule niemand, auch nicht die Staatsanwaltschaft Darmstadt. «Die Kinder wurden als unglaubhaft angesehen», sagt sie.

Im Fall der Odenwaldschule geht man von mindestens 132 Opfern aus. Weitere Missbrauchsfälle, die öffentlich wurden, gab es am Kloster Ettal, bei den Regensburger Domspatzen, am Aloisius-Kolleg, am Käthe-Kollwitz-Gymnasium, am Collegium Josephinum in Hagen und die aufgedeckten Skandale in der ehemaligen Heimerziehung. Wir wissen das. Aber was tun wir dagegen, um einerseits Betroffene zu schützen und andererseits eine Welt zu schaffen, in der Missbrauch weniger wird? Ein wichtiger erster Schritt ist, über das Geschehene zu reden und Betroffenen zu glauben. Das passiert leider viel zu wenig. Manche rollen mit den Augen, wenn ein neuer Missbrauchsfall ans Licht kommt. Andere beklagen, was man noch dürfe heutzutage, wann ist etwas übergriffig, wann nicht?

Thorsten Schleif ist Richter aus Dinslaken und kämpft aktiv gegen die Windmühlen der Justiz. Er sagt in einem Artikel der *Rhein-Zeitung* dass Kinderschutz unverhandelbar sei. Er erklärt darin, dass er als Richter höchstens eine Haftstrafe von vier Jahren aussprechen dürfe, wenn es um übergriffige Lehrer ginge. Dabei lägen ihm teilweise Akten vor, bei denen er eine Haftstrafe von über vier Jahren verhängen würde. Die Fälle seien oft beim Amtsgericht, gehörten aber eigentlich am Landesgericht verhandelt. Schleif erklärt, dass die Gesetze bis zur Gesetzesänderung nicht zu lasch waren, «sie müssen nur richtig umgesetzt werden». Dass aber zahlreiche Bewährungsstrafen wegen sexuellen Missbrauchs verhängt werden – für diese laschen Urteile habe er kein Verständnis.

Bertolt Brecht schrieb einmal:

Wenn die Untat kommt, wie der Regen fällt, dann ruft niemand mehr: halt! Wenn die Verbrechen sich häufen, werden sie unsichtbar. Wenn die Leiden unerträglich werden, hört man die Schreie nicht mehr. Auch die Schreie fallen wie der Sommerregen.

KAPITEL 7: UND AN DER UNI GEHT ES WEITER

«An allem Unfug, der passiert, sind nicht etwa nur die schuld, die ihn tun, sondern auch die, die ihn nicht verhindern.»

Erich Kästner

Ein Grauton wird immer als Zwischenwert von 192 definiert, aus dem dann 256 mögliche Abstufungen in der Helligkeit entstehen. Alle Farbtöne, die entsprechend zwischen 0 und 255 gespeichert sind, ergeben die verschiedenen Grautöne, heißt es bei Wikipedia. Sina, die mir ihre Geschichte für dieses Buch anvertraute, sagte zu den Grauzonen Folgendes, das ich gerne teilen möchte:

> *«Die Grauzone ist eine Erfindung des Patriarchats, um mich zum Schweigen zu bringen. Die Grauzone ist Strategie des Patriarchats, sich selbst zu erhalten. Die Grauzone wollte mir einreden, dass alles ja gar nicht so schlimm war. Die Grauzone wollte mir sagen, dass ich keine Chance habe. Ich glaube nicht mehr an Grauzonen, sondern an das, was ich erlebt habe.»*

Die unterschiedlichen Fälle in diesem Buch, die sich dennoch teilweise ähneln, zeigen auch unterschiedliche Grautöne. Es sind aber alles Fälle, die genauer anzusehen sich lohnt. Es ist eine feministische Errungenschaft, dass wir in der Öffentlichkeit und im Privaten mittlerweile mehr über Machtmissbrauch sprechen. Trotzdem: Es gibt für Grautöne noch keine Paragrafen. Lasst sie uns endlich genauer unter die Lupe nehmen und Gesetze entwerfen, die nicht den Tätern nutzen, sondern den Betroffenen helfen.

Das Thema Machtmissbrauch an Universitäten hat bereits mediale Aufmerksamkeit bekommen. Ich habe das Gefühl, es ist etwas einfacher, über Machtmissbrauch an Unis zu sprechen, weil die Betroffenen bereits erwachsen sind. Ich erinnere mich selbst noch, dass ich während meines Bachelors in Soziologie einen Dozenten hatte, der bei allen Studierenden sehr angesagt war. Er unterrichtete zeitgemäß, untersuchte Serien, erklärte soziologische Phänomene anhand des Alltags. Jedes Mal versuchten wir, so früh wie möglich vor den Seminarräumen zu sein, um noch einen Platz bei ihm zu ergattern. Der Raum war immer gefüllt, Studierende saßen auf dem Boden und schrieben auch dort Klausuren – mich eingeschlossen. Was mir und anderen auffiel, war seine studentische Hilfskraft, die damals zwei Semester über uns war und oft mit ihm zu sehen war. Mir fiel auf, wie er flirtete, wie er ihre Seminararbeiten vor uns lobte und als Beispiel heranzog. Mir fielen aber auch ihr Blick und ihre Körperspannung auf. Heute ist mir klar: Ihr war das unangenehm, und sie wollte das nicht. Doch ich frage mich: Hätte sie eine Chance gehabt, Grenzen zu ziehen, bevor es für sie unangenehm wurde?

Während meiner Recherche zu Machtmissbrauch in der Schule und an Universitäten bemerke ich schnell, dass sich die Forschung auf Lehrer bezieht, die ihre Macht dazu missbrauchen, andere Schüler:innen bloßzustellen, sie zu beleidigen oder sie zu missachten. Jugendliche sind diesem Verhalten unterlegen. «Sie können sich nur schwer gegen eine verächtlich machende Behandlung wehren», schreibt Professor Kurt Singer, ein bekannter Schulpädagoge und Psychologe. Solange Einzelfälle unpädagogischen Lehrer:innenverhaltens nicht besprochen werden, weil sie tabu sind, wirken die Reden, nach denen in der Schule der Gewalt vorgebeugt werden soll, unglaubwürdig. Denn in den meisten Fällen wird das offensichtliche pädagogische und moralische Fehlverhalten nicht geahndet. Singer appellierte daher an eine Lobby für Schüler:innen, bestehend aus Eltern, pädagogisch engagierten Lehrkräften und kinderfreundlichen Politiker:innen. Aber dass Lehrer und Professoren sexualisierte Grenzverletzungen wagen, darum geht es kaum in Studien.

Thematisiert werden diese Beziehungen dafür auf andere Art und Weise. Als ich in der Pubertät war, war einer meiner Lieblingsfilme die Romcom «Ungeküsst» (1999) mit Drew Barrymore, die eine Jungjournalistin spielt, die sich für eine Reportage undercover als Schülerin tarnt und wieder zur Highschool geht. Dort trifft sie im Unterricht auf einen jungen, attraktiven, netten Lehrer, und es gibt diese Szene, die ich nicht vergessen habe. Es ist Jahrmarkt und Drew Barrymore sitzt alleine im Riesenrad, weil sie sich mit niemandem in der Schule angefreundet hat. Dann – Auftritt gut aussehender Lehrer – steigt Prince Charming in die Gondel und rettet sie vorm Alleinfahren. Er gesteht ihr während der Fahrt, dass er sie sehr gern hat. Drew winkt ab: «Ach, das müssen Sie sagen, weil Sie mein Lehrer sind», worauf er verlegen erwidert: «Ich sollte das gerade nicht sagen, weil ich dein Lehrer bin.» Peinliches Schweigen und ein sanftes Lächeln macht sich in dem Gesicht der Alibi-Schülerin breit. Freude. Sie wird gemocht. Von ihrem süßen Lehrer. Genauso geht es vielen. Die Anerkennung durch eine Person, die mehr Lebenserfahrung als man selbst hat, ist mehr wert als alles Geld der Welt. Für manche ist sie sogar überlebenswichtig.

Oder in «Dawson's Creek», einer US-amerikanischen Teenieserie, in der der «Problemschüler» Pacey (mein Liebling der Serie) etwas mit der neuen Lehrerin anfängt und sie ihn letztendlich entjungfert. Das Ganze kommt allerdings irgendwann raus, und die Lehrerin verlässt die Stadt. In der allseits bekannten Serie «Friends» fängt Uniprofessor Ross Geller etwas mit seiner Studentin an. Erst denkt er, solch ein Verhältnis würde zwar nicht gerne gesehen werden, sei aber nicht verboten, bis er auf seinen Dekan trifft, der ihm klar zu verstehen gibt, dass ein Verhältnis mit einer Studentin definitiv verboten sei. Ross und die Studentin treffen sich trotzdem und fangen etwas miteinander an. Letztlich ist der Trennungsgrund das Alter und die unterschiedlichen Lebensweisen, weshalb Ross die Affäre beendet.

In «Pretty Little Liars» lernen sich ein Mann und eine junge Frau in einer Bar kennen. Die Frau gibt sich als Studentin aus, ist aber eigentlich noch Schülerin. Sie haben Sex in der Klokabine der Bar, und am nächsten Morgen kommt ein neuer Lehrer in die Klasse und ratet mal, wer das wohl ist. Die beiden hören aber nicht auf, sich zu treffen, sondern beginnen heimlich eine Beziehung miteinander, die sich über mehrere Staffeln zieht und am Ende steht sogar eine Hochzeit an. In der Amazonserie «Maxton Hall» lernen sich Schülerin und Lehrer ebenfalls vor dem nächsten Schuljahr kennen und fangen etwas miteinander an. Auch im Film «Der Vorleser» beginnen die 36-jährige Hanna, gespielt von Kate Winslet, und der Schüler Michael eine Beziehung miteinander, nachdem sie sich zufällig auf der Straße kennengelernt haben.

Ich könnte noch viele solcher Beispiele aus der Filmwelt einbringen. Als ich in die Suchmaschine «Filme und Serien Lehrer Schülerin» eingebe, gibt es einige Treffer, es scheint sogar eine Art Genre zu sein. Eine Beziehung zwischen Lehrer:innen und Schüler:innen wird immer wieder medial aufgegriffen. Es ist ein Thema, deshalb gibt es so viele Referenzen. Aber das Narrativ ist oft, dass sich beide schon vorher kannten und daher diese schicksalhafte Begegnung die illegale Beziehung legitim erscheinen lässt. Es entsteht Empathie sowohl für Lehrperson als auch für Schüler:in. Aber warum übernimmt die erwachsene Person keine Verantwortung bzw. die Schule? Aus filmischer Sicht verstehe ich es – es braucht den Konflikt, die Spannung. Doch oft laufen diese Szenerien eins zu eins auch im realen Leben so ab, nur sind sie nicht sexy und lustig, sondern problematisch und gefährlich.

Und das Problem: Es gibt kaum Konsequenzen von außen für die Täter. Sie sind beliebt, man kann sich solch ein Verhalten einfach nicht vorstellen oder sie werden so dargestellt, dass sie aus einer Selbstverantwortung heraus die Stadt verlassen oder die Schülerinnen oder Studierenden zu kindisch seien und das Problem, sodass das Verhältnis endet. In Wahrheit gehen Lehrer und Professoren nur, wenn sie erwischt werden und juristische Konsequenzen fürchten müssen. Das ist die Wahrheit, die filmisch kaum erzählt wird.

Im April 2023 machten rund 150 Professor:innen in einem offenen Brief auf die schwierigen Strukturen an Universitäten aufmerksam: »Die Strukturen des deutschen Wissenschaftssystems sind eine Einladung zum Machtmissbrauch«, stand dort geschrieben und ist ein Appell an die Verantwortlichen in Ministerien und die Hochschulleitungen. Die Professoren betonten darin, dass das System das Problem sei. Es geht hier nicht nur um sexuelle Nötigung und Belästigung, aber in Teilen schon. »Die Mischung von deutschem Beamtenrecht, einer Kultur überhöhter professoraler Autorität und der extrem prekär gestalteten Arbeitssituation (...) führt zu Strukturen, die Machtmissbrauch fördern und eine Aufklärung solcher Fälle schwer bis unmöglich machen«, fasst ver.di in einem Artikel zusammen. In einer internationalen Umfrage unter mehr als 7.600 PostDocs aus 93 Ländern berichten 13 Prozent von sexueller Belästigung, wobei von einer wesentlich höheren Dunkelziffer auszugehen ist.

Der nächste Fall ereignete sich an einer Hochschule. Sina schrieb mir aufgrund meines Features im Deutschlandradio und erzählte mir, dass sie zwischen 2006 und 2010, also der gesamten Zeit, die sie an der Hochschule Studentin war, Machtmissbrauch durch einen Professor erlebt habe.

Der Fall Sina

Während meines letzten Schuljahrs habe ich mich für Musikwissenschaften an einer Hochschule eingeschrieben. Dort probierte ich ein Jahr lang aus, ob mir das Studium gefällt. Das war im Jahr 2005, ich war zu dem Zeitpunkt 18 Jahre, als mich Professor Ullrich Bergmann ein bis zwei Stunden in der Woche unterrichtete. Nach dem Jahr war mir klar, dass ich weitermachen will, also fing ich meinen Bachelor an. Bergmann war gleichzeitig stellvertretender Direktor der Musikhochschule. Bei seinen Studierenden war er sehr beliebt, das habe ich gleich bemerkt. Er trat selbstbewusst auf, war eloquent und lustig. Er hatte die Gabe, für eine gute Atmosphäre im Unterricht zu sorgen. Sowieso hatte ich das Gefühl, dass Bergmann zu allen ein sehr enges Verhältnis hatte.

Das zeigte sich auch körperlich, wenn wir manchmal auf andere Kommiliton:innen warten mussten, bevor der Unterricht starten konnte. Zur Zeitüberbrückung ging er zu uns Studierenden und massierte uns den Rücken. Er streichelte meine Hand oder berührte mich an meiner Schulter, ganz beiläufig, deshalb dachte ich mir anfangs nicht allzu viel dabei. In dieser Zeit wünschte

ich mir einerseits körperliche Nähe, andererseits Beachtung und Zuwendung. Ich sehnte mich nach väterlichem Halt, und diese Lücke füllte er für mich aus. Er schätzte mich als Person, förderte mich und fand meine künstlerische Arbeit gut, wie er immer wieder betonte. Damals fiel mir komischerweise gar nicht auf, wie alt er mit seinen 54 Jahren bereits war.
Bevor ich Musikwissenschaften studierte, ging es mir psychisch nicht gut. Ich hatte Panikattacken und fühlte mich oft down. Ein Grund dafür war, dass ich mich nie wohl in meinem Körper und mit mir gefühlt habe. Zu meinen Eltern hatte ich nie ein nahes Verhältnis gehabt. Ich lernte von ihnen nicht, wie man Grenzen setzt. Im Gegenteil sogar: Meine wurden oft überschritten, und deshalb, glaube ich, hatte mein Lehrer leichtes Spiel bei mir. Ich glaube, Menschen spüren, wenn du deine Grenzen nicht richtig ziehen kannst, und er war nicht der Erste, der das ausnutzte. Ohne zu sehr ins Detail zu gehen: Es war nicht der einzige Missbrauch in meinem Leben. Solche Erfahrungen prägen, weshalb kleine Aufmerksamkeiten und Berührungen von ihm Balsam für meine Seele waren. Ich empfand sie als Bestätigung für meine Person, dass ich gesehen und gemocht werde.
Alles geschah so schleichend. Im Studium hatten wir auch Einzelunterricht. Die Zeiten handelten wir mit Ullrich Bergmann per E-Mail aus. Anfangs schrieb er am Ende seiner E-Mails «Liebe Grüße», doch das wandelte sich recht schnell, und plötzlich las ich immer häufiger «Kuss» als Abschiedsgruß. Er verlegte die Pflichtveranstaltungen von der Universität zu sich nach Hause. Er argumentierte, dass Unterricht mehr Spaß mache in gemütlicher Atmosphäre und gutem Essen. Komisch fand ich es schon, aber ich wehrte mich nicht.

Bergmann lud mich öfters zu sich ein. Dafür lief ich ein gutes Stück von der Hochschule zu seinem Auto, das er weiter weg geparkt hatte. Es sollte niemand Verdacht schöpfen. Mein Herz klopfte jedes Mal schnell, und Adrenalin schoss durch meine Adern. Was, wenn mich jemand sieht, wie ich zu ihm ins Auto steige? Irgendwie hatte ich Angst, dass das Ganze rauskommt und mich alle hassen, weil ich bevorzugt wurde. Auch um meine Leistungen machte ich mir Sorgen. Schließlich bewertete er mich. Mit einem Fingerschnipsen hätte er mich von der Schule werfen können – er hatte große Macht über mich, so fühlte es sich zumindest an.
Wenn ich bei ihm daheim war, schlief ich ab und an bei ihm. Entweder im Nebenzimmer oder sogar bei ihm im Bett. In diesen Nächten machte ich kein Auge zu. Es wurde auch sexuell. Er hat mich nie zu etwas gezwungen, aber es ging nie von mir aus. Ich habe alles mitgemacht und ausgeführt, was er wollte. Einmal sagte er: «Wenn du das nicht willst, sag Stopp.» Das war nett, weil ich meist passiv dalag. Gleichzeitig spürte er wohl, dass ich das alles so nicht wollte und überfordert war. Er hätte aufhören können, aber das tat er nicht. Hinterher merkte ich, dass mir diese Treffen gar nicht guttaten. Mein Innenleben war chaotisch, ich fühlte nichts außer Leere und weinte häufig. Warum, das verstand ich zu diesem Zeitpunkt nicht. Relativ schnell gestand mir Bergmann, dass er sich in mich verliebt habe. Das überforderte mich total. Es fühlte sich einerseits gut an und andererseits so falsch.
Im künstlerischen Bereich drückt man seine Gefühle und Themen über die Musik aus. Mein Professor kannte daher meine Schwachstellen und nutzte das für sich. Ich fühlte mich nie richtig so, wie ich war. Mit meinem Kör-

per war ich unzufrieden. Einmal war ich bei ihm und gestand ihm, dass ich mich nicht wie eine Frau fühle. Seine Reaktion darauf war schräg, denn er antwortete, dass er auch kein richtiger Mann sei und ich so schon okay bin. Richtig verstanden hat er mich nicht, das wollte er auch gar nicht.

Wenn wir uns für den Unterricht in seinem Büro trafen, schloss er hinter sich die Tür ab. Es brauchte nicht viel, und er küsste mich immer wieder. Seine Sekretärin saß im Nebenzimmer, und ich habe mich immer gefragt, ob sie das Schloss gehört hat und was sie dachte. Irgendwas musste sie mitbekommen haben, da bin ich mir sicher. Diese Beziehung ging gut zwei Jahre. Er betonte immer wieder, dass ich niemandem etwas sagen durfte, weil es illegal sei, was wir beide täten. Ich wiederum hätte das alles gerne meiner Freundin Finja erzählt, die ebenfalls mit mir studierte und der ich nahstand. Als ich ihn darum bat, antwortete er: «Die wäre sicher sehr enttäuscht von dir, erzähle es ihr nicht.» Heute weiß ich, wie manipulativ das war. Doch damals verunsicherte es mich, und ich behielt unser Geheimnis für mich.

In meinem letzten Semester kam Finja eines Mittags zu mir. Sie war aufgelöst und erzählte mir, dass der Einzelunterricht mit Bergmann total merkwürdig sei, sie sich unwohl fühle. Finja überlegte sogar, ihr Studium hinzuschmeißen, machte es aber nicht. Er stellte ihr indiskrete Fragen zu ihrem Privatleben und setzte sie ständig unter Druck, dass sie zu ihm nach Hause zum Essen kommen solle. Anscheinend war das sein Muster. Allerdings war Finja stärker als ich, denn sie ging weder auf seine Einladungen noch auf seine Avancen ein. Ich war geschockt, als ich ihr zuhörte und merkte: Ich bin nicht die Einzige. Dann brach ich mein Schweigen und erzählte ihr, dass ich Ähnliches erlebt habe. Wir haben nie genauer besprochen, was alles passiert ist, aber ab diesem Zeitpunkt war mir klar: Was hier geschieht, ist nicht gut, und ich löste mich step by step aus seinen manipulativen Fängen.

Finja kennt eine weitere Person, die Ähnliches von Bergmann erzählt hat. Die junge Frau wohnte sogar eine Zeit lang bei ihm, weil sie kein Geld für die Miete hatte. Finja und ich haben überlegt, diese Person zu kontaktieren, doch sowohl Finja als auch ich haben Angst. Was ist, wenn die Frau noch Kontakt zu Bergmann hat? Was, wenn er rausfindet, dass wir über die Erlebnisse mit ihm reden? Wir sind sehr unsicher, denn er könnte uns unsere Zukunft kaputt machen. Als Professor hat er großen Einfluss, und die Musikszene, in der wir sind, ist klein. Außerdem könnte er die Situation anders darstellen, sodass uns niemand glaubt. Ich muss zugeben: Der Hauptgrund für mein Schweigen ist ein anderer. Ich könnte damit nicht umgehen, wenn es ihm meinetwegen schlecht ginge und er mir vorwirft, sein Leben sei nun ein Scherbenhaufen. Er könnte den Spieß umdrehen und argumentieren, ich hätte das alles gewollt, und ich war die Person, die ihn verführt habe. Was mache ich dann?

Am Ende meines Studiums fing er auf einmal wieder an, mir komische Textnachrichten zu schicken. Er wolle mit mir kuscheln und vermisse mich. Doch etwas hatte sich verändert, ich hatte mich verändert. Ich wollte das alles nicht mehr und reagierte daher entweder mit Schweigen oder antwortete ausweichend und stieg nicht mehr darauf ein. Zu dieser Zeit hatte ich für mich geklärt, warum ich teilweise Panikattacken hatte und mich nicht wohlfühlte, wie ich war. Ich bin Trans. Es

war ein langer Weg, aber ich fing meine Transition an, und langsam ging es mir besser. Dass ich Bergmann nicht mehr sehen musste, half mir sehr dabei.
Auch wenn das Studium bereits hinter mir lag, begleitete mich meine Vergangenheit weiter. Bergmann schrieb mir jahrelang noch an meinen Geburtstagen. Aus Höflichkeit antwortete ich, aber auch, weil ich noch nicht bereit war, ihn ganz loszulassen. Jahrelang versuchte ich das alles zu verdrängen. Nur mit Finja sprach ich darüber, aber auch nicht, wie schlimm das alles für mich war. Keine Details, das konnte ich nicht.
Danach kam alles wieder hoch, und ich begab mich in Psychotherapie, um alles aufzuarbeiten. Vor einem Jahr habe ich ihn noch mal gegoogelt – er ist wohl mittlerweile im südamerikanischen Ausland und hat sich dort vermutlich einen guten Ruf als Gastprofessor gemacht. Da kommt wieder Ambivalenz in mir auf: Einerseits bin ich froh, dass er so weit weg ist. Andererseits will ich nicht, dass anderen auch solch ein Machtmissbrauch passiert. Daher habe ich ein schlechtes Gewissen, dass ich sein Verhalten nicht gemeldet habe und somit weitere Vorfälle verhindern hätte können. Als ich von der Musikschule für einen Workshop eingeladen wurde, freute ich mich. Allerdings sagte ich ab. Es war nicht möglich für mich, an diesen Ort zurückzukehren. Ich habe die Hoffnung, dass er irgendwann keine Macht mehr über mich hat und meine Albträume aufhören. Daran möchte ich glauben.

Sinas Fall zeigt gut die in diesem Buch schon oft beschriebenen Ambivalenzen, die Betroffene haben. Wo verlaufen die Grenzen zwischen wollen und nicht wollen? Aber auch die Rolle, die jemand im Leben einer anderen Person einnimmt, verschwimmen. Da gibt es den Professor, der Mentor ist und Wissen lehrt, da ist eine Art Vaterfigur, eine Person, nach der man sich sehnt und an die man sich anlehnen möchte, und da ist die Rolle des Liebhabers, der einen in die Welt der Sexualität einführt, wie man begehrt wird, irgendetwas zwischen Selbstbestimmung und Missbrauch. Sina fühlt sich verantwortlich für das Glück ihres ehemaligen Professors, für andere und bleibt dabei selbst auf der Strecke.

Es heißt, je älter man wird, desto besser kann man Situationen und Menschen einschätzen und Grenzen ziehen. Doch Machtmissbrauch an der Universität und in der Wissenschaft sind schon länger kein Geheimnis mehr. Das Problem in diesem Bereich ist vor allem die Unantastbarkeit von Professoren. Sie haben eine extreme Machtposition; nicht nur gegenüber den Studierenden, sondern auch gegenüber allen wissenschaftlichen Mitarbeiter:innen oder denjenigen, die in der Verwaltung sitzen. Ihnen diese Macht weiter einzuräumen, ist sehr gefährlich.

Forschungsdaten gegen sexualisierte Diskriminierung und Gewalt an Hochschulen gibt es zudem kaum. Es gibt eine breit angelegte Studie, die «Gender-Based Violence, Stalking and Fear of Crime», die sich ausschließlich auf studierende Frauen fokussiert; ansonsten gibt es nur kleinere regionale Studien mit Fokus auf einzelne Hochschulen. Somit kann für den deutschsprachigen Raum bislang wenig darüber gesagt werden, «wie sexualisierte Diskriminierung und Gewalt an Hochschulen wahrgenommen und verhandelt werden und welche Folgen sie auf individueller Ebene für die Betroffenen, ihr Umfeld und die Täter:innen sowie auf struktureller Ebene für Hochschulen als Organisationen zeitigen». Ohne Studien wissen wir nicht, wie häufig Machtmissbrauch vorkommt und können keine zuverlässigen Aussagen über wirkungsvolle Präventionsmaßnahmen machen. Da Hochschulen starke hierarchische Institutionen sind und es Abhängigkeitsbeziehungen gibt, tritt sexualisierte Gewalt häufiger auf.

Es ist nicht verwunderlich, doch weiß man, dass sexualisierte Gewalt häufiger in Organisationen mit starken asymmetrischen Machtverhältnissen und in männlich dominierten Kontexten vorkommt, schreibt die Freie Universität Berlin auf ihrer Seite. Es ist wie an den Schulen, die einen auf eine wettbewerbsfähige Welt vorbereiten wollen und der Numerus clausus in Deutschland ein Problem ist, weshalb manche Betroffene den Machtmissbrauch nicht melden. An Hochschulen herrscht ebenfalls eine Wettbewerbslogik, das äußert sich durch befristete Verträge, die in starke Abhängigkeiten münzen. In vielen Fällen scheint es so, dass Anzeigen von sexualisierter Gewalt gegen die Folgen für das eigene Leben, das Studium und die Karriere aufgerechnet werden.

Hochschulen müssen sich zwar zu Machtmissbrauch verhalten, «weil sowohl Drittmittelgeber:innen als auch gesetzliche Vorgaben dies fordern, gleichzeitig tun Universitäten alles dafür, um nicht mit der Problematik in Verbindung gebracht zu werden, was als institutionelles ‹polishing› oder ‹airbrushing› bezeichnet wird», so die Website der FU Berlin. Machtmissbrauch möchte sich niemand auf die Fahne schreiben lassen, sodass das Thema weiterhin tabuisiert und somit normalisiert und eher als Einzelfall als vielmehr ein strukturelles Problem gesehen wird. Dies zu durchbrechen ist schwierig, weil das Thema an sich so intim und schambehaftet ist, sodass Betroffene häufig ihr eigenes Verhalten und ihre Wahrnehmung anzweifeln. Wie also vorgehen? Empfehlungen von der FU Berlin sind, sich dem Thema durch Hochschulforschung zu stellen.

Trotzdem ist es nachvollziehbar, dass man seine eigene Karriere als Studierende nicht gefährden möchte. Die Gefahr besteht ebenso, dass einem nicht geglaubt wird – an Mangel an Beweisen –, oder die Person ist schon bekannt für Grenzüberschreitungen und allen anderen Entscheidungsträgern sind die Hände gebunden. Unantastbar.

Sina erzählte mir übrigens, dass sie 2023 der Gleichstellungsbeauftragten ihrer Universität schrieb und ihr von ihrer Erfahrung mit dem Professor erzählte. Sie wollte endlich etwas machen, nahm ihren Mut zusammen und verfasste die Mail. Bis heute hat sie keine Antwort erhalten. Als ich versuche, mit der Frau Kontakt aufzunehmen, bleibt sie ebenfalls stumm. Ob sie weiß, dass sie nicht ganz sorgfältig war in ihrer Korrespondenz mit Sina? Ich wollte von ihr wissen, wie man sich als Gleichstellungsbeauftragte verhält, wenn eine Betroffene anonym schreibt und noch immer Angst vorm Täter hat und daher keine Namen nennen will. Wie geht man in solch einem Fall vor? Eine Antwort blieb aus – bis heute.

Sina ist nicht die einzige Betroffene, die Machtmissbrauch an einer Hochschule erlebt hat, zu der ich Kontakt hatte. Über meine Berliner Nachbarin bekomme ich im Sommer 2023 den Kontakt zu ihrer Freundin, die immer wieder an Männer gerät, bei denen sie keine klaren Grenzen für sich ziehen kann. Es sind immer Hierarchieverhältnisse. Ich erzähle diese Geschichte kurz, um aufzuzeigen, wie schwer Machtmissbrauch im universitären Kontext zu ahnden ist und welche Mechanismen dabei mitspielen.

Ich habe bereits darüber gesprochen, dass manche Lehrer:innen ihre Schüler:innen zu sich nach Hause einladen, und auch an der Universität gibt es die Situationen, in denen ein Kurs zum Professor nach Hause eingeladen wird oder die Seminargruppe in den Uniräumen am Abend etwas gemeinsam trinkt und sich austauscht. So war es auch bei Lenia. Sie saß mit anderen Kommiliton:innen in einem Seminarraum, der an das Büro ihres ehemaligen Professors grenzte. Lenia verträgt so gut wie nichts, und nach einem Glas Rotwein war sie betrunken. Ihr Professor bat sie, ihm bei irgendwas zu helfen und zeigte mit dem Finger zu seiner Bürotür. Sie dachte sich nicht viel dabei, stand auf und die beiden gingen in sein Büro.

Als er sogleich hinter sich die Tür abschloss, verspürte Lenia ein Ziehen in ihrem Bauch. Ihre Intuition machte sich bemerkbar und schlug Alarm. Der Professor ist in diesen Sekunden bereits so nah bei ihr, wie er es nicht sein dürfte. Er beginnt, sie wild zu küssen, berührt sie. Lenia will nur schreien, aber kein Wort verlässt ihren Mund. Sie ist zu geschockt und gelähmt. Ihr wird schwindelig, sie merkt, dass ihr vom Alkohol schlecht wird und muss sich übergeben. Sie erbricht auf den Teppich in seinem Büro. Der Professor schaut angewidert erst auf den Boden, dann auf sie. Sein Ekel ist Lenias Rettung. Niemand sonst von draußen bekam etwas mit, und Lenia verschwand so schnell sie konnte aus den Räumen der Universität. Da es keine Beweise gab, wollte sie die Sache auf sich beruhen lassen. Wer würde ihr schon glauben, dachte sie sich damals.

Doch nach einigen Gesprächen landet sie im Studierendensekretariat ihrer Universität und erzählt, was an diesem Abend passiert sei. Die zwei Frauen glauben ihr, denn sie hören nicht zum ersten Mal von Übergriffen und sexualisierter Gewalt im Zusammenhang mit diesem Professor. Allerdings sagen sie Lenia genau das, warum sie im ersten Moment nichts gesagt hatte: Was sollen sie machen? Ihnen seien die Hände gebunden. Der Professor habe an der Universität quasi Narrenfreiheit und so viel Macht wie niemand sonst auf dem Campus. Es würde nichts bringen. Als sie ihn darauf ansprechen, leugnet er natürlich alles. Aussage gegen Aussage.

Im Internet fand ich einen Flyer der Universität des Saarlandes. Auf dem Saarbrücken Campus fand am 3. November

2022 eine Auftaktveranstaltung ihrer Kampagne «Keine Grauzonen» gegen (sexualisierte) Diskriminierung und Gewalt an Hochschulen statt. Dabei sollten vor allem Studienanfänger:innen angesprochen werden und so den Übergang zwischen Schule und Universität geebnet werden. Ich finde, dass das ein guter Start für Studierende ist.

Wer eine wissenschaftliche Karriere anstrebt, hat mit vielen Herausforderungen zu kämpfen. Es gibt nicht so viele Plätze, die Bedingungen sind prekär, es herrscht ein hoher Publikationsdruck, und du brauchst jemanden, der oder die dich mitzieht, dich in diesem Haifischbecken unterstützt. Zieht man eine gesunde Grenze, kann das so manche Karriere kosten.

Im *Spiegel* gab es eine Recherche zu einem MeToo-Fall an der Universität zu Köln. Ein renommierter Hochschullehrer soll zwölf Doktorandinnen bedrängt und erniedrigt haben, eine soll er sogar in den Stripclub mitgenommen haben, schreibt der *Spiegel*. Bei einer Feier soll der Professor eine der Frauen körperlich bedrängt und auch auf ein «Nein» der Frau weitergemacht haben. Die Frauen legen Beschwerde unter anderem wegen sexualisierter Belästigung, Machtmissbrauch und Erniedrigung ein, doch der Professor bleibt unanfechtbar und darf weitermachen. Im *Spiegel* steht, dass die Hochschule zwar ein Disziplinarverfahren eingeleitet hatte, doch nach drei Jahren wissen die Doktorandinnen noch immer nicht, ob und wie das Verfahren abgeschlossen wurde, ob es Konsequenzen gab. Die Konsequenzen tragen in diesem Fall die promovierenden Frauen. Die bedrängte Frau kündigt ihre Promotion. Sie und eine Kollegin, die mittlerweile auch ihre Stelle an der Universität aufgegeben hat, gründen eine Onlineplattform – #metooscience –, wo anonym Betroffenenberichte gesammelt werden.

Schon wieder haben wir hier eine gute Initiative, die sich

leider aus einer Erfahrung heraus gegründet hat. Wieder tragen die Zivilgesellschaft bzw. Betroffene dazu bei, dass dem Thema Raum gegeben wird. Das ist schön und gut. Trotzdem ist es bedenklich, dass es zu wenig Anlaufstellen und Entscheidungsträger:innen gibt, die eigentlich diese Aufgabe übernehmen müssten. Was, wenn sich die Zivilgesellschaft nicht zusammenschließt und für Ungerechtigkeit eintritt, was würde dann mit den Kindern und Jugendlichen in der Schule und den Studierenden und Mitarbeitenden an den Universitäten passieren? Ich frage etwas provokant: Würde überhaupt etwas geschehen, und wenn ja: Reicht das aus oder wird nur so viel getan, dass Entscheidende kein schlechtes Gewissen mehr haben, weggeschaut zu haben?

Machtmissbrauch an Hochschulen ist kein Einzelfall – im Gegenteil. Bisher sieht man nur die Spitze des Eisbergs, denn Konsequenzen sind noch immer extrem rar, und nur selten werden Fälle von Machtmissbrauch im Wissenschaftssystem überhaupt verfolgt. Manche nur intern, viele nicht gerichtlich. Die meisten Geschichten bleiben verdeckt in den Uniräumen, dabei gibt es zahlreiche Geschichten von Fällen, von denen man immer wieder im Bekannten- und Freund:innenkreis hört, ohne Genaueres zu wissen. Um es mit also mit den Worten der Professor:innen des offenen Briefes zu sagen: «Wir fordern die Verantwortlichen dazu auf, das Problem klar zu benennen und diese und weitere Vorschläge zu diskutieren und Maßnahmen zu ergreifen, um dem Machtmissbrauch an Universitäten effektiv zu begegnen.»

KAPITEL 8: DIE TÄTER UND WIE SIE VERANTWORTUNG ÜBERNEHMEN KÖNNEN

Those who do not remember the past
are condemned to repeat it.
George Santayana

Vor einigen Jahren machte ich für den öffentlich-rechtlichen Sender Radio Ö1 einen Beitrag über Paare, von denen ein Teil im Gefängnis sitzt, und erfahre, wie herausfordernd solche Beziehungen sind. Ich lerne Markus Fellinger dabei kennen, einen österreichischen Seelsorger, der regelmäßig in Gefängnissen in Niederösterreich und Wien unterwegs ist und denen zuhört, die zur Außenwelt keinen Kontakt mehr haben. Er ist für die Angehörigen von Gefängnisinsass:innen ein wichtiger Gesprächspartner. Denn oft halten die Partner:innen den Menschen hinter Gittern geheim und tauschen sich mit niemandem sonst darüber aus. Für diesen Beitrag lerne ich über den Seelsorger eine Frau Anfang 40 kennen. Während des ersten Gesprächs mit mir bleibt die Frau, deren Mann im Gefängnis sitzt, noch recht vage. Wir treffen uns weiter, fast ein Jahr lang begleite ich sie und ihre Geschichte. Einmal sitzen wir zusammen auf einer Bank im Wiener Burggarten, ich höre der Frau aufmerksam zu, deren Mann mittlerweile verurteilt wurde, und denke, dass dieser Fall viel über das Schulsystem erzählt und wie ein Missbrauch das Leben von so vielen Menschen verändert.

Seit Corona teilen wir Zeit in «vor» und «danach» ein. Der Fall, den ich jetzt erzähle, spielte vor Corona, im Jahr 2019. Barbara Hausner ist Ehefrau und Lehrerin, und sie erzählte mir ihre Geschichte, davon, dass ihr Mann seine Schülerinnen sexuell missbraucht hatte. Sie selbst bekäme als Lehrerin in der Schule Grenzüberschreitungen mit, wie Lehrer von «Hübschis aus der 6b» reden oder sich über Social Media mit Schülerinnen hin und her schreiben. Bei ihrem Mann habe alles mit Nachrichten angefangen, die er mit Schülerinnen schrieb. Und oft sind Ehefrauen wie Barbara Hausner genauso baff, wenn sie erfahren, ihr Mann soll so etwas getan haben. Manche glauben es nicht, wollen an dem Partner festhalten, der mit ihnen seit Jahren Seite an Seite morgens im Bett aufwacht.

In diesem Kapitel geht es um Täter und ihre Ehefrauen. Warum öffne ich die Tür für Täter und gebe ihnen Raum? Ich habe lange darüber nachgedacht und wollte dieses Thema außen vor lassen. Es sollte nur um Betroffene gehen, die meist eh nicht genug Aufmerksamkeit bekommen. In meiner Recherche habe ich allerdings bemerkt, dass Prävention nicht ohne Täterarbeit funktioniert. Opferschutz geht einher mit Präventionsprogrammen für Täter. Viele Studien gibt es zum Thema allerdings nicht.

Für diesen Fall erzähle ich vier Perspektiven, um klarzumachen, wie vielschichtig das Thema ist und dass ein ganzes Umfeld an einem Machtmissbrauch zerbrechen kann. Wie eine Tat über Wochen und Monate unentdeckt ihren Lauf nehmen konnte, ist eine wichtige Frage. Dieser Fall kann als eine Art Conclusio betrachtet werden, denn in dieser Geschichte wird der Prozess des Groomings angerissen, die psychologischen Folgen für Schüler:innen und Lehrkräfte an der Schule aufgezeigt, aber auch, warum Lehrer:innen von den Taten ihres Kollegen nichts mitbekamen und woran es liegt, dass nur kurzzeitig Präventionsarbeit betrieben wurde.

Es lässt mich etwas zweifeln, ob wir aus Fällen wie der Odenwaldschule oder dem genannten Fall aus Niederösterreich überhaupt etwas für die Zukunft lernen. Ich habe vor allem mit Ehefrau Barbara Hausner gesprochen und ihrer Perspektive viel Raum geschenkt. Aber auch mit der Lehrerin Katharina Gruber, die während der Vorfälle an der Schule unterrichtete und dort immer noch als Lehrerin tätig ist, und mit der Mutter der betroffenen Schülerin Lea gesprochen. Lea selbst ist nach all den Jahren nicht bereit gewesen, selbst zu sprechen. Manchen Menschen hilft es, immer wieder über das Geschehene zu sprechen, um das Trauma zu bearbeiten. Manche Menschen verstummen und lassen die Gefühle lieber nicht mehr aufkommen. Beides darf sein.

Der Fall, der mehrere Leben zerstörte

Lukas ist bei vielen seiner Schülerinnen beliebt. Manche schwärmen für ihn. Sie schicken ihm spät in der Nacht Nachrichten über Instagram. «Mona schläft heute bei Lisa», steht da zum Beispiel mit einem Bild von den beiden Schülerinnen im Bett. Im Rückblick erkennt seine Frau Barbara Hausner immer wieder Situationen, in denen sie aufhorchen hätte sollen. Wenn er am Küchentisch sitzt, den Laptop aufklappt und Fotos von Schülerinnen liked. Dass er das Profil seiner Schülerinnen ansah, störte sie, sie machte ihm Vorhaltungen. «Du bist so konservativ», entgegnete Lukas ihr. Oder ob er mit ihnen auf Social-Media-Kanälen befreundet sein darf –

eine Frage, die sich manche Lehrkräfte stellen, andere wiederum ziehen hier klar eine Grenze, und wieder andere wie Lukas fangen an, ihre Macht zu missbrauchen. Dann stritt sich das Paar, doch dachte Barbara Hausner niemals, dass ihr Mann weiter gehen würde.

Im Schuljahr 2017, die Blätter verfärben sich von grün zu rotbraun, wird Lukas übergriffig. Oft bleiben die 11- bis 12-jährigen Mädchen nach dem Unterricht noch im Klassenraum. Weil er es so will, wischen die Mädchen für ihn den Boden, stauben die Regale ab, die für die Pubertierenden so weit oben platziert sind, dass sie ihm den Blick auf ihre freien Bäuche ermöglichen. Oder sie nehmen an «Versuchslaboren» teil, so nennt er es. Dabei steht eine Styroporplatte mit Löchern zwischen ihm und seinen Schülerinnen. Die Mädchen strecken ihre Hände durch und müssen ertasten, was sie in ihren Händen spüren. Er schließt in solchen Momenten die Zimmertür einer kleinen Kammer ab. Hände berühren einen Schlauch, erfühlen seinen in Plastik eingepackten Penis.

Eines der betroffenen Mädchen ist die Schülerin Lea. Ihr Lehrer und sie steigen gemeinsam auf den Dachboden der Schule. Neben ihr steht ein Plakatständer auf Rädern. Sie solle die Hände ausstrecken und unter dem Plakatständer durchschieben. Was er macht, kann sie nicht sehen und hört nur, dass er sich bewegt. Dann sagt er zu ihr: «Es wird jetzt warm werden auf deinen Händen», und sie spürt etwas Klebriges. «Was ist das denn?», will sie irritiert wissen. «Kleber», antwortet er. Ein anderes Mal sind die beiden hinter seinem Werkraum in der Schule. Dahinter befindet sich eine kleine Kammer, dort sind sie allein. Er schließt die Tür hinter sich und verriegelt sie. «Zieh dir diese Hose an und leg dich auf das Rohr», sagt er zu Lea, «und zieh deinen Pulli aus.» Sie will sich nicht ausziehen und schon gar nicht die schwarze, kleine Hose anziehen, die mehr für Kinder als für Jugendliche ist. Sie legt sich auf das Rohr, weigert sich aber bei dem Rest. Für Lea ist das alles schwierig. Lukas Hausner ist ihr Lehrer, bei Schüler:innen und Lehrer:innen ist er zudem beliebt. Kann sie sich überhaupt widersetzen, darf sie das? Und überhaupt: Was passiert hier gerade? Irgendwie kommt es ihr komisch vor, aber mit wem soll sie darüber sprechen? Verstehen und einordnen kann sie das in den jungen Jahren noch nicht so recht. Es vergeht einige Zeit, aber dann schafft Lea es doch und vertraut sich ihrer Schulfreundin an. Beide finden es komisch, doch die Situation wirkt aussichtslos auf die Schülerinnen. Er ist mit Barbara Hausner, einer anderen Lehrerin an der Schule, verlobt, die die beiden Mädchen kennen und mögen. Wenn sie etwas sagen, was passiert dann mit der Lehrerin, die ihrem Mann vertraut?

Zu dem Zeitpunkt war Lea 15. Aber sie war nicht das einzige Mädchen an der Schule, an der sich ihr Lehrer vergangen hat. Zwischen 30 bis 40 Fälle sollen es gewesen sein, und die Schule geht von einer weit höheren Dunkelziffer aus als die bereits gemeldeten Fälle. Über mehrere Wochen, Monate und vielleicht sogar Jahre hinweg wiederholen sich solche Szenen in der Schule. Die Mädchen tuscheln untereinander. Einige finden es komisch, dass immer nur die gleichen Schülerinnen nach dem offiziellen Schulende in dem hinteren Zimmer des Werkraums bleiben. Andere tauschen sich nach und nach aus, was ihr Lieblingslehrer mit ihnen macht. Unter den älteren Schüler:innen ist er bereits als der «Pädobär» bekannt. Schülerinnen würden bei ihm im

Unterricht bevorzugt werden, glauben einige. Allerdings sei hier festgehalten, dass die meisten Täter nicht pädophil oder hebephil sind, sondern Missbrauch aus unterschiedlichen Motivationen begehen, wie zum Beispiel die einfache Ausübung von Macht und Kontrolle zu erlangen, die sie in einem anderen Bereich verloren haben.
An einem gewöhnlichen Schultag fliegt dann plötzlich alles auf. Die Schwester einer Schülerin erfährt, was der Lehrer mit ihrer kleinen Schwester machte. Ihre Schritte sind schnell, als sie über den Schulflur direkt auf den Lehrer zuläuft. Sie hebt ihre rechte Hand und ohrfeigt ihn. Der Lehrer ist fassungslos, weiß nicht, wie ihm geschieht, kennt ihre Motivation für diese Tat nicht. Er stürmt in den Konferenzsaal des Direktors und schildert den Vorfall. Einen Tag später bricht Lukas' Welt zusammen.

Sandra Keilmann ist die Mutter der betroffenen Schülerin Lea. An diesem Tag ist die Mutter erkältet und bleibt zu Hause, anstatt zur Arbeit zu gehen. Lea und sie sitzen am gemeinsamen Tisch und essen gemeinsam, als ihre Tochter plötzlich aufhört und mit Worten ringt. «Ich weiß gar nicht, wie ich das jetzt sagen soll, Mama», fängt sie an. «Irgendwie habe ich mich nicht getraut, etwas zu sagen ...» Sandra Keilmann blickt von ihrem Teller zu ihrer Tochter auf, legt das Besteck ruhig auf den Tisch, schweigt. Dann erzählt Lea ihre Geschichte, was ihr Lehrer getan hat, schnörkellos und ohne Details.
Sandra Keilmann ist außer sich. Die Informationen kommen langsam vom Kopf im Körper an, sie zittert, steht vom Tisch auf und greift zum Telefonhörer und

wählt die Nummer der Schulleitung. «Meine Tochter», beginnt sie in den Hörer zu sprechen, und der Direktor erzählt ihr, dass bereits einige Fälle gemeldet wurden und Leas Geschichte nicht die erste sei in Zusammenhang mit Lukas Hausner. Der Direktor verspricht, sich zu kümmern, versucht, Sandra Keilmann zu beruhigen. «Wir kümmern uns schon», sagt er. Die Mutter solle sich bis nach dem Wochenende gedulden. Eltern können zu Löwen werden, geht es um ihre Kinder.
Es ist der letzte Freitag im November 2017, als vier Elternpaare mit ihren Kindern zum Schulleiter gehen. Der sagt, er kümmere sich und kläre die Sache auf. Sandra Keilmann spricht auch mit anderen Eltern, und sie kommen zu dem Schluss: Sie wollen nicht warten, gehen zur Polizei und zeigen den Lehrer an.

Katharina Gruber ist sowohl mit Lukas als auch seiner Frau Barbara befreundet. Sie sitzt mit einer Kollegin und Barbara Hausner an dem Freitagmorgen, als die Polizei in die Schule kommt, an einem Tisch im Lehrerzimmer. Sie witzeln, trinken Kaffee. Es ist das letzte Mal, dass sie das gemeinsam tun und unbeschwert Pause machen. Eine andere Kollegin läuft vorbei und erzählt ihnen im Vorbeigehen, was sie gerade gesehen hat. Dass Lukas abgeführt wurde. Katharina Gruber dreht ihren Kopf zu ihr, schaut sie fragend an: «Weißt du, was da los ist?» – «Nein», sagt sie im Aufstehen, geht zu ihrem Spind, steckt ihre Sachen in ihre Tasche und verschwindet. Katharina Gruber schaut ihr hinterher.
Sowohl Barbara als auch Lukas Hausner sind zum Zeitpunkt seiner Verhaftung Lehrer:in an einer Schule in der Nähe von Wien. Sie treffen sich im Winter auf Weihnachtsmärkten mit den Kolleg:innen zum Glüh-

weintrinken, machen Spieleabende miteinander. Beide sind beliebt und gut in der Schule integriert, so erzählt es Katharina Gruber Jahre später.
Montag drauf bittet der Direktor Katharina Gruber in sein Büro. «Du wirst jetzt zusätzlich die Klasse von Lukas übernehmen, geht das?!» Die Lehrerin will wissen, was passiert sei, und der Direktor beginnt ihr die Geschichte zu erzählen. Nicht alles, dafür ist nicht genug Zeit in diesen Stunden. Gruber wird es step by step erfahren. Danach steht sie auf, fühlt sich paralysiert und kann nicht glauben, dass das gerade alles passiert. Er ist ein Kollege, irgendwie auch ein Freund. Kann man sich so in einem Menschen täuschen, fragt sie sich.
Katharina Gruber öffnet die Tür zur Klasse, in der eigentlich ihr Kollege Lukas stehen sollte. Sie weiß nicht, was sie den Schüler:innen sagen soll. Sie tritt vor das Pult, lehnt sich daran und blickt in Gesichter von Betroffenen. Was sagt man jungen Leuten in solch einer Situation? Darauf bereitete sie niemand vor – weder an der Uni, noch im Referendariat oder sonst irgendwo. Also entschließt sich Katharina Gruber, authentisch zu sein und sagt: «Ehrlich gesagt, ich bin genauso überfordert wie ihr. Ich wusste von alledem ebenfalls nichts.» Ihr Blick wandert durch den Klassenraum. Kinder mit Tränen in den Augen hören ihr zu. Sie setzt erneut an: «Ich möchte euch zu nichts drängen, aber wir können gerne darüber reden.» Einzelne Schüler:innen sind überrascht. Sie würden doch nächste Woche Klassenarbeiten schreiben, es sei keine Zeit dafür. Fast entsetzt darüber winkt sie das ab. «Das ist jetzt wirklich total nebensächlich und egal», erklärt sie den Schüler:innen. In ihrem Kopf tauchen immer wieder Situationen auf, die sie damals nie als gefährlich einordnete. Sie erin-

nert sich, wie er an ihre Klassentür klopfte und nach ein bis zwei Schülerinnen fragte. Er wolle sie «ausleihen», dass sie ihm helfen. Das passiere zum Beispiel, wenn ein Schulweihnachtsmarkt anstand oder eine Arbeit im Werkraum. «Das war nichts Außergewöhnliches», erzählt sie an einem Nachmittag in einer Kaffeekette, als sie ihre Perspektive des Falls schildert. Katharina Gruber hatte ab und an auch Unterstützung der Schüler:innen, wenn ihr ein paar Hände fehlten. «Aber in solchen Momenten», setzt sie an, um sich selbst gleich zu unterbrechen, und presst die Lippen aufeinander. Leise, aber man versteht es – «Da ist es vermutlich passiert». Sechs Jahre ist dieser Vorfall her, als sie mir davon berichtet. Sechs Jahre und immer noch füllen sich ihre Augen mit Tränen. Es ist etwas, das sie nicht vergessen wird, das sie für immer prägt – als Lehrerin, als Privatperson. Katharina Gruber fühlt sich schuldig, auch wenn sie weiß, dass sie es nicht wissen konnte. Damit umzugehen, das sei schwer.

Barbara Hausner ist vermutlich die Leidtragende in dieser Geschichte, die für all das Unglück nichts kann und doch am meisten bestraft wird. Damals, als sie ihre Tasche packt, geht sie durch den Schulflur. Sie fühlt nichts mehr, sinkt auf einen Stuhl, der neben ihr im Flur steht, und starrt einige Sekunden ins Leere. Schüler:innen und Lehrer:innen versammeln sich zu einer Traube, als Polizisten ihren Mann abführen. Es hätte ein gewöhnlicher Wiener Wintertag Ende November 2017 sein sollen. Sie denkt: «Das muss alles ein großes Missverständnis sein!» Barbara Hausner kramt ihr Handy aus der Tasche, am anderen Ende spricht die Polizei: Sie solle aufs Präsidium kommen. Barbara

Hausner denkt, sie kann ihren Mann abholen und mit ihm heimgehen. Zwölf Stunden sitzt sie auf der Wache – ohne Essen, ohne Trinken, wie sie mir erzählt. Beamte huschen immer wieder an ihr vorbei. Dann kommt eine Polizistin, führt sie in einen Vernehmungsraum. «Ihr Mann hat alles gestanden», fängt die Beamtin an und öffnet einen zusammengefalteten Zettel: Er gebe zu, seinen Schülerinnen über Instagram geschrieben, mit ihnen eindeutige Bilder ausgetauscht und sie nach dem Unterricht angefasst zu haben. Dann bricht Barbara Hausners Welt zusammen.

Bevor sie alleine nach Hause fährt, darf sie für drei Minuten zu ihrem Mann. Durch Gitterstäbe stehen sie getrennt voreinander, verbunden aber durch das Versprechen, das sie sich einst gaben – in guten wie in schlechten Zeiten füreinander da zu sein. Die Hände beieinander, flüstert er ihr zu: «Bitte steh das mit mir gemeinsam durch.» Sie öffnet ihre Hand – ein selbst gebasteltes Herz aus Toilettenpapier geformt liegt darin.

Die zwei lernten sich im Studium kennen, besuchten gemeinsam Vorlesungen an der Universität in Wien. Nach dem Examen fingen beide an der gleichen Schule an. Sie unterrichtete Ethik, Psychologie und Philosophie, er war für den Werkunterricht und Geografie zuständig. Für beide ist der Lehrerberuf mehr als bloßes Unterrichten. Sie bezeichnen es als eine Berufung.

Angst ist der ungebetene Gast, der einfach nicht aus ihrem Kopf verschwinden will. Angst vor den Reaktionen anderer. Angst, alles immer wieder erzählen zu müssen. Aber vor allem hat sie Angst um ihren Mann. Barbara Hausner weiß nicht, was mit ihm im Gefängnis passieren wird. Am Anfang ist sie nicht in der Lage, darüber zu sprechen. «Man fühlt sich mitgefangen; man weiß nicht mehr, was man denken, sagen, machen soll», erklärt sie.

Es vergehen Monate. Dann ist der Tag des Gerichtsverfahrens, Lea sitzt im Nebenraum, damit sie ihren ehemaligen Lehrer nicht sehen muss. Er hatte mal zu ihr gesagt, das alles sei nicht schlimm, sie solle kein Drama machen, wo keins sei. Dann sieht Sandra Keilmann ihre Tochter Lea an, als die ihre Aussage in die Kamera spricht, und hört sie sagen, wie sie sich direkt an den Lehrer wendet: «Na, Herr Professor, ist ja alles eh nicht so schlimm.» Ihre Mutter ist in diesem Moment sehr stolz auf sie.

Das Gericht verurteilt ihn im Juni 2018 zu einer Gefängnisstrafe von vier Jahren. Ein Gutachter attestiert eine tiefgreifende Persönlichkeits- und Sexualstörung, weil er die Mädchen nicht heimlich anfasste, sondern bei teils geöffneter Tür und ein Styroporteil zwischen ihnen aufstellte. Er empfiehlt dem Gericht, den Angeklagten nach Ablauf der Strafe auf unbestimmte Zeit zu verwahren; eine Maßnahme, die in Österreich bei «geistig abnormen Rechtsbrechern» angewendet wird und Maßnahmenvollzug heißt. In Deutschland ist es die Sicherungsverwahrung. Das Gericht folgt dieser Einschätzung, der Antrag auf ein neues Gutachten, den die Anwältin des Angeklagten stellt, wird abgelehnt. Später nennt seine Verteidigerin das Urteil «einen Skandal», da ihr Mandant nicht vorbestraft war.

Das Gericht glaubt, er habe eine tiefgreifende Persönlichkeits- und Sexualstörung, die therapiert werden muss. Man könnte das Ausmaß seiner Fantasien nicht klar erkennen. Es stuft ihn daher als gefährlich und unberechenbar ein – Rückfall nicht ausgeschlossen. Pädo-

phile fühlen sich sexuell zu Kindern hingezogen, die in der Regel nicht älter als elf Jahre alt sind. Ein Gutachter fasst zusammen, dass sich die Taten über Wochen hinweg wiederholten, es also keine einmalige Tat war. Seine Anwältin setzt dem entgegen, ihr Mandant zeige Reue, er brauche Therapie und müsse die vier Jahre absitzen, doch eine tiefgreifende Störung habe das Gutachten nicht ergeben. Sie fordert ein neues an. Der Richter urteilt, es liege eine höhergradige geistig-seelische Abartigkeit vor, das Rückfallrisiko sei daher sehr hoch und urteilt: vier Jahre Gefängnis mit anschließendem Maßnahmenvollzug auf unbestimmte Zeit.

2018, Lukas Hausner sitzt bereits im Maßnahmenvollzug. Seine Frau Barbara soll nach der Beurlaubung wieder zurück an die Schule kommen. Für die Eltern und betroffenen Schülerinnen ist das undenkbar. Die Eltern wollen ihre Kinder schützen. Die beteiligten Erwachsenen sitzen daher alle in einem Raum, um zu klären, wie es mit Barbara Hausner als Lehrerin weitergeht. Es ist ein emotionales Treffen, die Luft ist so angespannt und dick, dass man sie beinahe sehen kann, beschreibt Kollegin Katharina Gruber. Sie war auch Hausners Freundin, sie verstand erst das Problem nicht, wenn sie wieder zurück an die Schule kommt. Schließlich könne sie nichts für das Verhalten ihres Mannes, sie möchte für ihre Kollegin und Freundin da sein. Aber nach diesem Treffen versteht auch sie: Das alles funktioniert so nicht mehr.
Sandra Keilmann sitzt auch mit im Raum. Sie vertritt die Meinung, dass die Schüler:innen jedes Mal erneut an den Vorfall erinnert würden, wenn sie Barbara Hausner in der Schule sehen. Außerdem steht sie wei-

terhin hinter ihrem Ehemann, wie soll das gehen, fragt sie in die Runde. Es laufen Tränen über ihre Wangen, es wird laut und emotional im Raum, abgelöst von Momenten, in denen man eine Stecknadel zu Boden fallen hören könnte.

Barbara Hausner hatte nie etwas von Lukas' Taten mitbekommen. Stumm starrt sie aus dem Fenster, hört den Beteiligten zu. Nach dem Urteil wird sie vom Schulleiter auf unbestimmte Zeit freigestellt. So verliert sie nicht nur ihren Mann, sondern auch ihr altes Leben, ihren Job und manche Freund:innen. Sie fühlt sich für etwas bestraft, das sie nicht getan hat.

Es dauert eine ganze Weile, bis sie sich ihren engsten Freund:innen und ihrer Familie anvertraut. Von der Familie ihres Mannes und ihrer eigenen erhält sie finanzielle Unterstützung, denn seit der Festnahme muss sie für die gemeinsame Wohnung und das Auto allein aufkommen, muss Lebensversicherungen bedienen und seine Bankkonten schließen. Immer wieder stellt sie sich die Frage: «Willst du einen Menschen, mit dem du dein halbes Leben verbracht hast, unterstützen?» Ihre Antwort lautet immer wieder: Ja.

Zweimal die Woche fährt sie für 30 Minuten zu ihm ins Gefängnis. Durch eine Glasscheibe getrennt sitzen sie voreinander, jeder einen Hörer in der Hand. Sie besprechen ganz «technisch», wie sie sagt, was die nächsten Schritte sind. Neben ihr eine Liste, die sie innerhalb dieser Zeit abzuarbeiten versucht: Der Anwalt will ein neues Gutachten erstellen lassen, der Psychologe habe über das Verzeihen gesprochen. Bei diesen Treffen hört immer ein Vollzugsbeamter mit, intime Gespräche wollten und konnten sie am Anfang so nicht führen.

Es hat ein halbes Jahr gedauert, bis sie zum ersten Mal über ihre Gefühle sprechen konnten. Über Schuld und Scham, über Einsamkeit und Empathie.
Wenn sie nach den Besuchen im Gefängnis heimfährt, fragt sie sich manchmal, wie Lukas wieder ein normales Leben führen und mit dieser Schuld leben kann. Sie möchte dann eine Paartherapie machen und mit einer Sexualtherapeutin sprechen. Sie glaubt, dass eine Beziehung wie ihre nicht ehrlicher sein kann. «Was kann noch schlimmer sein, als einen verurteilten Sexualstraftäter als Mann zu haben?», fragt sie. Tabus gebe es in der Beziehung jetzt nicht mehr. Das sei auch eine Chance.
Das Urteil nagt trotzdem an ihr. Sie zieht sich immer mehr zurück. In die Wohnung lässt sie kaum mehr Leute. Es ist das Einzige, was ihr von ihrem gemeinsamen Leben bleibt. Eine Wohnung, die sie nach ihren eigenen Vorstellungen zusammen einrichteten. Von Bekannten und Kolleg:innen bekommt sie immer wieder Fragen gestellt, die mehr nach Vorwürfen klingen: Wie kannst du nur in dieser Wohnung noch leben? Wie kannst du noch bei ihm sein? Sie hasst solche Fragen. «Niemand weiß, wie es mir geht, und alle glauben zu wissen, wie sie an meiner Stelle handeln würden.»
Zwei Jahre später, an einem sonnigen Wintertag 2019, sitzt Hausner auf einer Parkbank im Wiener Burggarten. Hier spazierte sie früher mit ihrem Mann am Wochenende durch den Park, vorbei am Schmetterlingshaus, wo sie gemeinsam Cappuccino tranken. Sie ist in der Mitte ihres Lebens mit 42 Jahren. Wenn sie nachdenklich wird, zieht sie die karierte Schirmmütze tiefer ins Gesicht. Sie wirkt wie eine Frau, die sicher durchs Leben geht: ein offener Blick, der die Umgebung scannt,

das dunkelblonde Haar, das weit über ihre Schultern fällt, und der aufrechte Gang, der ihre Größe zeigt. Er ist die Liebe ihres Lebens, das sagt sie auch heute noch. Trennen will sie sich nicht von ihm. Barbara Hausner glaubt, es sei ein Hilfeschrei gewesen. Lukas sei eigentlich ein unsicherer Mensch, der in seiner Kindheit nicht viel Liebe erfahren habe. Der es braucht, Anerkennung zu bekommen, und nach Aufmerksamkeit heischt. Sie sucht nach Erklärungen, nach Gründen, warum ihr Lieblingsmensch so etwas tun konnte, während sie normal ihren Alltag miteinander verbrachten.

Die letzten Sonnenstrahlen dieses Tages fallen jetzt auf ihr Gesicht. Immer wieder spazieren Menschen an der Bank vorbei, dann wird sie leiser beim Erzählen. «Man bekommt nicht das, was man verdient, sondern das, was man aushält», sagt sie zu mir. Sie könne wohl viel tragen, dann schweigt sie, schlägt ihr rechtes Bein über das linke und legt die Hände in den Schoss. An ihrer linken Hand blitzt ein silberfarbener Ring – ihr Ehering.
Markus Fellinger ist Leiter der evangelischen Gefängnisseelsorge in Niederösterreich. Er sitzt in seiner Altbauwohnung im Wiener Außenbezirk, an den Wänden Bücherregale, ein freier Blick nach draußen ins Grüne. Ein großer Mann mit grauem Haar, ruhiger Stimme. Fellinger betreut ihren Mann, aber auch Barbara Hausner selbst. «Angehörige sind mindestens so betroffen wie die Insassen selbst. Ich bewundere das sehr, wenn Beziehungen halten.» Es sei eine Ausnahme.
Seit einem Jahr, Herbst 2018, unterrichtet Barbara Hausner wieder an einer neuen Schule, in einem anderen Bundesland. Die Kolleg:innen wissen nichts von ihrer Geschichte. Wenn jemand sie auf die Sommerferien

anspricht, was sollte sie antworten, warum sie alleine unterwegs war? Im Lehrerzimmer setzt sie sich meist alleine an einen Tisch. Dass niemand etwas weiß, ist aber auch eine neue Freiheit. Jetzt ist sie einfach die stille Kollegin und nicht die Frau eines Sexualstraftäters. Am Ende einer großen Pause hört sie einmal, wie ein Lehrer zu einem anderen sagt: «Na, hast du gleich Unterricht in der 6c, bei den Hübschis?!» Sein Grinsen lässt sie zusammenzucken.

Als Katharina Gruber eines Tages mit einer von Lukas' ehemaligen Schülerinnen spricht, erzählt die ihr, dass sie einst mit dem Lehrer essen war. Zu ihr kamen früher Schüler:innen und fragten, warum sie deren Freundschaftsanfragen auf Facebook oder Instagram nicht annehme. Die Jugendlichen waren irgendwie entsetzt, als Katharina Gruber ihnen erklärte, dass man so etwas nicht macht. Dass es Grenzen gibt zwischen Lehrkräften und Schutzbefohlenen.
Dieser Missbrauch liegt wie ein Damoklesschwert über der niederösterreichischen Schule. Nichts ist mehr an der Schule, wie es einst war. Schüler:innen seien verängstigt, erklärt Gruber. Wenn sie die Schule verlässt, trägt sie die schweren Gedanken mit sich nach Hause in ihre Wohnung. Warum habe ich das nicht gesehen, wie konnte ich es nicht bemerken, fragt sie sich vorwurfsvoll.
Das alles geschah im November 2017, sechs Winter sind bereits vergangen. Ein Krisenteam unterstützte damals gleich die Schüler:innen. Das habe höchste Priorität, sagte der Direktor den Lehrer:innen damals. Das verstehe Gruber natürlich. Aber was ist mit den Lehrkräften, haben sie nicht auch ein Recht auf Aufklärung und Ver-

arbeitung? Erst ein halbes Jahr später, so erzählt sie es mir, bekamen die Kolleg:innen und sie einen Workshop zur Prävention von sexuellem (Macht-)Missbrauch.

Das 15-jährige Mädchen Lea von damals ist mittlerweile eine 20-jährige Studentin und erwachsen. Im Oktober 2022 kommt alles wieder auf. Da erfährt Lea, dass ihr ehemaliger Lehrer aus dem Maßnahmenvollzug heraus ist und wieder ein freier Mensch sein soll. Mit seiner Frau läuft er durch Salzburg, das wollen ehemalige Schüler:innen gesehen haben. Auch Lea hört von dem Gerücht, dass er wieder frei sei. Dann bricht die Wunde wieder auf. Lea ist so wütend, als alles wieder hochkommt, und liegt weinend in den Armen ihrer Mutter. «Ich war damals doch noch ein kleines Mädchen!», sagt sie zu ihr, aber auch zu sich selbst.

An der Schule ist seitdem wieder Alltag eingekehrt. Es ist Sommer 2023, und über den Vorfall wird nicht mehr gesprochen. Es gibt keine Seminare, keine Gespräche mehr zu Machtmissbrauch an Schulen, so als wäre nie etwas geschehen. Gleichzeitig spürt man aber, sagen Lehrer:innen wie Katharina Gruber, dass auch Kinderseelen gebrochen sind. Sie vertrauen den Lehrer:innen weniger, sind verunsichert. Den Kolleg:innen geht es genauso. Sie seien distanziert untereinander, man weiß nicht mehr, wem man glauben und sein Vertrauen schenken kann und wem nicht, erklärt mir Gruber.

Die Schule ist erkaltet. Ein Deckmantel des Schweigens liegt über ihr. Die Lehrerin Gruber ist engagiert, sie will nicht, dass solche Vorfälle wieder passieren. Wenn ein:e Schüler:in mit ihr spricht, bleibt die Klassenzimmertür immer geöffnet. Das sei den Schüler:innen ebenfalls wichtig.

Diese große Verunsicherung, die gehe nicht mehr weg. Denn nur weil nicht mehr dazu gesprochen wird, heißt es nicht, dass das Thema nicht mehr durch die Gänge schwebt. Daher schlägt Katharina Gruber vor, in regelmäßigen Abständen sowohl im Kollegium als auch unter den Schüler:innen Präventionsmaßnahmen durchführen zu lassen. Der Direktor meint dazu: «Dafür ist kein Geld da. Tut mir leid, da sind mir die Hände gebunden.»

Dass Barbara Hausner in der neuen Schule ebenfalls im Kollegium sexualisierte Kommentare zu jungen Schülerinnen hört, erstaunt mich nicht. Es macht mich allerdings wütend, dass dieses Thema omnipräsent ist und Menschen mit Handlungsspielraum den Kopf schütteln. Einzelfall. Da ist es wieder, dieses Wort, das so falsch klingt, weil es das ist.

Diese Geschichte hat mich lange begleitet. Schüler:innen nannten den Lehrer «Pädobär». Sie beschwerten sich bei den eigenen Eltern, weil Jungs schlechtere Noten bekamen als die Mädchen in der Klasse. Hatten sie einen tiefen Ausschnitt an, war ihnen eine gute Note gesichert. Solche Bemerkungen habe ich selbst in meiner Schulzeit mitbekommen, höre ich von Freund:innen und Bekannten immer wieder, wenn sie über ihre eigene Schulzeit sprechen. Es ist tatsächlich nichts Ungewöhnliches, aber ich frage mich: Warum passiert genau in solchen Situationen nichts? Warum wird solch ein Verhalten hingenommen und einfach weggeschaut? Hier müsste präventiv eingegriffen werden. Nicht nur einmal oder für ein paar Monate nach einem Vorfall, sondern regelmäßig. Was getan werden kann und sollte, wird das nächste Kapitel zeigen.

Immer wieder denke ich in den Jahren über diese Geschichte und die Menschen nach, die immer noch darunter leiden. Barbara Hausner war vollkommen ahnungslos, als die

Polizei damals in die Schule kam und ihren Mann überführte. Wegen seiner Verurteilung verlor sie Job und Freund:innen. Ihren Mann zu verlassen, kam ihr nie in den Sinn. Ich habe mich bei dieser Geschichte oft gefragt, wie viel eine Ehe aushält, wann sie zerbricht und warum sie weiterhin an der Seite ihres Mannes bleibt. In den Gesprächen mit der Ehefrau, die ich über ein knappes Jahr immer wieder sprach, wurde mir bei jedem Gespräch deutlicher, dass Hausner nur einen Teil der Wahrheit zulässt. Nur so konnte sie an seiner Seite stehen und bleiben, nur so war sie davor geschützt, nicht alleine zu enden.

Das Thema Partnerschaften von Sexualstraftätern ist bisher kaum erforscht. Es gab ein Verfahren in Form einer Gruppentherapie, die über 15 Monate lief und in der sich verheiratete Paare trafen, die alle drei Monate einen Teilnehmer:innenwechsel durchführte und neue Paare zur Gruppe dazustießen. Die Forschende Hitchens beobachtete dabei, dass das gemeinsame Thema der Paare «Verleugnung» und das Bagatellisieren der Straftat des Partners sei bzw. sie es meist komplett ausließen.

Ich habe das auch bei Barbara Hausner beobachten können. Sie konnte nicht sagen, was ihr Mann genau mit ihren Schülerinnen getan hatte. Sie umschrieb es oder blendete es aus. In einer weiteren Studie von Garret und Wright wurden elf Frauen von verurteilten Vergewaltigern und sieben Partnerinnen von Inzesttätern befragt. Heraus kam, dass die Frauen anscheinend ein hohes Maß an Befriedigung bekamen durch den neuen Status, den sie erlangten. Die Rede ist hier von der sogenannten «martyred wife». Die Ehefrau wird als Märtyrerin gesehen, die aufopferungsvoll zu ihrem Mann steht. Die Frauen gaben an, die Besuche bei ihren Männern in der Psychiatrie zu genießen und als «wichtig» und «bedeutsam» zu klassifizieren. Diese Frauen wie auch Barbara

Hausner betonten die Entschlossenheit, zu ihrem Partner zu stehen, in guten wie in schlechten Zeiten. Interessant hierbei scheint zu sein, dass sich durch die Sexualstraftat die Ehe stabilisiert habe, gaben die Frauen an.

Auch die Straftäter selbst wurden in einer anderen Studie befragt, wie es um die Zufriedenheit innerhalb in ihrer Ehe aussah. Dabei wurden 92 inhaftierte Inzesttäter mit Selbsteinschätzungsfragebögen zur ehelichen Zufriedenheit und ehelicher sexueller Kompatibilität befragt. Die Forschenden verglichen die Ergebnisse mit einer Männergruppe aus 40 Personen, die sich nicht auf psychiatrischer Station befanden. Dabei zeigte sich, dass die Inzesttäter unzufriedener mit der Qualität der gelebten partnerschaftlichen Sexualität waren. Die Männer gaben häufiger an, partnerschaftliche Meinungsverschiedenheiten, Misstrauen und wenig gemeinsame verbrachte Zeit oder wenig gemeinsame Freund:innen oder Interessen zu teilen. Die Forschenden fanden zudem höhere Werte auf den Skalen «Unaufrichtigkeit» und «Verlogenheit» als in den Vergleichsgruppen. Inzesttäter waren wenig fähig, Intimität zuzulassen und die Forschenden sprachen von einer fundamental gestörten Intimität.

Ich habe aufzeigen wollen, welche Problematiken Täter mitbringen, dass ein Machtmissbrauch stattfinden kann. Inwiefern zwischenmenschliche Dynamiken – als Paar – dazu beitragen können, soll solch einen Übergriff in keinster Weise entschuldigen oder entkräften. Es ist nur ein Baustein zum Thema Machtmissbrauch an Schulen. Aber um das Thema von der Wurzel aus zu behandeln und aufzuarbeiten, braucht es auch Schlagwörter wie Frauenhass, Bindungsverhalten oder Gewaltfantasien, die in einem geeigneten therapeutischen Setting aufgearbeitet gehören.

Aber besonders in Hinblick auf die Rückfallprognose dürfen die Partnerschaften entlassener Sexualstraftäter nicht in ihrer Relevanz unterschätzt werden. Das liege daran, dass eine befriedigende Partnerschaft die Wahrscheinlichkeit der Rückfallgefahr senkt. Insofern könnte Forschung in diese Richtung neue Ergebnisse in Zusammenhang mit Machtmissbrauch an Schulen bringen. Dass eine langjährige Ehe nicht einschläft, ist sicherlich viel Arbeit. Vor allem, wenn noch Kinder im gemeinsamen Haushalt sind. Zeit, die es einmal gab, bekommt man nur noch in geringen Dosen. Paartherapie ist immer noch ein Luxusgut und wird nicht von der Kasse übernommen.

Ich bin davon überzeugt, dass das gewinnbringend auf mehreren Ebenen wäre hinsichtlich häuslicher Gewalt, Machtmissbrauch und sich seiner eigenen Verhaltensmuster und Glaubenssätze zu stellen und diese aufzulösen. Warum ist diese Therapieform immer noch nicht in die gesetzlichen Krankenkassen mitaufgenommen? Ich habe selbst schon eine hinter mir und erinnere mich, wie mir der damalige Therapeut 20 Euro in die Hand drückte, die ich versehentlich zu viel gezahlt hatte - für fünf Minuten seiner Zeit. Und Paartherapie läuft meist zwischen 90 und 120 Minuten. Es ist teuer und war der Grund, warum ich nicht weiter hingehen konnte. Würden Ehen weniger scheitern oder Paare friedlicher auseinandergehen, wenn der Staat sie finanzieren würde?

Ich erinnere mich daran, wie mir Barbara Hausner einst erzählte, dass ihr Mann und sie damals gemeinsam auf dem Sofa in ihrem Wohnzimmer saßen, auf den Fernsehen schauten und eine Werbung eingeblendet wurde. Sie sprach noch mit ihrem Mann über diese Werbung und wunderte sich, wie still und anteilnahmslos er nur auf den Bildschirm starrte. Sie dachte sich nichts dabei. «Nicht Täter werden» hieß der Slogan der Organisation. Damals, 2012, trat die Kinder- und Jugendanwaltschaft an die Männerberatung Wien heran, die ein neues Projekt unterstützen sollten. Es ging um pädophile Männer, denen geholfen werden sollte und die noch nicht zum Täter geworden waren.

Es gibt einige Programme für Sexualtäter. Jedoch sagt die Organisation, dass es seit Jahren an Gruppen für Männer fehlt, die pädophil (auf Kinder orientierte Erwachsene) oder hebephil (auf pubertäre Jugendliche orientierte Erwachsene) sind und freiwillig in Behandlung gehen wollen, bevor sie von der Kriminalpolizei oder Justiz erwischt werden. Für diese sogenannte Sexualstörung kann man nichts. Man kann aber etwas dafür, wenn man sich diesem eigenen Thema nicht stellt und Fantasien in die Realität umsetzt. Was geschieht aber mit Männern, die sich schämen und die sexuelle Neigung nicht wirklich umsetzen möchten, aber keine Therapie bekommen? Das Problem sei, so schreibt «Nicht Täter» werden auf ihrer Website, dass die österreichische Täterarbeit und die Opferschutzprogramme erst greifen, wenn bereits etwas passiert ist. Solche Therapien sind wichtig für einen Opferschutz. Damit weniger Menschen Opfer von (Macht-)Missbrauch werden, braucht es Präventionsprogramme für Täter oder Menschen, die noch keine Tat begangen haben und andere und sich schützen möchten. Es ist ein wichtiger Punkt, um frühzeitig zu agieren und Kinder und Jugendliche zu schützen.

Als ich im Mai 2023 für meine Recherche nach Wien komme, treffe ich meine gute Freundin Fatima am Wochenende. Sie ist mit einer weiteren Freundin in einem Beisel am Naschmarkt verabredet, die wiederum zwei Bekannte mitbringt. Am Ende, als nur noch Fatima, die Bekannte der Freundin und ich in der Nachmittagssonne am Tisch sitzen, erfahren wir, dass sie Lehrerin ist. Ich erzähle ihr von meiner Recherche. Schnell wird klar, dass sich die Frau als Lehrkraft angegriffen fühlt und schüttelt immer wieder nur den Kopf. «So etwas kommt an Schulen nicht vor», will sie uns überzeugen. Vielmehr sei es so, dass sich Schülerinnen in Lehrer verlieben oder ihnen etwas unterstellen, um Rache auszuüben oder Sonstiges. Sie habe noch nie von irgendwelchen Vorfällen gehört, dass Lehrkräfte Grenzen überschritten hätten. Sie erzählt, wie übersensibel Schüler:innen heutzutage wären und dass man fast gar nichts mehr dürfe. Solche Aussagen kenne ich aus der Boomer-Generation, aber diese Frau war nur ein wenig älter als wir.

Ihre Ansicht ist in meinen Augen durchtränkt von patriarchalen und sexistischen Denkweisen. Sie lache selbst, wenn ein Kollege ihr Komplimente zum Aussehen mache oder sie am Po anfasse. Sie selbst mache das auch, manche wiederum wollen das nicht. Jeder Mensch ist anders, hat eigene Grenzen. Umso problematischer, wenn Sexismus und Grenzüberschreitungen bagatellisiert werden. «In Österreich komme so etwas eh nicht vor», argumentiert die Bekannte immer wieder, als würde es mehr wahr werden, je häufiger sie es wiederholt.

Fatima und ich müssen uns nicht anschauen, um uns gegenseitig zu signalisieren, dass die Situation langsam schwer erträglich wird. Auf beiden Seiten herrscht großes Unbehagen. Die Lehrerin greift zu ihrem Bierglas und nimmt einen großen Schluck. Sie hält es wie das Bundesministerium, das die Augen verschließt und das Problem ignoriert. Natürlich gibt es in Österreich Machtmissbrauch durch Lehrer an Schüler:innen. Wenn man nur alleine das Schlagwort in eine Suchmaschine eingibt, findet man Artikel zu unterschiedlichen Fällen.

Es gebe es selten, erzählen mir unterschiedliche Lehrer:innen, dass Schulen durch Veranstaltungen, Workshops und Weiterbildungen zum Thema Machtmissbrauch an Schulen regelmäßig arbeiten und die Schule weiter am Thema dran bleibt. Es seien letztlich wieder einmal Einzelfälle, wofür es kein Geld gibt. Aber genau dort beginnt auch schon das Problem. Schulen haben kein Geld für Präventionsmaßnahmen. Wenn dem so ist, fängt genau dort die Mitschuld an, die die Bildungspolitik trägt. Deshalb fordert die Gewerkschaft für Erziehung und Wissenschaft (GEW), Schutzkonzepte verpflichtend einzuführen. Schule, so steht es in einer Pressemitteilung auf deren Homepage, solle ein Kompetenzort sein, an dem Schüler:innen Hilfe finden, wenn sie sexualisierte Gewalt erlebt haben. Dafür braucht es allerdings zusätzliches Geld und Personal.

Aber es kann auch von innen heraus etwas verändert und getan werden. Lehrer:innen können auch etwas tun, um präventiv vorzusorgen. Wir alle haben verstanden, dass vor allem Menschen betroffen sind, deren Selbstwert nicht so hoch ist, die vulnerabel sind und Bedürfnisse haben, die ihre Familien nicht erfüllen können oder wollen. Das Petze-Institut (Institut für Gewaltprävention) schreibt auf der eigenen Seite, der emotionale Rückhalt sei elementar für junge Menschen. Das heißt, sie als Lehrpersonen können in der Schule ebenfalls etwas bewirken. «Betonen Sie die Bedeutung von emotionalem Rückhalt und Anerkennung für heranwachsende Schülerinnen. Diskutieren Sie, wie ein Mangel an Stabilität und Anerkennung in der Familie dazu führen kann, dass sie diese Bedürfnisse bei übergriffigen Lehrern suchen, die vorübergehend eine Form von Aufmerksamkeit und Fürsorge bieten können.»

KAPITEL 9: SCHUTZKONZEPTE IN SCHULEN – EIN SCHRITT IN DIE RICHTIGE RICHTUNG?

«Die Würde des Menschen ist unantastbar.»

Grundgesetz Artikel 1

Manchmal stelle ich mir die Frage, was wohl passiert wäre, hätte ich Wolfgang Schubert beim Direktor gemeldet oder einer erwachsenen Person davon erzählt. Denn als damalige Schülerin hatte ich keine Ahnung, welche Schritte eingeleitet hätten werden müssen, damit ich Schutz bekomme. So ging es auch anderen Betroffenen und Schülerinnen, die sich aktuell in solch einer Situation befinden. Deshalb ist dieses Kapitel denjenigen gewidmet, die Hilfe brauchen, aber auch denjenigen, die als erwachsene Person nicht wissen, was zu tun ist. Gewalt kommt in jeder Schule vor, weshalb Gewaltprävention ebenfalls jede Schule etwas angeht. Es sollten die Taktiken und Strategien erläutert werden, die übergriffige Lehrer verwenden, um Vertrauen und Abhängigkeit von Schülerinnen aufzubauen. Es bedarf nicht viel Zeit dafür, und es könnte etwas verändern. Wenn eine Schule ein Präventionsprogramm aufweist, gibt es eine geringere Gewaltbelastung als bei den Schulen, die das Problem ignorieren. Welche Ansätze es gibt, präventiv gegen Machtmissbrauch vorzugehen, erläutere ich in diesem Kapitel.

Ich habe zu Beginn des Buchs die Überforderung der Schule von Kim und Nele geschildert. Die Vertrauenslehrerin äußerte sich zögerlich mir gegenüber am Telefon, sagte aber, es gebe Schutzkonzepte an ihrer Schule. Trotzdem fragt sie mich, wie man bei einem Fall vorgeht, wie vergangene Fälle behandelt wurden etc. Genau hier hakt es. Aber auch der Fall von Elisa, der Grundschullehrerin, die alleine versucht, für Gerechtigkeit zu kämpfen, zeigt, dass es Risse im Schulsystem gibt und man gegebenenfalls nicht immer genauer hinschauen mag.

Im Jahr 2019 veröffentlichte eine Studie des Deutschen Jugendinstituts, dass nur jede achte Schule ein Schutzkonzept entwickelt hatte. An den allermeisten deutschen Schulen weiß niemand, wie Missbrauch systematisch verhindert und Opfern wirksam geholfen werden kann. In der Studie kam heraus, dass Schüler:innen zwar gut informiert über das Thema Sexualität seien und dies auch im Unterricht behandelt würde. Wenn es aber um sexuelle Gewalt ginge, sehe es schlecht aus, und die Schutzbefohlenen wünschen sich, mehr darüber zu erfahren. Aber was ist ein Schutzkonzept im schulischen Rahmen?

Nicole Raddatz ist Deutschlands Expertin für Schutzkonzepte an Schulen. Die unabhängige Beauftragte für Fragen des sexuellen Kindesmissbrauchs arbeitet gemeinsam mit der Kultusminister:innen-Konferenz und den jeweiligen Ländervertretungen daran, dass alle Schulen in Deutschland Schutzkonzepte gegen sexualisierte Gewalt erarbeiten. Hierfür gibt es seit 2016 die Initiative «Schule gegen sexuelle Gewalt».

Als ich zum ersten Mal das Wort Schutzkonzept höre, weiß ich nicht so recht, was das sein soll. Gilt es bundesweit, ist es von Schule zu Schule unterschiedlich, wie wird es aktiv eingesetzt, wie sieht es aus? «Wenn Schutzkonzepte umgesetzt werden, ist viel gewonnen. Denn die Bestandteile beschäftigen sich nicht nur mit Interventionsplänen, Fortbildungen, Verhaltenskodexes und der Personalverantwortung im Themenfeld, sondern auch mit Möglichkeiten der Partizipation und Beschwerde für Kinder und Jugendliche», sagt Raddatz. Wenn ein Schutzkonzept gewissenhaft erarbeitet wird, verändert es die Haltung vom Kollegium. Lehrkräfte würden sich verantwortlicher fühlen, genauer hinschauen und ihr eigenes Verhalten und das der anderen hinterfragen. Wenn ein Schutzkonzept gewissenhaft erarbeitet wird, werden auch Eltern und Schüler:innen einbezogen, sensibilisiert bzw. informiert über Prävention und Hilfen. Die präventive Wirkung von Schutzkonzepten kann sich hingegen nicht entfalten, wenn der Prozess nicht partizipativ abläuft, wenn nicht genügend Zeit eingeplant wird, wenn keine externe fachliche Expertise eingeholt wird und / oder, wenn nicht jeder Bestandteil individuell für die jeweilige Schule bearbeitet wird. Um zu verdeutlichen, wie ein Schutzkonzept funktioniert, liste ich ein Beispiel eines Interventions- / Notfallplans der Käthe-Paulus-Schule aus Hessen auf, den ich im Internet fand:

Übergriffe durch Lehr- und Schulpersonal im schulischen Bereich

Schulleitung (SL) erfährt durch eigene oder die Beobachtung anderer von dem Verdachtsfall; sammelt oder dokumentiert Hinweise über Anzeichen im Verhalten, diesbezügliche Äußerungen (wenn möglich mit Datum und Unterschrift sowie Zeugennennung) und konkrete Angaben über Schülerinnen und Schüler oder Dritte / Externe. SL zieht schulische Ansprechperson zum Umgang mit sexuellen Übergriffen zurate; bei Bedarf vertrauliche Beratung durch die Schulpsychologie. SL meldet Verdachtsfall an Staatliches Schulamt (SSA); – in akuten Fällen vorab mündlich, außerdem schriftlicher Bericht.

SL klärt weitere Handlungsschritte mit den betroffenen Schülerinnen und Schülern (SuS) und deren Eltern bzw. gesetzlicher Vertretung, bei Bedarf Abschätzung einer Kindeswohlgefährdung; hierzu Beratung der Schule durch eine insoweit erfahrene Fachkraft (iseF) möglich sowie ggf. Meldung beim Jugendamt und Kontaktvermittlung zu Hilfeeinrichtungen. Das Staatliche Schulamt (SSA) erstattet bei ernsthaftem Verdacht nach eingehender Beratung unter Einbeziehung der geschädigten Schülerinnen und Schüler (SuS) bzw. deren Eltern oder gesetzlichen Vertretung in der Regel Strafanzeige bei der Polizei bzw. Staatsanwaltschaft; bei Beschäftigten des Schulträgers ist dieser, ansonsten der jeweilige Arbeitgeber oder Träger (ggf. Verein) zu informieren. Gespräch über Vorfall und ggf. schulrechtliche Konsequenzen mit beschuldigter Person durch Schulaufsicht, evtl. unter Hinzuziehung der Schulleitung (SL) oder schulischen Ansprechperson, wenn dies nicht strafrechtlichen Ermittlungen zuwiderläuft. Schulleitung (SL) informiert die Schulgemeinde nach Rücksprache mit der Schulaufsicht in dem im Einzelfall gebotenen Umfang. Schulleitung (SL) / Staatliches Schulamt (SSA) beantworten bei Bedarf Anfragen der Presse kurz und allgemein ohne Angabe von Details (z. B. Personaldaten).

Ich habe für mein Buch recherchiert, wie oft sich Lehrkräfte missbräuchlich gegenüber ihren Schüler:innen verhalten und sie daraufhin freigestellt oder sogar suspendiert wurden. Dafür habe ich Bildungsministerien in Deutschland, Österreich und der Schweiz kontaktiert, Polizeistatistiken gelesen und die Ergebnisse in eine Tabelle übersetzt. Dazu ein kleiner «Funfact»: Es gibt einen internationalen Vergleich über den Zugang zu Behördeninformationen. Hundert Staaten verglich man miteinander, darunter auch den Iran, die Türkei und Afghanistan. Auf dem letzten Platz mit 33 Punkten landete Österreich. Bis 2018 gab es dort das Recht auf Auskunft vom Staat, das durch ein striktes Amtsgeheimnis ausgehebelt werden konnte. Zwar gab es Versuche, mehr Transparenz zu schaffen, die Realität sieht in meinem Fall allerdings immer noch schwierig aus, als Presse an Informationen zu gelangen. Bei meinen Anfragen im DACH-Raum verriegelte Österreich die Tür der Informationen am festesten und wollte mir die Sicht versperren, wie es hinter den österreichischen Schultüren aussieht.

Bis heute habe ich keine Antwort bekommen. Spreche ich mit Expert:innen, wie Psychotherapeut:innen, Anwält:innen oder Schulpsycholog:innen, nicken sie zustimmend und verstehen das Problem. Sie alle laufen auch immer wieder gegen Türen. «Das System macht es einem extrem schwer, etwas herauszubekommen oder auf Missstände hinzuweisen», erklärt mir eine Schulpsychologin aus ihrer jahrzehntelangen Erfahrung. Man schiebe Zuständigkeiten gerne hin und her, ist hier die Bildungsdirektion zuständig oder das Sozialministerium. Hier beginne bereits eine strukturelle Dynamik, die dagegen arbeitet, dass Machtmissbrauch an Schulen präventiv bearbeitet werde. Das ist auch meine Erfahrung.

Als ich alle drei Länder – Deutschland, Österreich und die Schweiz – um Daten bitte, höre ich immer wieder: «Eine Statistik dazu führen wir nicht.» Die vorliegende Statistik lässt sich zusammenführen aus Informationen der zuständigen Behörden und Kriminalstatistiken. Fakt ist: Nur wenige Übergriffe werden aktenkundig, bei den meisten kommt es zu keiner Anzeige. Eine Frau, deren Stelle ich nicht nenne, schickte mir Daten, sicherte sich aber zu, bitte anonym zu bleiben, um Ärger zu vermeiden.

Behörden schrieben als Antwort auf meine Anfrage oft, es handle sich um Einzelfälle, ihr Bundesland sei zu klein, dort passiere nichts oder das Thema sei statistisch nicht aufgefasst, weil es solche Fälle nicht gebe. Dabei gab es 2010 eine mediale Aufmerksamkeit durch die massenhaften Fälle an der Heppenheimer Odenwaldschule in Hessen oder am Berliner Canisius-Kolleg, die ans Licht kamen und politisch eine Bewegung auslösten. Im selben Jahr gab die Kultusministerkonferenz Handlungsempfehlungen heraus, durch die Missbrauch an Schulen vorgebeugt oder aufgearbeitet werden sollte.

2013 lehnten deutsche Bundesländer zum Teil eine Befragung ab, in der Ursachen und Folgen sexuellen Kindes- und Jugendmissbrauchs erforscht werden sollten. Bayern lehnte das ab, obwohl einige Schulen in dem Bundesland durchaus Interesse zeigten: Zehn der 24 Schulen, die auf die Anfrage reagiert haben, wollten teilnehmen, wie sich zeigte. Doch dann kam die Mitteilung des Kultusministeriums, das in solchen Angelegenheiten das letzte Wort hat. Keine Forschung. Sachsen, Baden-Württemberg und Thüringen wollten Schüler:innen an öffentlichen Schulen ebenfalls nicht befragen lassen.

Die Ergebnisse der drei Teilstudien von MiKADO sollen bei der Früherkennung und frühen Behandlung von Opfern helfen und bestehende pädagogische Schutzmaßnahmen verbessern, außerdem Empfehlungen für spezifische Präventionsmaßnahmen geben, schreibt die *Süddeutsche Zeitung*. Erste Daten aus allgemeinen Befragungen des Projektes ließen bereits erkennen, wie notwendig das wäre: Anders als angenommen stagniere die Zahl der Fälle von sexuellem Missbrauch bei Kindern nicht, sondern vor allem die Zahl von sexuellen Grenzüberschreitungen im Internet habe zugenommen.

Systematisch-empirische Studien zu sexualisierter Gewalt an Schulen in Deutschland sind noch rar, da diese intime Thematik forschungsmethodisch mit Schüler:innen nicht leicht zu erheben ist, wie beispielsweise Probleme und Widerstände in der quantitativ angelegten MiKADO-Studie verdeutlichen.

Als konkrete Ergebnisse einer Befragung von Lehrkräften gaben 26 Prozent an, bereits mit Vor- oder Verdachtsfällen konfrontiert gewesen zu sein. In der Institutionenbefragung des Deutschen Jugendinstituts (DJI) gaben sogar über 40 Prozent der Schulleitungen und Lehrkräfte an, dass es an ihrer Schule (Verdachts-)Fälle von sexualisierten Übergriffen gegeben habe. Die Ergebnisse der an hessischen Schulen durchgeführten sogenannten SPEAK-Studie untermauern, dass insbesondere verbale, vielfach aber auch körperliche Formen sexualisierter Gewalt für zahlreiche Mädchen und Jungen fester Bestandteil schulischer Alltagserfahrung sind. 66 Prozent der befragten Mädchen und 52 Prozent der Jungen haben mindestens eine Situation sexualisierter Gewalt erlebt. Dabei dominierte in Schulen die Form verbaler Grenzverletzungen (über 44 Prozent der Mädchen und über 34 Prozent der Jungen hatten mindestens eine solche Erfahrung erlebt) gegenüber Übergriffen mit Körperkontakt, die 16 Prozent der Mädchen und 5 Prozent der Jungen mindestens einmal selbst erfahren hatten.

Aus den Studien, die es bereits gibt, fand man heraus, dass die entstehende physische Nähe im außerschulischen Sport besondere Risikokonstellationen für Kinder und Jugendliche generieren kann. Dazu gab es bereits Aufdeckungen zu Machtmissbrauch im Leistungssport und Breitensport. Aber auch für den Sportunterricht in der Schule bestehe ein Risiko für das Auftreten sexualisierter Gewalt. Allerdings stellt in diesem Zusammenhang der Bereich des Sportunterrichts und zugehöriger Wahrnehmungen der Teilnehmenden bislang noch ein Forschungsmangel dar, wie Fegert und Jud erklären.

Der Psychotherapeut Jörg Fegert erzählte mir, er habe schon einmal versucht, eine Studie herauszubringen, und scheiterte. Er schrieb mir in einer seiner E-Mails:

> Mit einem meiner Juniorprofessoren, Herrn Prof. Jud, der sich mit der Epidemiologie von sexualisierter Gewalt gegen Kinder und Jugendliche beschäftigt und dafür eine Juniorprofessur am Kompetenzzentrum Kinderschutz in der Medizin in Baden-Württemberg hat, hatten wir mit anderen Kollegen aus dem Saarland einen Antrag beim Bildungsministerium im Saarland gestellt und auch Fragen nach solchem Verhalten von Lehrern stellen wollen. Eine Schülerbefragung ist dort abgelehnt worden, weil die Thematik nichts mit der Lebenswelt von Schule zu tun hat.

Sein Kollege Prof. Dr. Andreas Jud bestätigte mir noch mal die Aussage: Abgelehnt wird mit der Begründung, dass die Fragen «keinen Bezug zur Unterrichts- und Erziehungswirklichkeit der Schulen» haben. Dazu ist zu ergänzen, dass sie in das Projekt neben der Befragung zur Häufigkeit von Betroffenheit bewusst noch einen partizipativen Teil eingebaut hatten, in dem Schüler:innen gemeinsam Verbesserungsmöglichkeiten ihrer Schulen im Umgang mit Gewalt identifizieren sollten.
Die beiden sind nicht die Einzigen, die sich an der Politik die Zähne ausbeißen, um die Forschung voranzutreiben. Wie kann die Politik überzeugt werden, dass Forschung der erste Schritt ist, Prävention befördert, sodass Machtmissbrauch in Schulen weniger wird? Ich habe im Folgenden für alle drei Länder eine Statistik aufgelistet. Eine Auswertung der jeweiligen Bundesländer bzw. Kantone findet sich in der angeführten Tabelle wieder und betrifft einen Zeitraum zwischen

2010 und 2023. Besonders interessant war dabei, dass mir die Bundesländer erklärten, es gebe keine Zahlen zu Machtmissbrauch. Dieser Begriff sei statistisch nicht erfasst.

Statistik im DACH-Raum zu grenzüberschreitendem Verhalten von Lehrer:innen

DEUTSCHLAND

Baden-Württemberg keine statistische Erfassung
Bayern keine statistische Erfassung
Berlin keine Auskunft
Brandenburg keine statistische Erfassung
Bremen keine Auskunft
Hamburg keine Statistik
Hessen 32 (zwischen Januar 2017 und Juli 2023)
Mecklenburg-Vorpommern 31 (zwischen 2020 und 2023)
Niedersachsen keine statistische Erfassung
Nordrhein-Westfalen keine Auskunft
Rheinland-Pfalz 63 Verfahren zwischen 2008 und 2023
Von diesen 63 Verfahren wurden 51 abgeschlossen, 12 Disziplinarverfahren laufen noch.
Saarland 12 Fälle, Daten nur bis zum Jahr 2012

Sieben Lehrkräfte wurden in diesem Zusammenhang suspendiert, zwei der Disziplinarverfahren sind noch nicht abgeschlossen. Vier Lehrkräfte wurden an eine andere Schule versetzt. Im Fall der Lehrkraft, die ohne Suspendierung an der gleichen Schule verblieb, also nicht versetzt wurde, hatte die Staatsanwaltschaft das Verfahren eingestellt, weil die Unschuld der Lehrkraft festgestellt wurde – sie war Opfer einer falschen Verdächtigung auf der Grundlage einer anonymen Anzeige. Diese Lehrkraft, der ein Versetzungsangebot unterbreitet wurde, wünschte die Fortsetzung des Dienstes an der bisherigen Schule. Dem Verwendungswunsch entgegenstehende Gründe lagen nicht vor.

In der Begründung der Staatsanwaltschaft identisch war ein weiterer Fall einer falschen Verdächtigung auf der Grundlage einer anonymen Anzeige, der auf Wunsch der Lehrkraft zu einer Versetzung an eine andere Schule führte. In zwei weiteren Fällen wurde kein sexualisiertes Fehlverhalten festgestellt, gleichwohl veranlasste das Ministerium die Versetzung an eine andere Schule bzw. nichtschulische Einrichtung. Dem vierten Fall einer Versetzung lag ein sexualisierter körperlicher Übergriff zugrunde, der unter Ausschöpfung der Möglichkeiten des Disziplinargesetzes sanktioniert wurde.

Sachsen keine statistische Erfassung
Sachsen-Anhalt keine statistische Erfassung
Schleswig-Holstein keine statistische Erfassung

Es gab und gibt Fälle von Machtmissbrauch. Statistiken werden hierzu aber nicht geführt. Soweit keine Entfernung aus dem Beamtenverhältnis erfolgt, wird aufgrund der Umstände des Einzelfalls entschieden, ob eine Versetzung an eine andere Schule erfolgt. Nach Abschluss des Disziplinarverfahrens verbleiben die Unterlagen für drei Jahre in der Personalakte.

Thüringen keine Auskunft

ÖSTERREICH

Burgenland keine Auskunft
Kärnten keine Auskunft
Niederösterreich keine Auskunft
Oberösterreich keine Auskunft
Salzburg keine Auskunft
Steiermark keine Auskunft
Tirol keine Auskunft
Vorarlberg keine Auskunft
Wien keine Auskunft

SCHWEIZ

Für die Schweiz habe ich die aufgelisteten Ergebnisse aus der EDK: Die EDK ist die Konferenz der 26 kantonalen Erziehungsdirektorinnen und -direktoren. Die Rechtsabteilung des Generalsekretariats der EDK führt – im Auftrag der Kantone – die Liste über Lehrpersonen, denen im Rahmen eines kantonalen Entscheides die Unterrichtsberechtigung oder die Berufsausübungsbewilligung entzogen wurde.

Aargau 4
Appenzell Ausserrhoden
Appenzell Innerrhoden
Basel-Landschaft
Basel-Stadt
Bern 14
Freiburg
Genf 1
Glarus 1
Luzern 6

Neuenburg 5
Nidwalden
Obwalden
Schaffhausen
Schwyz
Solothurn 5
St. Gallen 7
Thurgau 2
Uri
Wallis 3
Zug
Zürich 23

Aktuell sind 23 Volksschullehrpersonen aus dem Kanton Zürich in der EDK-Liste betr. Lehrpersonen ohne Unterrichtsberechtigung eingetragen; sieben davon sind älter als 65 Jahre (Pensionsalter in der Schweiz). In etwas mehr als der Hälfte der Fälle erfolgte der Entzug der Lehrberechtigung wegen Konsums von (Kinder-)Pornografie, beim Rest mehrheitlich wegen sexueller Belästigung.

Für die Schweiz gibt es eine schwarze Liste. Erfolgt ein Eintrag auf dieser, kann dieser im Regelfall nur mit entsprechenden Präventionsmaßnahmen aufgehoben werden. In der Regel wird hier eine psychiatrische oder psychologische Beurteilung vorausgesetzt, die sicherstellt, dass von der fraglichen Lehrperson keine Gefährdungen mehr für Schülerinnen und Schüler ausgehen. In Österreich wiederum soll gegen Herbst 2024 eine Maßnahme gegen Kindesmissbrauch eingeführt werden, bei der Lehrer:innen künftig bei ihrer Anstellung eine Erklärung unterzeichnen müssen, dass sie in keinster Weise mit Sexualstraftaten in Verbindung gebracht werden können, informiert die *Zeit im Bild*.

Ein großes Problem hingegen ist, dass Bildungspolitik

Ländersache ist und sich die jeweiligen Behörden nicht zuständig fühlen. «Hier fängt eigentlich schon der Machtmissbrauch an», sagt die Psychotherapeutin Lilly Heidelberg. Es gab vor einem Jahr im investigativen Stadtmagazin *Falter* einen Bericht über einen Machtmissbrauch an österreichischen Musikschulen. Darin stand, dass junge Schülerinnen von ihrem Direktor immer wieder sexuell belästigt wurden, zum Beispiel durch Kommentare wie «Direktor will von minderjähriger Schülerin die Bikinigröße wissen» oder «Die würde ich nicht von der Bettkante stoßen».

Die Fälle landeten bei der Gleichbehandlungsbeauftragten Christine Rosenbach in Niederösterreich, die wiederum den Bürgermeister der Gemeinde mit einem Schreiben von den Vorfällen in Kenntnis setzte wie auch die Landeshauptfrau Johanna Mikl-Leitner von der ÖVP und somit die oberste politische Instanz. Nach dem *Falter* ist daraufhin nichts passiert. Der betroffene Musikschuldirektor sei immer noch im Amt tätig und «sämtliche politische Behörden erklärten sich für nicht zuständig», heißt es in dem Artikel. An weiteren neun Schulen kam es wohl zu Übergriffen und Machtmissbrauch.

Das Schlimme daran: In den meisten Fällen haben die Betroffenen wohl versucht, sich an übergeordnete Instanzen zu wenden. Das ist für Schülerinnen ein großer Schritt. Wenn ihnen dann nicht geglaubt wird oder nichts geschieht, bricht eine Welt zusammen. Schülerinnen beginnen, sich selbst zu erniedrigen, sich selbst zu «löschen», bis hin zu autoaggressivem Verhalten wie Ritzen, einer Essstörung etc. «Wir betätern uns selbst und brauchen den Täter nicht mehr», sagt Therapeutin Cristina Budroni, sondern die Personen fügen sich selbst erneuten Schmerz zu, wenn das Erlebte in ihnen bleibt und ihnen nicht geglaubt wird.

In der MiKADO-Studie hieß es, dass Betroffene mit Missbrauchserfahrung bis zu achtmal zu verschiedenen Stellen gehen und das Erlebte wiederholt berichten, bis ihnen jemand glaubt und etwas passiert. Dabei weiß man, so Budroni weiter, dass man die Geschichte eines (Macht-)Missbrauchs nur einmal erzählen sollte. Alles andere könne retraumatisierend sein bzw. wenn sich Schülerinnen eine Stimme geben und diese nicht gehört wird, verschwinden sie im Kreis von Scham und Wiederholung. Dazu gibt es in der Traumaforschung allerdings verschiedene Standpunkte. Das Erzählen eines traumatischen Geschehens kann sowohl heilend als auch belastend sein. In der Narrative Exposure Therapy gilt das Credo: Betroffene erzählen wiederholend das Erlebte in einem sicheren und unterstützenden Umfeld. Das helfe, das Trauma zu verarbeiten und zu integrieren.

Oft gehen Traumata mit einer posttraumatischen Belastungsstörung (PTBS) einher. Das Erzählen könne demnach dazu beitragen, Angst und andere Symptome der PTBS zu reduzieren, indem das Traumatische in eine zusammenhängende Erzählung eingebettet wird. Ein weiterer Vorteil des wiederholten Erzählens: Betroffene können das Gefühl bekommen, dass ihre Erfahrungen anerkannt und verstanden werden, was wiederum zu einer emotionalen Entlastung führen kann. Die Gegenseite hingegen sagt, dass durch das wiederholte Erzählen eine Retraumatisierung ausgelöst werden kann, weil man das Trauma durch das Erzählen immer wieder neu erlebt. Das kann zu einer Verschlechterung der Symptome führen. Daher sollte man das Geschehene in einem professionellen Setting erzählen und in einem Umfeld, das eine:n unterstützt. Andernfalls kann sich das Trauma verstärken.

Außerdem kann eine Überlastung durch zu häufiges oder intensives Erzählen stattfinden, was Betroffene emotional überfordern oder sogar überwältigen kann. Vielleicht muss jede Person für sich selbst herausfinden, was ihr guttut. Das Tempo und die Häufigkeit des Erzählens sollten auf die individuelle Belastbarkeit und den emotionalen Zustand der Betroffenen abgestimmt sein, meinen Expert:innen. Das klingt für mich sinnvoll. Nach einem Machtmissbrauch sich einmal ein Beratungsgespräch zu organisieren, kann sicher schon einordnend sein, und man kann selbst entscheiden, ob man weitere Schritte in einem psychotherapeutischen Setting gehen möchte oder ob ein Erstgespräch bereits ausreichend war, so meine Meinung. Ich selbst habe Jahre gewartet, bis ich dieses Thema in einer Therapie ansprach. Hätte ich es früher getan, wäre mein Leben an manchen Punkten sicher einfacher oder leichter gewesen. Aber hätte man mir geglaubt und mich ernst genommen?

Nach der WHO gibt es pro Klasse ein bis zwei Schüler:innen, die sexualisierte Gewalt erleben. Schutzkonzepte sind zum einen da, um Schüler:innen innerhalb der Schule zu schützen. Gleichzeitig sollen diese Konzepte Schüler:innen helfen, die außerhalb des Schulkosmos Missbrauchserfahrung erleben, eine kompetente und verständnisvolle Ansprechperson in der Schule zu finden. Die KMK schreibt in ihrem Leitfaden für Schutzkonzepte, dass «Schule muss Schutzort, kann aber auch Tatort sein. Sie sollte aber vor allem ein Kompetenzort sein, in dem Kinder und Jugendliche vertrauensvolle Ansprechpersonen und Hilfe finden.»

Manche Lehrkräfte denken, dass dieses Buch ein Bashing gegen Lehrer:innen ist. Das soll es nicht sein. Mein Wunsch ist, dass durch dieses Buch noch genauer in die Schule hineingezoomt wird und Kinder und Jugendliche den bestmöglichen Schutz erhalten, den sie verdienen. Lehrer:innen müssen natürlich keine Täter sein. Doch wenn sie es werden, liegt es am Umfeld, dagegen vorzugehen, und im besten Fall wissen sie, welche Schritte dafür notwendig sind.

Die präventive Wirkung von Schutzkonzepten kann sich hingegen nicht entfalten, wenn der Prozess nicht partizipativ abläuft, wenn nicht genügend Zeit eingeplant wird, wenn keine externe fachliche Expertise eingeholt wird und / oder wenn nicht jeder Bestandteil individuell für die jeweilige Schule bearbeitet wird.

An diesem Punkt ist Schulpsychologin Marina Hoffmann Ansprechperson für 36 Schulen in Rheinland-Pfalz, von Grundschulen über Förderschulen bis zu berufsbildenden Schulen, und somit für rund 10 000 Schüler:innen zuständig. Sie berät Schulen dazu, wie man mit Fällen von sexuellem Missbrauch in der Schülerschaft umgeht, und erarbeitet gemeinsam mit den Verantwortlichen in der Schule individuelle Schutzkonzepte. Es sei sinnvoll, dass es kein bundesweites, einheitliches Konzept gebe, meint sie, und wirksamer, wenn ein solches für jede Schule mit ihren Bedürfnissen, Schwachstellen und Stärken individuell erarbeitet werde. Hoffmann weiß, dass das viel Arbeit ist und Schulen im Schnitt an die zwei Jahre brauchen, um ein Konzept zu erarbeiten. Das klingt mühsam, wichtig ist es aber trotzdem.

In den 2010er-Jahren, also nach dem Aufkommen der Missstände, die sich an der Heppenheimer Odenwaldschule abspielten, begann die Einführung von Schutzkonzepten in Deutschland. Es gab öffentliche Debatten, die das Bewusstsein für sexuelle Gewalt und Missbrauch schärften. 2011 empfahl der runde Tisch «Sexueller Kindesmissbrauch» sowie die Arbeit durch den unabhängigen Beauftragten für Fragen des sexuellen Kindesmissbrauchs, solche Konzepte zu entwickeln.

Warum, frage ich mich, funktionieren diese Schutzkonzepte doch so wenig, wenn in aktuellen Fällen viele Lehrkräfte erst mal nicht wissen, wie man vorgeht? Warum kommen Präventionsmaßnahmen an Schulen nicht an, werden Pädagog:innen nicht ausreichend und regelmäßig weiter ausgebildet? Ein Grund ist fehlendes Geld vom Staat, um in Weiterbildungen zu investieren. Ein anderer Punkt ist einfach fehlendes Wissen. Es gibt beispielsweise Onlineschulungen wie das sogenannte Serious Game «Was ist los mit Jaron?» für Grund- und Mittelschulen (https://www.was-ist-los-mit-jaron.de/), das ich selbst einmal durchgespielt habe. Es ist in der Zusammenarbeit mit der Kulturministerkonferenz entstanden und soll als eine digitale Fortbildung für Lehrkräfte dienen. Dort wird spielerisch vermittelt, wie man Schritt für Schritt mit Schüler:innen umgeht, die Gewalterfahrungen erlebt haben. Was sind Anzeichen, wie reagiert man oder unterstützt sie im Falle, dass sie auf einen zukommen usw. Manche Lehrkräfte wissen von diesem Spiel nichts. In diesem Kurs lernen Lehrer:innen, wie sich Schüler:innen verändern und sie diese darauf ansprechen können. Der Kurs dient zum Schutz von Schüler:innen vor sexuellem Missbrauch. Er ist kostenlos, man kann sich anonym anmelden oder mit vollem Namen und sich die circa vier Stunden als Fortbildung anrechnen lassen. Durch animierte Videos aus der Schule werden Lehrkräften Fragen gestellt, wie sie in bestimmten Situationen am besten vorgehen. Am Anfang sieht man ein Schulkind neben der Lehrerin stehen, es ist bereits Unterrichtsaus. Die Lehrerin hat seit einiger Zeit Veränderungen beim Kind bemerkt und versucht, sich langsam heranzutasten, was wohl los sein könnte. Dazu darf man selbst auswählen, welche Schritte als die passenden erscheinen, um Vertrauen aufzubauen und dem Kind zu helfen. Er ist ein Baustein eines Schutzkonzepts.

Manche Lehrkräfte wissen von diesem Spiel nichts. Es gibt auch einen «Leitfaden zur Entwicklung und praktischen Umsetzung von Schutzkonzepten und Maßnahmen gegen sexuelle Gewalt an Schulen», den die Kultusministerkonferenz zusätzlich erstellt hat und der den Prozess in Schulen fokussiert. Lehrer müssten nicht nur von dessen Existenz wissen, sondern geschult werden und das Schutzkonzept step by step zusammen durchgehen, meint Hoffmann. Es ist ein Weg, wie Aufarbeitung gelingen und so Schutz seitens Schutzbefohlener hergestellt werden kann.

Expert:innen aus dem psychologischen Bereich glauben, dass Täterpersönlichkeiten nicht durch bestimmte Persönlichkeitszüge, wie zum Beispiel pädophilen Neigungen, vorbestimmt seien, sondern dass das tatsächliche Verhalten erheblich unter bestimmten Bedingungen schwankt. Das heißt, Ziel präventiver Arbeit und Schutzkonzepte ist es, die Schwierigkeiten für den Täter und sein Risiko, entdeckt zu werden, systematisch zu erhöhen. Wie gelingt das? Erwachsene sollten nicht mehr über Aussagen von Schüler:innen hinwegsehen und das Erlebte bagatellisieren. So wird eine Kultur der Achtsamkeit etabliert, wie die Autor:innen rund um das Team von Professor Fegert schreiben. Daher sind Schutzkonzepte so wichtig. Sie sollten möglichst schon bestehen und nicht erst, nachdem ein Vorfall die Schule erschüttert hat.

Ein auf jede individuelle Schule abgedecktes Schutzkonzept zu haben, ist das eine. Es geht aber auch darum, dass diese Konzepte gelebt, aktualisiert und mit Lehrkräften wie auch Schüler:innen besprochen werden. Sie sollen nicht in der Schublade verstauben und bei einem Fall überfordert rausgeholt werden. In dem Fall mit Kim und Nele war es die Vertrauenslehrerin, die nicht wusste, was zu tun sei. So etwas sollte zukünftig nicht mehr vorkommen. Zur Verteidigung: Sie tat danach alles in ihrer Macht Stehende, um den Schüler:innen zu helfen, und begleitete die beiden ein Jahr lang noch, in dem sie Gespräche einmal die Woche mit Kim und Nele führte. Zum Ausgangspunkt zurück, was es benötigt, dass Schutzkonzepte vollständig im Schulalltag etabliert werden. Es bedarf finanzieller Mittel, um Fortbildungen und Workshops an Schulen zu halten, es benötigt externe Begleitung dabei, und diese Konzepte sollten mit Schüler:innen durchgegangen werden. Es gibt von der Wochenzeitung *Die Zeit* ein Arbeitsblatt, das sowohl in Deutsch, Politik oder Gemeinschaftskunde innerhalb des Unterrichts durchgenommen werden kann. In dieser Unterrichtseinheit «#MeToo: Das Schweigen brechen» lesen Schüler:innen drei Kommentare der MeToo-Debatte. Anhand dieser Fallbeispiele von sexueller Diskriminierung, strukturellem Systemversagen, Opferbashing etc. diskutieren sie im Unterricht «Verlauf und Hintergründe der Aktion, erörtern die Rolle der Medienberichterstattung zwischen «Hexenjagd» und «Enthüllungsjournalismus» und erarbeiten in Gruppen einen Verhaltenskodex für sexismusfreie Schule», heißt es auf der Seite *Zeit für die Schule*. Diese Arbeitshilfe unterstützt Lehrer:innen dabei, Themen von Machtmissbrauch im Unterricht aufzugreifen und präventiv zu wirken.

Ich hätte mir gewünscht, dass wir früher in der Schule so eine Chance bekommen hätten, einen Einblick zu erhalten und über Machtmissbrauch und strukturelle Ungleichheiten nachzudenken. Schule ist ein Ort des Lernens und der Bildung. Diesen Auftrag haben Lehrkräfte. Es gibt viele Beiträge im Internet zu lesen, welches Schulfach dringend erneuert gehöre bzw. was Schüler:innen wirklich lernen müssten, wie Umgang mit Finanzen, psychologisches Grundverständnis ... die Liste ist lang. Ein wenig Zeit in dieses Thema zu investieren, das den psychischen und physischen Schutz von jungen Menschen betrifft, scheint mir mehr als logisch und richtig.

Mir schrieb einmal eine Lehrerin, dass sie gemeinsam mit einem Kollegen an einem Wochenendseminar teilnahm, um sich gut aufzustellen gegen Machtmissbrauch in der Schule. Das war kein Teil des Lehrplans oder deren Weiterbildungsmaßnahmen – sie taten es freiwillig, selbstzahlend, weil die Schule selbst für solche Maßnahmen finanziell und zeitlich nicht aufkommt.

In der Schweiz gibt es seit Anfang 2021 eine vom Amt für Unterricht der Sekundarstufe zwei geschaffene Arbeitsgruppe aus Mitgliedern der Schuldirektionen, der Schulmediation, des psychologischen Dienstes, der Lehrpersonen und Schülerinnen und Schüler. Sie ist das Resultat daraus, dass Schüler:innen sich bei aufkommenden Problemen an eine Stelle wenden können und sich sicher und geborgen in der Mittelschule fühlen können. Auf der Seite fr.ch gibt es ein How-to, an wen man sich wenden kann, sowohl innerhalb als auch außerhalb der Schule. Dort finden Betroffene eine Hotline für Fälle von Sexismus, Diskriminierung oder Machtmissbrauch. Ziel dieser Angebote sei es, eine persönliche Beratung anzubieten, weshalb Anonymität nicht funktioniert. Allerdings sichern sie zu, dass die persönlichen Daten nicht weitergereicht werden. Wer anonym bleiben möchte, kann die eigene Aussage trotzdem über das Online-Kontaktformular abschicken. Der Fall wird nicht bearbeitet, aber als Erfahrungsbericht gesammelt mit anderen Berichten, die an die Kommission der psychologischen Beratungsstelle S2 und die Schuldirektionen weitergeleitet werden. Dort analysiert man die Berichte und setzt gegebenenfalls Maßnahmen fest, wie Weiterbildungen oder andere präventive Aktivitäten.

Eine große Mehrheit der Deutschen ist übrigens dafür, dass im Schulunterricht Themen wie Gleichstellung, Gewalt und Machtmissbrauch von Männern gegenüber Frauen und sexuelle Belästigung behandelt werden, formuliert die Gewerkschaft Erziehung und Wissenschaft (GEW). Das ist ein Ergebnis des ifo Bildungsbarometers 2018, das in diesem Jahr den Schwerpunkt Geschlechterrollen in Unterricht und Gesellschaft hatte. Das Bildungsbarometer befragte im

Jahr 2018 zum ersten Mal auch 1000 Jugendliche zwischen 14 und 17 Jahren. Deutliche Mehrheiten der Mädchen, aber auch der Jungen, waren dafür, dass Themen wie Gleichstellung von Mann und Frau, Gewalt und Machtmissbrauch von Männern gegenüber Frauen und sexuelle Belästigung im Unterricht behandelt werden. Diese Schüler:innen sind am Ende die Leidtragenden. Es ist sinnvoll, sie in den Präventionsprozess regelmäßig miteinzubeziehen. Wenn es Klassen- und Schulsprecher:innen in jeder Schule gibt, warum schaffen wir nicht einfach noch eine Position für Gleichstellungsbeauftragte, die die Rechte der Schüler:innen vertritt und von diesen geführt wird?

Um präventiv Machtmissbrauch in der Schule zu verringern und im besten Fall zu stoppen, sollten folgende Punkte beachtet werden, fasst die Gewerkschaft für Erziehung und Wissenschaft (GEW) zusammen:

- Regelmäßige Workshops für Schüler:innen und Lehrkräfte können dazu beitragen, das Bewusstsein für die Problematik zu schärfen und Handlungsstrategien zu entwickeln.
- Entwickeln Sie Schutzkonzepte, die klare Richtlinien und Verfahren zur Prävention und Intervention bei Machtmissbrauch und sexueller Gewalt beinhalten. Diese Konzepte sollten gemeinsam mit dem gesamten Schulteam erarbeitet und regelmäßig überprüft werden.
- Ein Verhaltenskodex, der in Zusammenarbeit mit Schüler:innen erstellt wird, kann verbindliche Verhaltensstandards festlegen und die gemeinsame Verantwortung für ein respektvolles Miteinander stärken.
- Schulen sollten Vertrauenslehrer:innen und externe Beratungsstellen benennen, an die sich Betroffene anonym und sicher wenden können.
- Peer-Programme können Schüler:innen ermutigen, sich

gegenseitig zu unterstützen und über Probleme offen zu sprechen.
- Regelmäßige Fortbildungen für Lehrkräfte zum Thema sexuelle Gewalt und Machtmissbrauch helfen dabei, Sensibilität und Handlungssicherheit im Umgang mit betroffenen Schüler:innen zu entwickeln.
- Konkrete Handlungsanweisungen für den Umgang mit Vorfällen von sexueller Gewalt und Machtmissbrauch sollten vorhanden sein und regelmäßig kommuniziert werden.
- Schulen sollten eine Kultur des Respekts, der Gleichberechtigung und der Offenheit fördern, um ein Umfeld zu schaffen, in dem Machtmissbrauch keinen Platz hat.
- Programme zur Förderung von Lebenskompetenzen, wie Resilienz und Empathie, sowie spezifische Anti-Mobbing-Programme können helfen, ein gesundes Schulklima zu schaffen, das Machtmissbrauch entgegenwirkt.

Wenn wir es schaffen, eine Kultur der Achtsamkeit zu entwickeln, «in der alle Beteiligten im System Schule erleben, dass Grenzen respektiert, Meinungen gehört, Rückmeldungen ernst genommen werden und Hilfe und Unterstützung da ist, wenn sie gebraucht wird», kommen wir einen großen Schritt weiter, um Schüler:innen einen sicheren Ort geben zu können, in dem sie so viel Zeit ihrer Jugend verbringen und geprägt werden, formuliert die Organisation Selbstlaut aus Wien in ihrer Broschüre. Dafür darf die Institution Schule aber nicht mehr wegsehen, sondern muss hinschauen, um ein sicherer Raum für ihre Schutzbefohlenen zu werden. Übergriffe bleiben verborgen, wenn Sexualität etwas Verbotenes bleibt, das tabuisiert wird. Kinder und Jugendliche in ihrer (sexuellen) Selbstbestimmung zu unterstützen und zu bestärken, ist daher wichtig.

Die Frage ist dabei für einige sicher: Was ist überhaupt ein guter Lehrer, wie kann ich es richtig machen, empathisch sein und trotzdem die nötige Distanz wahren? Das mag herausfordernd sein. Trotzdem glaube ich, dass jede:r ein Bauchgefühl hat, das anspringt, sobald eine Grenze übertreten wird oder sich etwas falsch anfühlt. Trust your instincts!

Rückblickend würde ich sagen, dass Wolfgang Schubert einige Eigenschaften hatte, die einen guten Lehrer ausmachen. Er förderte mich, wenn ich mehr über den üblichen Deutsch-Lernstoff hinaus lernen wollte. Er war eine Art Mentor für meine Interessensgebiete und kannte sich mit dem Unisystem aus. Das ist einiges, vor allem für mein damaliges Ich, das sich daheim mit den Eltern nicht austauschen konnte aufgrund meines Backgrounds als Arbeiter:innenkind. Germanistik, Soziologie – das war unbekanntes Terrain für meine Familie. Woher hätten sie es wissen sollen, verstehe ich jetzt. Es ist nicht die Aufgabe junger Menschen, sich wegzuducken oder einzuschränken in ihrem Alltag. Alle Erwachsenen, alle Verantwortungsträger müssen anpacken und Ideen miteinbringen, um etwas zu ändern. Es ist ihre Aufgabe.

EPILOG

«Mitten im tiefsten Winter wurde mir
endlich bewusst, dass in mir ein
unbesiegbarer Sommer wohnt.»

Albert Camus

Es ist Mai 2021, als ich gemeinsam mit einer Bekannten durch Schloss Schönbrunn in Wien spaziere. Während wir über die klitzekleinen Steinchen gehen und an den perfekt geschnittenen Bäumen entlanglaufen, erzähle ich ihr von meiner Geschichte mit meinem ehemaligen Deutschlehrer. Sie hört mir ruhig zu, schweigt und durchbricht die Stille irgendwann mit diesem einen Satz: «Das klingt nach einem Buch. Schreib doch ein Buch darüber.»

Ich hoffe, dass dieses Buch dazu beitragen kann, dem Narrativ einen Riegel vorzuschieben, es handle sich bei #MeToo in der Schule immer wieder um Einzelfälle. Denn wir haben hier ein systemisches Problem. Es gibt Geschlechterhierarchien und Orte und Berufsbranchen, die besonders stark hierarchisch gegliedert sind. Der Schulkosmos gehört dazu. Dort passiert immer wieder Machtmissbrauch, und dieser Realität muss man sich stellen. Es geht hier nicht nur um moralische Fragen. Jeder Mensch ist schulpflichtig und muss früher oder später diesen Raum betreten. Und jede:r hat ein Recht darauf, Wissen vermittelt zu bekommen, ohne dass dieser Person etwas passiert, dass sie Angst haben muss, «Nein» zu sagen, weil sie keine Ahnung hat, welche Konsequenzen ihr drohen. Denn – und das ist vor allem ein Problem in Deutschland: Wir sind immer noch abhängig von einem Notendurchschnitt, welche Bildungschancen wir in dieser Welt bekommen. Das ist unter anderem ein Motiv, warum Betroffene schweigen.

Seitdem ich Wolfgang Schubert bat, mir seine Sicht der Dinge mitzuteilen, herrscht Ebbe in meinem E-Mail-Postfach. Das erste Mal seit 13 Jahren. Für mich ist das ein Schuldeingeständnis. Trotzdem: Nach Jahren zweifle ich dennoch öfters daran, was ich fühlen und denken soll über meine Geschichte mit Wolfgang Schubert. Von außen wird mir teilweise – vor allem durch ältere Menschen – suggeriert, dass meine Geschichte nicht schlimm sei, warum ich denn so ein Fass aufmache oder sogar durch diese Erfahrung Profit schlage. Das tut weh. Aber es macht vor allem etwas mit mir: Ich fange selbst an, daran zu zweifeln, weil es eben keinen körperlichen Übergriff, keinen körperlichen Missbrauch gab.

In unserer Gesellschaft ist es erst ein Missbrauch, wenn dein Körper betroffen ist. Wie deine Seele unter solch einem Übergriff leidet, zählt kaum bis gar nicht. Wir alle, selbst oder vor allem Betroffene, haben das so verinnerlicht, dass ich oft selbst denke: «Na ja, es gibt schlimmere Geschichten als meine», oder: «Irgendwie ist ja nichts allzu Arges passiert.» Das ist Victim Blaming at its best, und wir müssen als Gesellschaft anerkennen, dass ein Missbrauch immer Schaden anrichtet.

Heilung geht nicht von heute auf morgen. Sie verläuft bei jedem menschlichen Wesen anders ab. Jeder Körper funktioniert unterschiedlich, genauso wie unsere Seelen. Bei anderen läuft die Heilung stufenweise ab. Wir merken oft erst Monate oder Jahre später, dass wir keine Schmerzen mehr haben. Die Herausforderung bleibt: Geduldig sein. Wenn ihr die ersten Wochen und Monate übersteht, wenn ihr glaubt, dass Heilung möglich ist, dann bekommt ihr euer Leben zurück. Aber das ist ein großes «Wenn». Für dieses Buch habe ich mich mit Machtmissbrauch und viel mit eigenen Grenzen beschäftigt.

Als ich dieses Buch zu schreiben anfing, befand ich mich in einer sehr ungesunden Beziehung. Oft spürte ich, dass ich ausbrechen muss, um ein gesundes Leben zu führen. Aber ich war noch zu verstrickt in alten Verhaltensmustern, zu kraftlos, um diesen radikalen Schritt zu gehen. Mit jeder weiteren Recherche, jeder weiteren Seite, die ich schrieb, erkannte ich immer mehr, was zu tun ist, dass es richtig und nicht egoistisch ist, für sich selbst einzustehen. «Du kannst nicht über Grenzenziehen sprechen und dich gleichzeitig so passiv verhalten», waren Gedanken, die immer wieder durch meinen Kopf zogen. Also beendete ich die Beziehung und lag alleine und erschöpft auf meinem Sofa in meiner Berliner Altbauwohnung, an die Decke starrend. Ich durchlebte noch mal viele Situationen in meinem bisherigen Leben, wo ich keine Grenzen gesetzt hatte und was die Konsequenzen für mich waren, als ich nicht genauer hinsehen wollte und konnte.

Nach einigen Wochen schrieb ich einer alten Freundin aus Wien, zu der ich erst wieder seit ein paar Wochen Kontakt hatte. Mein innerer Kompass zog mich gedanklich nach Österreich zurück. Und was soll ich sagen? Es ging alles so schnell und unkompliziert, als ich einfach meiner inneren Stimme vertraute, meine Freundin Corinna sprach immer wieder vom «Wien-Flow». Dadurch, dass ich mich für mich einsetzte und meine Grenzen zog, rückte auch alles andere in meinem Leben in neue und positive Bahnen.

Ich führe jetzt das Leben, das ich mir erträumte. Ich kann meiner Familie sagen, dass ich sie lieb habe, und wir sind auf einer neuen Ebene angelangt. Ich habe viel Therapie gehabt und aufgearbeitet, was schieflief. Warum erzähle ich das alles? Ich bin emotional schwankend aufgewachsen und fühlte mich nicht immer zugehörig zu meiner Familie. Mit 18 Jahren lernte ich Wolfgang Schubert kennen, der seine Macht und somit mich emotional missbrauchte, mich täuschte, bis ich glaubte, ich hätte mit allem begonnen und sei selbst schuld, weil ich mitmachte und keine klaren Grenzen steckte. Die Psychotherapeutin Cristina Budroni erzählte mir einst in dem Interview, das ich mit ihr für dieses Buch führte, dass wir alle solche Menschen einmal kennenlernen. Die Frage ist nur, ob wir sie in unser Leben lassen oder an ihnen vorbeigehen.

Ich bin nicht mehr die verängstigte, unsichere Jugendliche, die auf Teufel komm raus geliebt werden will. Ich habe die passenden Menschen in meinem nahen Umfeld gefunden und mit diesem Buch versucht, mir und allen anderen Betroffenen eine Stimme zu geben und diesem wichtigen Thema Platz einzuräumen.

Dieses Buch zu schreiben, hat mich oft überfordert, da möchte ich ehrlich sein. Als Journalistin wird dir oft gesagt: «Schreib ein Buch – das ist deine Visitenkarte, dann bist du wer!» Es ist so falsch, denn so werde ich nur durch andere sichtbar, und dieses Muster habe ich längst durchbrochen. Ich befasse mich in meiner Arbeit oft mit Menschen, die keine Stimme in dieser lauten Welt finden.

Mir war von Anfang an klar, wenn ich dieses Buch über Machtmissbrauch in der Schule schreibe und meine eigene Geschichte offenlege, will ich authentisch erzählen, keinen Deckmantel über Details legen, sondern pur und persönlich wiedergeben, was mir passiert ist. Mich macht das verletzlich, es ist nicht einfach. Mich mit diesem alten Thema zu konfrontieren, hat immer wieder bereits verheilt geglaubte Wunden aufgerissen. Aber ich musste dieses Buch schreiben. Ich verstehe es, wenn andere das eigenartig und zu persönlich finden – vor allem als Journalistin. Das ist okay für mich.

Auch mir bereitet diese Offenheit eine Art Unbehagen, aber anders kann ich diese Geschichten nicht erzählen.

Alle Betroffenen haben sich vulnerabel gemacht, auch wenn sie nicht mit Klarnamen in diesem Buch stehen, sondern unter einem Pseudonym. Es gibt im Journalismus die Regel, den geschriebenen Text nicht noch einmal an Protagonist:innen herauszugeben, sondern nur Zitate zu verschicken, die abgenickt werden sollen. Für dieses Buch habe ich das etwas anders gehandhabt. Ich habe von Anfang an zugesichert, dass ich alle Geschichten anonym erzähle und die von mir aufgeschriebenen Protokolle jeder Einzelnen persönlich vorlese und das Einverständnis einhole. Sie haben so viel Kontrollverlust erlebt, und ohne sie wäre dieses Buch nicht möglich gewesen – ich möchte ihnen die Kontrolle über ihr Erlebtes wenigstens für dieses Buch lassen.

Während des Schreibens und Recherchierens verzweifelte ich teilweise daran, wie Gesetze Missbrauchsfälle einfach aushebeln, indem es für Grauzonen keine greifenden Paragrafen gibt. Ich bin wütend, dass Lehrende weiterhin unterrichten, weil ein System sie schützt, und Betroffene sich nicht trauen, sich Hilfe zu holen. Ich hätte mir früher solch ein Buch gewünscht, das war meine Hauptmotivation, dieses Buch zu beenden. Für alle da draußen, die aktuell in solch einer überfordernden Situation sind. Ein System aus Kolleg:innen, ein System aus uns – der Gesellschaft – und ein politisches, das keine Notwendigkeit darin sieht, Studien zum Thema zu veranlassen. Einzelfälle. Alles nicht so tragisch. Schauen Sie bitte alle hin. Jede einzelne Person, die tatenlos herumsitzt und das System hinnimmt, macht sich ebenfalls mitschuldig. Auch wenn es wehtut und anstrengend zu sein scheint: Wir alle können etwas tun. Fühlen Sie. Glauben Sie.

Diese gesammelten Geschichten tragen hoffentlich dazu bei, dem Narrativ einen Riegel vorzuschieben, es handle sich bei #MeToo in der Schule immer wieder um Einzelfälle. Denn dieses Argument ist falsch. Wir haben hier ein systematisches Problem. Es gibt Geschlechterhierarchien, Orte und Berufsbranchen, die besonders stark hierarchisch gegliedert sind. Der Schulkosmos gehört vor allem dazu. Dort passiert Machtmissbrauch, und dieser Realität muss man sich stellen. Es geht hier nicht nur um moralische Fragen. Jeder Mensch ist schulpflichtig, und muss früher oder später diesen Raum betreten. Und jede:r hat ein Recht darauf, Wissen vermittelt zu bekommen, ohne dass dieser Person etwas passiert, dass sie Angst haben muss, «Nein» zu sagen, weil sie keine Ahnung hat, welche Konsequenzen ihr drohen. Denn – und das ist vor allem ein Problem in Deutschland: Wir sind immer noch abhängig von einem Notendurchschnitt, welche Bildungschancen wir in dieser Welt bekommen. Das ist ein Motiv, warum Betroffene schweigen.

Wie bei jeder Betroffenen strömt ein Gefühl in mir hoch, dass angezweifelt wird, was geschehen ist. Und das Gefühl ist da, obwohl es Beweise gibt wie die Mails, Aussagen meiner Schulfreundinnen und meiner ehemaligen Lehrerin. Es ist so tief verankert, weil ich als Betroffene immer glaube, eine Mitschuld zu haben. Genau hier muss einfach etwas passieren. Wie kann es sein, dass alle, mit denen ich gesprochen habe, dieses Gefühl in sich tragen? Angst darf uns nicht die Stimme rauben. Wir haben eine Stimme – benutzen wir sie! Zweimal hab ich den Film «She said!» gesehen, in dem zwei Journalistinnen der *New York Times* einen systemischen Machtmissbrauch in der Filmbranche versuchen aufzudecken, anführend den bekannten Filmproduzenten Harvey Weinstein für seine Taten dranzubekommen. Das ging nur, indem die Betroffenen so mutig waren und sprachen. Diese Recherche hat etwas verändert, wurde zum Ausgangspunkt der MeToo-Bewegung und brachte Weinstein hinter Gitter.

Wir müssen unsere Stimme finden. Koste es, was es wolle. Und wenn wir es tun: Lasst uns gemeinsam das Schweigen brechen – niemand muss alleine damit sein!

Lange wollte ich die E-Mails von Wolfgang Schubert löschen. Das hat sich mittlerweile geändert. Ich dachte, dass das Löschen eine Art Befreiungsschlag für mich sei. Heute weiß ich, dass dem nicht so ist. Durch dieses Buch ist mir klar geworden, dass ich kein Einzelfall war und mich keine Schuld trifft. Dieses Wissen hilft mir, diesen Machtmissbrauch richtig einzuordnen. Das Einzige, das ich tun kann, ist auf ein systematisches Versagen aufmerksam zu machen. Das ist das, was mir hilft und weshalb alle Betroffenen mit mir gesprochen und ihre Geschichten erzählt haben. Christa Wolf sagte einst mal: «Einmal im Leben zur rechten Zeit sollte man an Unmögliches geglaubt haben.» Wir alle wollen, dass sich etwas ändert, dass hingesehen wird.

Wenn ich mir aus heutiger Sicht einen Rat geben könnte, was würde ich der unsicheren Schülerin sagen, die damals einfach nur gesehen und geliebt werden wollte? Es ist schwer, nicht zu wissen, wer man wird, ohne genau zu wissen, wer man gerade ist. Das blockiert manchmal. Aber mein Rat wäre gewesen: Rede mit jemandem. Und wenn du zweifelst – sag «Nein».

DANK

Ich danke allen Frauen* für ihr Vertrauen, ihre Offenheit und ihre Zeit. Ohne sie wäre dieses Buch nicht entstanden. Auch wenn nicht alle Gespräche, die ich geführt habe, hier abgedruckt werden konnten, war jedes einzelne für das Buch wichtig.

Mein besonderer Dank gilt meiner Agentin Franziska Günther und meinen Lektorinnen Susanne Frank und Clara Polley. Es war ein wilder Ritt. In der Zeit, in der ich am Buch schrieb, sind privat einige Dinge in meinem Leben passiert. Ich konnte immer darauf vertrauen, dass sie mich mit ihrer Erfahrung auf dem Weg begleiteten, sodass das Buch am Ende in der Welt erschienen ist. Danke dem Rowohlt Verlag, dass er an das Thema geglaubt hat und die Betroffenen-Geschichten gesehen und ihnen so viel Platz eingeräumt hat.

Außerdem möchte ich Corinna und Fatima danken, meinen Herzensmenschen und besten Freundinnen, die in jeder dunklen Stunde ein Licht für mich bereithalten.

Ich weiß es zu schätzen, dass ich mittlerweile ein gutes Verhältnis zu meiner Familie habe. Ihr unterstützt mich und seid für mich da, wenn ich euch brauche – danke dafür!

LITERATURVERZEICHNIS

Akademie für Lehrerfortbildung und Personalführung Dillingen: Lehrer als Täter. Sexuelle Gewalt – Prävention und Intervention, url: https://sexuelle-gewalt.alp.dillingen.de/index.php/main-basiswissen/weiterfuehrendes/lehrer-als, abgerufen: 18. Juli 2024.

Allroggen, Marc / Domann, Sophie / Eßer, Florian (u. a.): Einleitung. Schutzkonzepte zur Verbesserung des Kinderschutzes in Organisationen, in: Wolff / Schröer / Fegert (Hrsg.), Schutzkonzepte in Theorie und Praxis, Weinheim 2017, S. 10–21.

Austria Presse Agentur: Ab Herbst sind Kinderschutzkonzepte an Schulen Pflicht, in: Die Presse, 17. Mai 2024.

Austria Presse Agentur: Gute Noten gegen Nacktfotos: Lehrer in Korneuburg verurteilt, in: OÖ Nachrichten, 19. Februar 2018.

Baschek, Nadja: Was Hochschulen gegen Machtmissbrauch tun, in: WDR, url: https://www1.wdr.de/nachrichten/landespolitik/hochschulen-massnahmen-gegen-machtmissbrauch-100.html, abgerufen: 19. Juni 2023.

Bebenburg von, Pitt: Bleib dran, um für deine Sache einzustehen, in: Frankfurter Rundschau, 9. Juni 2021, url: https://www.fr.de/zukunft/storys/75-lektionen-mut/missbrauch-an-der-odenwaldschule-der-lange-weg-zur-wahrheit-andreas-huckele-90059245.html, abgerufen: 22. Juli 2024.

Brinks, Tonja / Oppermann, Martin / Dr. Waligora, Katja (u. a.): Kinderschutz in der Schule. Leitfaden zur Entwicklung und praktischen Umsetzung von Schutzkonzepten und Maßnahmen gegen sexuelle Gewalt an Schulen, in: kmk.org, url: https://kinderrechte-portal.de/bildungsinhalt/kinderschutz-in-der-schule/, abgerufen: 17. Juli 2024.

Burgsmüller, Claudia / Tilmann, Brigitte: Abschlussbericht über die bisherigen Mitteilungen über sexuelle Ausbeutung von Schülern und Schülerinnen an der Odenwaldschule im Zeitraum 1960 bis 2010, in: anstageslicht.de, url: https://www.anstageslicht.de/filead

min/user_upload/Geschichten/Missbrauch_-_eine_unendliche_Geschichte_auch_in_Deutschland/OSO_Abschlussbericht2010.pdf, abgerufen: 17. Juli 2024.

Burgsmüller, Claudia / Tilmann, Brigitte: Institutionelles Versagen beim Umgang mit sexueller Gewalt im schulischen Kontext. Aufarbeitung der sexuellen Missbrauchsfälle an Schülern der Elly-Heuss-Knapp-Schule in Darmstadt (1965–1992), Wiesbaden 2019.

Burgsmüller, Claudia: Sexueller Missbrauch im Kontext von Schule. Der Schutz von Kindern ist nicht mit den Mitteln des Strafrechts zu erreichen, in: SCHULdZEIT – Übergriffe auf Schüler:innen an staatlichen Schulen (2022).

Center for Law and Democracy: The Global Right to Information Rating Map, url: https://www.rti-rating.org/wp-content/uploads/2018/07/RTI-Rating-Results.11. 09. 28.pdf,
abgerufen: 18. Juli 2024.

Christmann, Bernd / Schwerdt, Daniel / Wazlawik, Martin: Perspektiven auf sexualisierte Gewalt in schulischen Kontexten: Konzepte, Befunde, Perspektiven, in: DDS – Die Deutsche Schule, Jg. 111, Heft 2 (2019), S. 230–242, url: https://doi.org/10.31244/dds.2019.02.09, abgerufen: 17. Juli 2024.

Conradi, Marvin: Versagt Justiz bei übergriffigen Lehrkräften? Richter und Betroffene diskutieren in Montabaur, in: Westerwälder Zeitung, 27. März 2023, url: https://www.rhein-zeitung.de/region/aus-den-lokalredaktionen/westerwaelder-zeitung_artikel,-versagt-justiz-bei-uebergriffigen-lehrkraeften-richter-und-betroffene-diskutieren-in-montabaur-_arid,2518635.html, abgerufen: 18. Juli 2024.

Dalhoff, Maria / Şimşek, Nilüfer / Vasold, Stefanie: Achtsame Schule. Leitfaden zur strukturellen Prävention von sexueller Gewalt, in: Selbstlaut – Fachstelle gegen sexualisierte Gewalt an Kindern und Jugendlichen, Vorbeugung – Beratung – Verdachtsbegleitung, Wien 2020, url: https://selbstlaut.org/wp-content/uploads/Selbstlaut-Leitfaden-2020_korr_20210205.pdf, abgerufen: 17. Juli 2024.

Deutsche Presse Agentur (dpa): Essstörungen nehmen zu, in: aerzteblatt.de, 4. Mai 2023, url: https://www.aerzteblatt.de/nachrichten/142915/Essstoerungen-nehmen-zu, abgerufen: 17. Juli 2024.

Deutscher Bundestag: «Bundestag entscheidet ‹Nein heißt Nein›», url: https://www.bundestag.de/webarchiv/textarchiv/2016/kw27-de-selbstbestimmung-434214, abgerufen: 18. Juli 2024.

Die Presse: «Männer verbieten»: Nina Proll empört über Initiative #MeToo, 15. Januar 2019, url: https://www.diepresse.com/5309692/maenner-verbieten-nina-proll-empoert-ueber-initiative-metoo, abgerufen: 18. Juli 2024.

Education Group: Sexuelle Gewalt – Wie Lehrkräfte Schüler:innen helfen können. Interview von Schule.at mit Katja Dienstl vom Verein PIA, url: https://www.edugroup.at/service/suche/detail/sexuelle-gewalt-wie-lehrkraefte-schuelerinnen-helfen-koennen.html, abgerufen: 17. Juli 2024.

Enders, Ursula: Grenzen achten. Schutz vor sexuellem Missbrauch in Institutionen. Ein Handbuch für die Praxis, Köln 2012.

Fegert, Jörg M. / Hoffmann, Ulrike / König, Elisa (u. a.): Sexueller Missbrauch von Kindern und Jugendlichen. Ein Handbuch zur Prävention und Intervention für Fachkräfte im medizinischen, psychotherapeutischen und pädagogischen Bereich. Springer Verlag, Berlin / Heidelberg 2015.

Fegert, Jörg M. / König, E. / Witte, S. (u. a.).: Schutz vor sexueller Gewalt und Übergriffen in Institutionen. Für die Leitungspraxis im Gesundheitswesen, Jugendhilfe und Schule, Heidelberg 2018.

Fegert, Jörg M. / Wolff, Mechthild: Eine neue Qualität der Debatte um Schutz vor Missbrauch in Institutionen, in: Kompendium «Sexueller Missbrauch in Institutionen». Entstehungsbedingungen, Prävention und Intervention. Weinheim 2015, S. 15–26.

Glammeier, Sandra: Pädagogische Herausforderungen angesichts sexueller Gewalt – was Schulen und Lehrkräfte tun können, in: Die berufsbildende Schule, Jg. 67, H.1 (2015), S. 13–17.

Haindl, Christine: Fördernde und hindernde Faktoren der Zivilcourage, Studienarbeit an der Hochschule München, 2005.

Hausbichler, Beate: Warum Anzeigen wegen Gewalt wichtig sind und Frauen oft davor zurückschrecken, in: Der Standard, 20. September 2023.

Heibel, Johannes: Initiative gegen sexuellen Missbrauch an Kindern und Jugendlichen e. V., url:: http://www.initiative-gegen-gewalt.de/bilder/aktuell/2016/Vortrag_Stand Maerz2016.pdf, abgerufen: 18. Juli 2024.

Heinzel, Friederike / Prengel, Annedore: Sexualisierte Gewalt und Schulen, in: Retkowski, A. / Treibel, A. / Tuider, E. (Hg.): Handbuch Sexualisierte Gewalt und pädagogische Kontexte, Weinheim 2018, S. 415–423.

Helberg, Cristina: Ein Universum der Fehlinformationen. Viele Lehramtsstudierende gehen nicht zur Psychotherapie – denn sie fürchten, später nicht verbeamtet zu werden. Ist die Angst begründet?, in: Fluter, 28. April 2023, url: https://www.fluter.de/lehrerinnen-verbeamtung-psychotherapie, abgerufen: 18. Juli 2024.

Helming, Elisabeth / Kindler, Heinz / Langmeyer, Alexandra (u. a.): Sexuelle Gewalt gegen Mädchen und Jungen in Institutionen. Deutsches Jugendinstitut e.V., Abteilung Familie und Familienpolitik, München 2011, url: https://www.dji.de/fileadmin/user_upload/sgmj/Rohdatenberichttext_Endversion_Juni_2011.pdf, abgerufen: 18. Juli 2024.

Hitchens, E. W.: Denial: An identified theme in marital relationships of sex offenders, in: Perspectives in Psychiatric Care, Jg.10, Nr. 4, S. 152–159.

Hoffmann, Susann: Täter-Opfer-Ausgleich aus Opfer-Perspektive – Entwicklung eines Evaluationsinstruments, Diplomarbeit Universität Bremen 2006, url: https://ppt-herzog.de/wp-content/uploads/diplomarbeit_susannherzog_public.pdf, abgerufen: 18. Juli 2024.

Hofherr, Stefan: Sexuelle Gewalterfahrungen von Schülerinnen und Schülern und sexuelle Gewalt als Thema in der Schule, in: Forum Sexualaufklärung und Familienplanung, H. 2, 2018, S. 34–37.

Hofherr, Stefan: Wissen von Schülerinnen und Schülern über sexuelle Gewalt in pädagogischen Kontexten. Kurzbericht über zentrale Ergebnisse, Deutsches Jugendinstitut München 2017, url: https://www.dji.de/fileadmin/user_upload/bibs2017/25012_hofherr_schuelerwissen_sexuelle_gewalt.pdf, abgerufen: 19. Juli 2024.

Hofherr, Stefan / Kindler, Heinz: Sexuelle Übergriffe in Schulen aus der Sicht von Schülerinnen und Schülern. Zusammenhänge zum Erleben von Schule und der Bereitschaft zur Hilfesuche, in: Andresen, Sabine / Tippelt, Rudolf (Hg.): Sexuelle Gewalt in Kindheit und Jugend. Theoretische, empirische und konzeptionelle Erkenntnisse und Herausforderungen erziehungswissenschaftlicher Forschung. Weinheim 2018, S. 95–110.

Iffland, Judith / Berner, Wolfgang / Briken, Peer: Partnerschaften von Sexualstraftätern. Systematische Literaturübersicht, in: Forensische Psychiatrie, Psychologie, Kriminologie, Jg. 10, Heft 1, Februar 2016, S. 56–63.

Jud, Andreas / Kindler, Heinz: Übersicht Forschungsstand sexualisierte Gewalt an Kindern und Jugendlichen im deutschsprachigen Raum, in: Arbeitsstab des unabhängigen Beauftragten für Fragen des sexuellen Kindesmissbrauchs (2019), url: https://www.com-can.de/fileadmin/downloads/200917_UBSKM_Expertise_V4.pdf, abgerufen: 19. Juli 2024.

Kadera, Stepanka / Köhler-Dauner / Franziska / Hafer, Harald (u. a.): Prävention sexueller Gewalt in Institutionen im Rahmen von Fortbildungen. Wie sehen Mitarbeiter/-innen in Heimen und Internaten den Bedarf und die Herausforderungen im Umgang mit dem Thema «sexueller Missbrauch»?, in: Andresen / Tippelt: Sexuelle Gewalt in Kindheit und Jugend, S. 199–211.

Käthe-Paulus-Schule Mainhausen: Konzept zum Schutz vor sexueller Gewalt. Interventions- und Präventionsplan der Käthe-Paulus-Schule, Mainhausen, url: https://kaethe-paulus.mainhausen.schule.hessen.de/wir_ueber_uns/schulleben/konzepte/konzept_sexgewaltkps.pdf. abgerufen: 18. Juli 2024.

Knab, Eva-Maria: Gegen Belästigung von Frauen: Die Uni Augsburg hat noch Luft nach oben, in: Augsburger Allgemeine, 3. August 2022.

Knab, Eva-Maria: Wie die Uni gegen sexuelle Belästigung auf dem Campus vorgeht, in: Augsburger Allgemeine, 3. August 2022.

Kröger, Uta / Verstegen, Nienke / Raaijmakers, Arie: Restorative Justice im Maßregelvollzug in den Niederlanden. Eine Richtlinie für opferorientierte Interventionen im Rahmen der Täterbehandlung, in: Forensische Psychiatrie & Psychotherapie, Heft 1 (2019), S. 5–24.

Kunert, Katharina: «Plötzlich küsste mich der Lehrer». Fünf Betroffene berichten von Missbrauch in der Schule, in: Stern Magazin, 5. Januar 2023, url: https://www.stern.de/gesellschaft/missbrauch-an-schulen---ploetzlich-kuesste-mich-der-lehrer--33063632.html, abgerufen: 19. Juli 2024.

Lasser, Jana / Täuber, Susanne: Machtmissbrauch in der Wissenschaft. Problembeschreibung und Lösungsansätze für Personalverwaltung und Personalentwicklung, url: https://www.netzwerk-mawi.de/fileadmin/media/team/PDFs/Machtmissbrauch_in_der_Wissenschaft_Problembeschreibung_und_Loesungsansaetze_fuer_Personalverwaltung_und_Personalentwicklung.pdf, abgerufen: 19. Juli 2024.

Löwe, Sarah: Epidemiologische Auswertung der Daten von Gutachten aus den Jahren 1998 bis 2008 zur Frage des sexuellen Missbrauchs von Kindern, Dissertation LMU München 2020, url: https://edoc.ub.uni-muenchen.de/25789/1/Loewe_Sarah.pdf, abgerufen: 19. Juli 2024.

Müller, Henning Ernst: Verhältnis zwischen 32-jährigem Lehrer und 14-jähriger Schülerin – OLG Koblenz spricht den Lehrer frei, in: https://community.beck.de/2012/01/13/verhaeltnis-zwischen-32jaehrigem-lehrer-und-14jaehriger-schuelerin-olg-koblenz-spricht-den-lehrer-frei, 2012.

Münder, Johannes / Kavemann, Barbara: Sexuelle Übergriffe in der Schule. Leitfaden für Schulleitungen, Schulaufsicht und Kollegien zur Wahrung des sexuellen Selbstbestimmungsrechts von Schülerinnen und Schülern, PETZE-Institut für Gewaltprävention (Hg.), Kiel 2010.

Osterheider, Michael / Neutze, Janina: MiKADO – Missbrauch von Kindern: Ätiologie, Dunkelfeld und Opfer, url: http://www.mikado-studie.de/tl_files/mikado/upload/MiKADO%20_%20Ergebnisse.pdf, abgerufen: 19. Juli 2024.

PA News Agency: «‹Predator› teacher convicted of sex with schoolboys», in: Guardian, 17. Mai 2024.

Paulitsch, Lina: Überhört. Übersehen. Übervorteilt., in: Falter, 17. Januar 2023, url: https://www.falter.at/zeitung/20230117/ueberhoert-uebersehen-uebervorteilt, abgerufen: 19. Juli 2024.

Plüss, Mirko: Kampf gegen pädophile Lehrer: Es harzt mit der schwarzen Liste. Bewerber werden intensiver überprüft, doch noch gibt es Löcher im System, in: Neue Zürcher Zeitung, 10. Juli 2021, url: https://www.nzz.ch/schweiz/kampf-gegen-paedophile-lehrer-ld.1787942, abgerufen: 19. Juli 2024.

Pohl, Gabriele: Die Würde des Kindes ist antastbar: Plädoyer für eine Kindheit ohne Beschämung, Wiesbaden 2020.

Prengel, Annedore: Destruktive Beziehungen in pädagogischen Arbeitsfeldern – Empirische und theoretische Zugänge (2019), in: Reckahner Reflexionen zur Ethik pädagogischer Beziehungen, url: https://paedagogische-beziehungen.eu/destruktive-beziehungen-in-paedagogischen-arbeitsfeldern-empirische-befunde-und-theoretische-zugaenge/, abgerufen: 19. Juli 2024.

Pröll, Franziska: Warum gibt es in Deutschland so wenige Schulpsychologen?, in: Frankfurter Allgemeine, 26. Juni 2023.

Puchert, Ralf / Jungnitz, Ludger / Walter, Willi: Gewalt gegen Männer in Deutschland. Personale Gewaltwiderfahrnisse von Männern in Deutschland. Pilotstudie im Auftrag des Bundesministeriums für Familie, Senioren, Frauen und Jugend (2004), url: https://www.bmfsfj.de/resource/blob/84590/a3184b9 f324b6ccc05bdfc83a-c03951e/studie-gewalt-maenner-langfassung-data.pdf, abgerufen: 18. Juli 2024.

Richter, Anja: Ex-Kapellmeister in NÖ. Musikschuldirektor wegen Missbrauch verurteilt, in: Kronen Zeitung, 29. Mai 2024.

Rödde, Ulf: #MeToo sollte Thema an Schulen sein., in: gew.de, 18. September 2018, url: https://www.gew.de/aktuelles/detailseite/metoo-sollte-thema-an-schulen-sein, abgerufen: 22. Juli 2024.

Rotsch, Britta: Ich liebe einen Pädophilen, in: Neue Zürcher Zeitung Magazin, 24. Juni 2020.

Rotsch, Britta: Irgendwas in mir will abhauen. Und irgendein Teil in mir will mehr davon, in: Zeit Magazin, 17. Februar 2021.

Salzgeber, Cloé: Von der Lehrerin zur großen Liebe, in: SRF.ch, 14. Februar 2023, url: https://www.srf.ch/news/gesellschaft/emmanuel-und-brigitte-macron-von-der-lehrerin-zur-grossen-liebe, abgerufen: 22. Juli 2024.

Schultz, Tanjev: Nackte Lehrer waren normal, in: Süddeutsche Zeitung, 12. Juli 2010

SDA Nachrichtenagentur: Schwarze Liste für Lehrer ist jetzt rechtskräftig, in: NZZ.de, 25. Februar 2005, url: https://www.nzz.ch/newzzE5M5LUL0-12-ld.333977, abgerufen: 18. Juli 2024.

Shen, Fei / Liu, Yanhong: Perceived Parental Attachment and Psychological Distress Among Child Sexual Abuse Survivors: The Mediating Role of Coping Strategies, in: Journal of Family Violence, 4. Mai 2023.

Singer, Kurt: Schüler vor verletzendem Lehrerverhalten schützen, url: http://www.prof-kurt-singer.de/leitgedanken-verletzen.pdf, abgerufen: 18. Juli 2024.

OÖ Nachrichten.de: «Sadomaso-Sex für gute Testnoten: Lehrer verurteilt», 24. Mai 2018, url: https://www.nachrichten.at/oberoesterreich/Sadomaso-Sex-fuer-gute-Testnoten-Lehrer-verurteilt;art4,2905680, abgerufen: 18. Juli 2024.

Thamar: Beratungsstelle gegen sexualisierte Gewalt: Täterstrategien. Was? Von der / dem hätte ich das nicht gedacht! (2019), url: https://

www.kvjs.de/fileadmin/dateien/Fortbildung/internetraeume/19-4-JP1-2k/public/Taeterinnenstrategien2019.pdf
The National Child Traumatic Stress Network: What to Do If Your Child Discloses Sexual Abuse. Information for Parents and Caregivers (2009), url: https://www.nctsn.org/resources/what-do-if-your-child-discloses-sexual-abuse-guide-parents-and-caregivers, abgerufen: 15. Juli 2024.
Tiefenthal, Antje: Ein bis zwei Kinder pro Klasse sind Missbrauchsopfer, in: Deutsches Schulportal, 30. November 2018, url: https://deutsches-schulportal.de/unterricht/ein-bis-zwei-kinder-pro-klasse-sind-missbrauchsopfer/, abgerufen: 18. Juli 2024.
Urban, Maria: Schule als Schutzraum vor sexualsierter Gewalt und Ort Sexueller Bildung aus Lehrer:innenperspektive, Hochschule Merseburg 2020.
von Keudell, Anna: Forschungsstand: Sexualisierte Gewalt an Schulen, in: Dies.: Sexualisierte Gewalt an allgemeinbildenden Schulen. Eine struktur- und machttheoretische Analyse, Wiesbaden 2023.
Wagner, Ingo / Knoke, Carolin: Sexualisierte Grenzverletzungen durch Lehrkräfte im Sportunterricht. Eine retrospektive Interviewstudie, in: German Journal of Exercise and Sport Research, Jg. 52, H. 4 (2022), S. 1–11.
Winkler, Martina: Professor* innen gegen Machtmissbrauch an Universitäten, in: Zeitgeschichte-online, April 2023, URL: https://zeitgeschichte-online.de/themen/professorinnen-gegen-machtmissbrauch-universitaeten, abgerufen: 18. Juli 2024.
Wright, R. / Garrett, T. B.: Wives of rapists and incest offenders, in: The Journal of Sex Research, Jg. 11, H. 2 (1975), S. 149–157.
Zacher, Judith / Mangold, Beate: Sexueller Missbrauch an Schulen – Experten sprechen in Dillingen, in: Bayerischer Rundfunk.de, 2. Februar 2023, url: https://www.br.de/nachrichten/bayern/sexueller-missbrauch-an-schulen-experten-sprechen-in-dillingen,TU-8K0Uj, abgerufen: 18. Juli 2024.
Zimmerl, Johanna: Täterstrategien und warum Kinder schweigen, Vortrag vom möve Kinderschutzzentrum Wien, url: https://www.youtube.com/watch?v=r7Nbu6ZuAyY, Stand: 15. 7. 2024.

EINE AUSWAHL AN HILFSANGEBOTEN FÜR BETROFFENE UND ANGEHÖRIGE IM DACH-RAUM

Deutschland

Nummer gegen Kummer

- **Telefon:** 116 111 (Kinder- und Jugendtelefon), 0800 111 0550 (Elterntelefon)
- **Webseite:** Nummer gegen Kummer
- **Beschreibung:** Anonyme und kostenlose Beratung für Kinder, Jugendliche und Eltern zu verschiedenen Problemen, einschließlich Missbrauch und Gewalt.

Hilfetelefon «Sexueller Missbrauch»

- **Telefon:** 0800 22 55 530
- **Webseite:** Hilfetelefon «Sexueller Missbrauch»
- **Beschreibung:** Anonyme und kostenlose Beratung für Betroffene von sexuellem Missbrauch, deren Angehörige und Fachkräfte.

Weißer Ring

- **Telefon:** 116 006
- **Webseite:** Weißer Ring
- **Beschreibung:** Unterstützung für Opfer von Kriminalität, einschließlich Beratung und Begleitung bei rechtlichen Schritten.

DGfPI – Deutsche Gesellschaft für Prävention und Intervention bei Kindesmisshandlung und -vernachlässigung

- **Webseite:** DGfPI
- **Beschreibung:** Fachverband, der sich für den Schutz von Kindern vor Misshandlung und Vernachlässigung einsetzt, bietet Informationen und Unterstützung für Betroffene und Fachkräfte.

JugendNotmail

- **Webseite:** JugendNotmail
- **Beschreibung:** Anonyme und kostenlose Online-Beratung für Kinder und Jugendliche zu verschiedenen Problemen, einschließlich Missbrauch und Gewalt.

Rat auf Draht (für Österreich, aber auch für Anfragen aus Deutschland)

- **Webseite:** Rat auf Draht
- **Beschreibung:** Anonyme und kostenlose Beratung für Kinder und Jugendliche in Not, auch bei Missbrauch und Gewalt.

Diese Beratungsstellen bieten verschiedene Formen der Unterstützung an, von telefonischer Beratung über Online-Hilfe bis hin zu persönlichen Beratungsgesprächen. Es ist wichtig, dass Betroffene und ihre Familien wissen, dass sie nicht allein sind und Hilfe verfügbar ist.

Österreich

Rat auf Draht:

- Telefonnummer: 147 (anonym und kostenlos)
- Webseite: Rat auf Draht

Kinder- und Jugendanwaltschaften:

- Diese sind in allen Bundesländern vertreten und bieten Beratung und Unterstützung.
- Weitere Informationen und Kontaktmöglichkeiten finden sich auf den Webseiten der jeweiligen Kinder- und Jugendanwaltschaften.

gewaltinfo.at:

- Diese Plattform bietet umfassende Informationen zu Gewalt gegen Kinder und Jugendliche sowie zu entsprechenden Beratungsstellen und Hilfsangeboten.
- Webseite: gewaltinfo.at

Gleichbehandlungsanwaltschaft:

- Beratungsstellen in Wien, Graz, Klagenfurt, Linz und Innsbruck
- Kontakt: gaw@bka.gv.at
- Webseite: Gleichbehandlungsanwaltschaft

ZARA – Zivilcourage und Anti-Rassismus-Arbeit:

- Diese Beratungsstelle bietet Unterstützung für Opfer und Zeugen von Rassismus und anderen Formen von Diskriminierung.
- Kontakt: beratung@zara.or.at
- Webseite: ZARA

Diese Stellen bieten betroffenen Schülerinnen und Schülern sowie deren Eltern Unterstützung, Beratung und Informationen zu weiteren Schritten und rechtlichen Möglichkeiten.

Schweiz

Castagna

- **Website:** Castagna
- **Beschreibung:** Beratungs- und Informationsstelle für sexuell ausgebeutete Kinder, Jugendliche und Erwachsene, sowie Institutionen und Organisationen bei Verdacht auf sexuellen Missbrauch.

Limita

- **Website:** Limita
- **Beschreibung:** Fachstelle zur Prävention sexueller Ausbeutung mit verschiedenen Programmen und Materialien zur Sensibilisierung und Prävention.

Kinderschutz Schweiz

- **Website:** Kinderschutz Schweiz
- **Beschreibung:** Nationale Stiftung zum Schutz von Kindern vor Gewalt und Missbrauch, die auch Präventionsprogramme anbietet.

ESPAS

- **Website:** ESPAS
- **Beschreibung:** Fachstelle für Prävention und Beratung bei sexueller Ausbeutung im französischsprachigen Teil der Schweiz.

Kein Täter werden

- **Website:** Kein Täter werden
- **Beschreibung:** Behandlungsangebot für Menschen, die therapeutische Hilfe suchen, weil sie sich sexuell zu Kindern hingezogen fühlen.

Opferhilfe Schweiz

- **Website:** Opferhilfe Schweiz
- **Beschreibung:** Unterstützung und Beratung für Opfer von Gewalt und Missbrauch, einschließlich sexueller Gewalt.

Diese Stellen bieten Beratung, Unterstützung und Information sowohl für Betroffene als auch für Fachpersonen und Institutionen, um sexuellen Missbrauch und Machtmissbrauch zu verhindern und angemessen darauf zu reagieren.